本书由河北经贸大学会计学院
河北省重点学科会计学学科建设基金资助

# 我国政策性农业保险主体行为分析与绩效评价

Study on Main Participants' Behavior and Performance Evaluation of Policy Agricultural Insurance in China

李 婷 著

西南财经大学出版社
Southwestern University of Finance & Economics Press

图书在版编目(CIP)数据

我国政策性农业保险主体行为分析与绩效评价/李婷著. —成都:西南财经大学出版社,2015.12
ISBN 978-7-5504-2245-2

Ⅰ.①我… Ⅱ.①李… Ⅲ.①农业保险—研究—中国 Ⅳ.①F842.66

中国版本图书馆 CIP 数据核字(2015)第 294689 号

## 我国政策性农业保险主体行为分析与绩效评价
李 婷 著

责任编辑:刘佳庆
助理编辑:孙志鹏
封面设计:杨红鹰 张姗姗
责任印制:封俊川

| 出版发行 | 西南财经大学出版社(四川省成都市光华村街55号) |
|---|---|
| 网　　址 | http://www.bookcj.com |
| 电子邮件 | bookcj@foxmail.com |
| 邮政编码 | 610074 |
| 电　　话 | 028-87353785　87352368 |
| 照　　排 | 四川胜翔数码印务设计有限公司 |
| 印　　刷 | 郫县犀浦印刷厂 |
| 成品尺寸 | 170mm×240mm |
| 印　　张 | 13.5 |
| 字　　数 | 245 千字 |
| 版　　次 | 2015 年 12 月第 1 版 |
| 印　　次 | 2015 年 12 月第 1 次印刷 |
| 书　　号 | ISBN 978-7-5504-2245-2 |
| 定　　价 | 78.00 元 |

1. 版权所有,翻印必究。
2. 如有印刷、装订等差错,可向本社营销部调换。

# 摘　要

农业保险是增强农业防范和抵御风险能力、促进农业可持续发展和提升农业国际竞争力的有效手段。自2004年以来,在政府的有力支持下,我国政策性农业保险的试点范围不断扩大,特别是2013年3月1日国务院第629号《农业保险条例》的施行,意味着我国农业保险正式步入法制轨道,其政策性更加固化,真正进入了快速发展期。在此背景下,对我国政策性农业保险的理论与实践进行系统的研究,对我国农业保险事业的顺利开展和"三农"问题的破解,具有十分重要的意义。

本书笔者在与保险公司一起对江苏和吉林两省农户进行实地调研的基础上,进行了以下几个方面的研究:第一,对近年来我国试点地区政策性农业保险的经营模式进行异同比较与发展潜力分析;第二,对保险公司的承保现状、意愿及影响因素,农户的投保现状、意愿及影响因素等进行系统的分析;第三,从稳定农民收入、稳定农作物产量、提高农户风险防御能力和对环境的影响等多个角度对我国政策性农业保险的实施效果进行分析与评价;第四,借鉴企业战略管理业绩评价工具,构建平衡计分卡框架下的农业保险保费补贴资金绩效评价体系;第五,总结分析国外农业保险的开展情况,提出对我国的启示;第六,提出完善我国政策性农业保险运行机制的政策建议。

本书的主要研究结论包括以下几点:

第一,我国试点地区政策性农业保险的经营模式既有相同之处,又具有差异性;由于我国不同地区的差异较大,决定了农业保险经营模式的选择也要根据不同地区自身的风险特点、农业经济发展水平和财政能力状况而区别对待;我国的农业保险不能走单一的经营模式,而是应先在具备条件的地区开展试点,总结经验,逐步推广,最终建立多层次体系、多渠道支持、多主体经营的政策性农业保险制度。

第二，一般而言，保险公司愿意承保有国家保费补贴、农户缴纳保费积极性高、经济附加值高、属于高科技农产品、富有地方特色、有利于保险公司预期效益提高的农业保险险种。目前影响保险公司承保意愿的主要因素有农业保险经营技术、保险业经营体制、各级财政保费补贴承担比例的分配、保险公司赔付能力、保险人才数量与素质、保险公司内部经营管理的调整、农业保险监管机制、农户的参保意识、相关法律的健全程度等。

第三，总体来看，所调研地区绝大多数农户对农业保险都有一定的认识和了解，并对政策性农业保险的实施感到满意；国家现行保费补贴政策大大减轻了农户的保费负担，并且在经济发达地区被访农户愿意支付的保费额都在现阶段实际交纳水平之上；农户未来是否选择参保的关键是农业保险条款的设计能否满足需要和保险机制的运行是否完善。目前影响农户投保意愿的主要因素有农户受教育程度、对农业保险的了解程度和重要性认知程度、家庭耕地规模、土地质量、可参保作物总收入占家庭总收入比重、发生自然灾害的概率、保险赔款数额、农业保险的保障水平等。

第四，总体而言，我国政策性农业保险的实施对稳定农户收入、稳定农作物产量、提高农户风险防御能力都起到了一定的作用，同时对环境也没有负面影响；但由于我国政策性农业保险开展的时间不长，仍然处于试点与摸索阶段，这些作用只在局部地区比较显著，还未能显现出明显的长效作用，尚未得到广泛的认可。

第五，作为财政支出项目的农业保险保费补贴资金，对其开展绩效评价需要同时关注发展和稳定、公平和效率、短期政绩和长远目标、资金的经济效益和所承担的社会责任等多个方面，是一个充分体现多因素平衡的综合评价过程。平衡计分卡的特点决定了它在农业保险保费补贴资金的绩效评价上也具有适用性。通过借鉴战略管理业绩评价工具，建立平衡计分卡框架下农业保险保费补贴资金绩效评价指标体系，是充实、发展和完善农业保险保费补贴资金绩效评价方法及应用实践的有效尝试。

**关键词：** 政策性农业保险　主体行为　农户　平衡计分卡　绩效评价

# 目　录

1 导论 / 1
　　1.1 研究背景与研究意义 / 1
　　1.2 国内外研究现状 / 4
　　1.3 研究目标与研究内容 / 19
　　1.4 研究思路与研究方法 / 21
　　1.5 研究的特色与创新说明 / 23

2 农业保险相关问题概述及在我国的发展 / 25
　　2.1 农业保险的概念与内容 / 25
　　2.2 农业保险的特征与作用 / 26
　　2.3 农业保险性质的经济学分析 / 29
　　2.4 我国农业保险的发展历程 / 33
　　2.5 我国农业保险的发展特点 / 35
　　2.6 本章小结 / 42

3 政策性农业保险不同经营模式的比较分析 / 43
　　3.1 各地对政策性农业保险经营模式的选择与实践 / 43
　　3.2 政策性农业保险不同经营模式的比较分析 / 51
　　3.3 本章小结 / 58

4 农业保险供给主体行为分析 / 59
　　4.1 保险公司开办农业保险的意愿分析 / 59
　　4.2 保险公司开办农业保险的主要影响因素 / 64

4.3 本章小结 / 70

## 5 农业保险需求主体行为分析 / 71
5.1 样本选择与样本结构 / 71
5.2 农户对风险的认知与防范情况 / 77
5.3 农户对农业保险的认知情况 / 80
5.4 农户参保情况及对各项指标的评价 / 82
5.5 农户对农业保险开展的总体评价 / 95
5.6 农户对农业保险的参保意愿分析 / 97
5.7 农户参保意愿的主要影响因素分析 / 100
5.8 本章小结 / 108

## 6 试点地区政策性农业保险的绩效评价 / 110
6.1 对试点地区政策性农业保险实施效果的具体评价 / 110
6.2 对试点地区政策性农业保险实施效果的总体评价 / 120
6.3 本章小结 / 124

## 7 BSC框架下农业保险保费补贴资金绩效评价体系的构建 / 125
7.1 问题的提出 / 125
7.2 平衡计分卡原理及其优势 / 126
7.3 农业保险保费补贴资金绩效评价的BSC法适用性分析 / 127
7.4 对BSC指标体系的修正 / 129
7.5 BSC框架下农业保险保费补贴资金绩效评价指标的具体设计 / 130
7.6 政府对农业保险提供支持的其他途径 / 140
7.7 农业保险财政支持资金的运行框架 / 141
7.8 本章小结 / 143

## 8 国外农业保险的开展情况及对我国的启示 / 145
8.1 美国农业保险的开展情况 / 145
8.2 加拿大农业保险的开展情况 / 148
8.3 欧盟农业保险的开展情况 / 151

8.4 日本农业保险的开展情况 / 156
8.5 发展中国家农业保险的开展情况 / 158
8.6 国外开展农业保险的基本经验评述 / 160
8.7 国外农业保险对我国的启示 / 163
8.8 本章小结 / 165

# 9 主要结论及政策建议 / 167
9.1 主要研究结论 / 167
9.2 完善我国政策性农业保险运行机制的政策建议 / 171

# 参考文献 / 176

# 附录 / 190
附录一 农户购买农业保险情况及参保意愿调查问卷 / 190
附录二 保险公司开展农业保险业务调查问卷 / 201

# 后记 / 207

# 1　导论

## 1.1　研究背景与研究意义

### 1.1.1　研究背景

我国所处的地理环境是世界上各种自然灾害频发的地区，特别是在农村，由于农业本身承受灾害损失的能力脆弱，各种自然风险如干旱、洪涝、冰雹、病虫害、台风、雷击、火灾等都对农民的生产和生活产生着很大的影响。频繁发生的风险事件种类繁多，受灾面积广，成灾比例高，使众多农民"因灾致贫、因灾返贫"，严重影响了农村经济的发展和农民生活的改善，也给国家财政带来沉重的负担。

作为分散农业风险及经济损失的一种机制，特别是作为一种对农业适度保护的国际惯例，农业保险不仅是农业保障体系中一个重要组成部分，而且已成为国际上最重要的非价格农业保护工具之一。特别是我国加入WTO后，按照有关规定要削减对农业的补贴，而更多的是按照"绿箱政策"来支持农业的发展，这就使有助于保持农村经济稳定、持续发展的农业保险上升到了更加重要的地位。

然而与我国农业生产亟须农业保险这种有效风险管理工具和制度安排提供保障的现状形成强烈对比，我国农业保险自新中国成立以来经历了曲折的制度变迁历程。虽然我国从未停止过对农业保险的探索，但农业保险的发展跌宕起伏，大致经历了20世纪50年代的兴起和停办期、80年代的恢复试办期和90年代的持续萎缩期几个历史阶段，总体成效并不明显，并且一度陷入了日益萎缩、停滞不前，面临制度失效的困境。

党的十六大以来，党中央、国务院对农业保险的发展给予了前所未有的高度重视。十六届三中全会《中共中央关于完善社会主义市场经济体制若干问题的决定》和2004—2015年连续十二年的中央一号文件及"十一五"规划、"十二五"规划中都对农业保险发展提出了明确要求,并将我国的农业保险明确定位于政策性保险的性质。政策性农业保险,就是在政府的经济、法律、行政支持下,以达到稳定农业生产为目的的农业保险,其实质是国家对农业的净投入。2004年10月起,我国黑龙江、吉林、上海、新疆、内蒙古、湖南、安徽、四川、浙江9个省、自治区、直辖市的试点工作全面启动,掀起了新一轮农业保险试点高潮,并取得了一定成效。2007年4月,中央财政拿出10亿元在吉林、内蒙古、新疆、江苏、四川和湖南6个省区进行政策性农业保险保费补贴试点。其他各省也在保监会的推动下纷纷开展更大规模的试点。2012年,财政部发布《关于进一步加大支持力度,做好农业保险保费补贴工作的通知》,进一步加大了对农业保险的支持力度,增加了保费补贴品种,并将中央财政农业保险保费补贴险种的补贴区域扩大至全国。2012年11月,国务院公布《农业保险条例》,并于2013年3月1日开始施行。《农业保险条例》从立法上将中国农业保险的经营模式确立为"政府支持下的商业经营模式",即"政府引导、市场运作"[①],这意味着我国农业保险正式步入法律轨道,其政策性更加固化,真正进入了快速发展期。自2007年中央财政农业保险保费补贴政策正式实施以来,截至2013年年末,中央财政累计投入农业保险保费补贴资金达487.88亿元;各级财政对主要农作物的保费补贴合计占应收保费的比例高达80%。2014年,国家进一步提高了中央、省级财政对主要粮食作物保险的保费补贴比例。所有这些都表明,我国农业保险的发展面临着前所未有的机遇。

  同时,我们也应该看到,在积极有利的宏观政策环境下,制约我国农业保险事业发展的因素仍然存在。一方面,由于农业生产的风险损失率相对较高,导致农业保险保费高,而农民支付能力低、参与人数少,不能满足保险中的大数原则;农业保险市场中存在严重的道德风险与逆向选择;加上由农业保险特殊性决定的展业、理赔等经营技术上的困难,使得保险公司对农业保险的供给不足。另一方面,农民的低收入、浅薄的风险意识、对农业的预期收益较低等因素又使农民对农业保险的潜在需求无法转化为有效需求,造成对农业保险的有效需求不足。此外,几年来农业保险及其保费补贴政策实施的效果究竟如何;补贴资金是否以及在多大程度上稳定了农业生产、促进了粮食安全水平和

---

[①] 肖卫东,张宝辉,等.公共财政补贴农业保险:国际经验与中国实践[J].中国农村经济,2013(7).

农民收入水平的提高；补贴资金的利用效率和资金撬动效应到底有多大，这些问题还并不十分明确。怎样才能有效地解决供需双方的矛盾，同时增加对农业保险的供给与需求，提高农业保险市场的运行效率；政府应该以怎样的方式和力度参与之中，对农业保险进行扶持；怎样科学评价保费补贴政策的实施绩效和有效解决政策执行过程中存在的问题，建立补贴政策持续稳定的长期发展机制；怎样才能寻找到一条适合中国农业保险的发展之路，这些都是非常值得探索的问题。

### 1.1.2 相关概念界定

农业保险有广义与狭义之分。狭义的农业保险仅指种植业（农作物）和养殖业（饲养动物）保险；广义的农业保险除了种植业和养殖业之外，还包括从事广义农业生产的劳动力及其家属的人身保险和农场上的其他物质财产的保险。在国外，特别是发达国家，一般使用的概念是广义的农业保险概念，而我国学术界和实务界目前一般采用狭义的农业保险概念，而将广义农业保险涵盖在农村保险的概念之中（庹国柱、王国军，2002）。

本研究中的农业保险是指狭义的农业保险，并且为了研究的方便，在实证研究中仅仅涉及种植业保险。因此，本书中的农业保险就是指保险人为农业生产者在从事种植业生产和初加工过程中，遭受自然灾害或意外事故所造成的损失提供经济补偿的保险保障制度。

### 1.1.3 研究意义

从宏观层面上来讲，农业保险体制是农村金融体制的重要组成部分之一，对稳定农业生产、增加农民收入、稳定农村经济都具有重要的作用。在新的政策环境下对农业保险的理论与实践进行研究，有助于我国农业保险事业的顺利开展和我国"三农"问题的破解。

从微观层面上来讲，本研究具有以下几个方面的意义：

第一，分别对保险公司、农户和政府三个行为主体进行分析，并考虑三者之间的制约与联系，能够对农业保险体系进行系统全面的研究；

第二，分析和探讨不同经济发展水平地区的农户对农业保险需求的主要影响因素及各地的差异性，可以为政府提高农户投保率的政策措施提供参考，提高政策设计的针对性和效率，减少不必要的政策成本；

第三，从农户的角度对我国政策性农业保险的实施绩效进行评价，找出目前农业保险政策的成效与不足之处，可以为其进一步的研究与开展提供方向上的指导；

第四，借助战略管理业绩评价工具，建立平衡计分卡框架下的农业保险保费补贴资金绩效评价指标体系，是充实、发展和完善农业保险保费补贴资金绩效评价方法及应用实践的有效尝试；

第五，本书对国外农业保险的开展进行介绍与分析，并将其与我国的情况进行比较，有利于国际经验的学习与借鉴，开拓我国农业保险发展的新思路。

## 1.2 国内外研究现状

### 1.2.1 国内研究现状

我国早在 20 世纪 30 年代就开始进行农业保险的试验，但当时只是在少数省份的个别地区试办，规模与影响都很小。改革开放以后，农业保险逐渐受到了各方的重视，但其发展却一波三折，经历了一个从快速发展到逐渐萎缩的过程，直到近几年才逐渐走上正轨。国内学者关于农业保险的研究，在 20 世纪 90 年代之前还很缺乏，大部分的研究成果都形成于 90 年代之后，特别是从 2004 年至今，农业保险再次受到国家的重视和政策支持，更是产生了大量研究农业保险的文献。这些研究主要集中在以下几个方面：

（1）关于农业保险性质以及市场失灵问题的研究

关于农业保险的性质，郭晓航教授（1986）在国内首次提出农业保险应定位于政策性保险，国家应从政策性角度给予其适当支持；李军（1996）从财政学角度指出农业保险是准公共物品，具有一定的排他性和明显的公益性；刘京生（2000）从商品性和非商品性角度提出农业保险具有商品性和非商品性二重性；庹国柱等（2002）从公共物品和私人物品角度提出农业保险介于私人物品和公共物品之间，但更多趋近于公共物品；陈璐（2004）从公共经济学角度指出农业保险是混合产品中具有利益外溢特征的产品，具有正外部性；冯文丽（2004）结合制度经济学理论从纠正农业保险系统性风险、信息不对称、正外部性三方面的制度供给进行了分析。以上研究虽然角度各有不同，但都认同农业保险具有正外部性，最终引出农业保险属于政策性保险的结论。这些早期的研究探讨为我国建立农业保险制度奠定了理论基础。

黄亚林（2008）、于一多（2010）、段胜等（2012）、贾万军等（2014）、夏益国等（2015）等许多学者都对农业保险市场失灵问题进行了研究。例如，贾万军等（2014）通过对吉、辽、蒙、鲁、苏、京等 6 省市区政策性农业保险制度运行情况的调研,推断出农业保险市场失灵是我国政策性农业保险市场共性问题,其成因是这种"私办公助、商业保险公司代行、窄范围、高保费、低标准、低理赔"特征的、"自上向下"供应的"准公共产品"难以满足广大农户的保险需求;夏益国等(2015)通过对比中美两国财政补贴农业保险前后农业保险赔付率的变化,发现财政补贴有助于改善农业保险赔付率从而校正市场失灵,因此建议应针对我国国情,提高政策性农业保险的保障水平,进一步提升农民投保积极性;实施级差补贴率政策;大财政补贴农作物保险覆盖的品种,提升农作物整体参保率;粮食主产区农业保险费补贴全部由中央财政承担,从国家层面建立合理的利益补偿机制。

(2)关于农业保险功能定位的研究

农业保险的功能定位直接影响着农业保险的发展方向与方式。根据张慧茹(2005)的分析,目前主要有四种观点:第一种观点认为农业保险的功能应定位于农业风险管理。农业保险的发展离不开政府和其他产业的扶持,但若把它作为接受资助和扶持农业的手段,就会扭曲农业保险的功能,不利于其健康发展。况且,我国政府目前还没有能力像美国那样拿出巨额资金来资助农业保险的发展,因此应将农业保险的功能定位于风险管理,坚持市场导向的发展原则。第二种观点认为农业保险的功能应定位于收入转移。农业保险离不开政府的支持,政府必须对其给予补贴和各种优惠政策。农业保险应是财政向农业部门转移支付的重要工具,坚持政府导向的发展原则。第三种观点认为农业保险的功能应定位于农业风险管理和收入转移。农业保险作为财政向农业部门转移支付的工具,完全采取政府导向会引起效率低下和加重财政负担;而其作为农业风险管理的工具,完全采取市场导向又与农业保险的特殊性不符。因此,农业保险应兼具农业风险管理和收入转移的功能。第四种观点认为,农业保险的功能应定位于社会管理。农业保险参与农业生产、防灾、销售等各环节的风险管理和灾害后的经济补偿管理,集中体现了保险业的社会管理功能。

(3)关于农户对农业保险需求影响因素的研究

关于农业保险需求的问题一直贯穿于农业保险的研究过程中,国内很多学者都从理论上对此进行过深入的讨论,如庹国柱等(2002)、冯文丽等(2003)、费友海(2005)从农业保险的属性和福利经济学角度对农业保险需求问题进行了研究,发现农业保险自身准公共产品的性质和消费的正外部性导致了有效需求不足;张伟等(2013)、夏云(2015)、郑军等(2015)立足于我国农业保险的发展现状对农业保险需求问题的影响因素进行了探索,研究发现农民收入、风险演变、农村土地流转、农业产业化、区域差异等因素对农业保险需求存在影响。归纳众多学者的研究成果，影响农户需求的具体因素主要包括农业保险的保费率过高、险种设置单一、农户支付能力低下、保险意识薄弱、农业收入比重较低、降低和规避农业风险的多种替代手段、农户小规模经营、"搭便车"行为等。

实证研究方面，很多学者针对国内各地农村区域做出了实地调研，基于实地调研数据从微观层面研究了农业保险需求问题，但目前关于不同因素对农业保险的影响争议颇多，尚未形成一致结论。如庹国柱等（2000）对陕西和福建农村保险市场作了调查，发现乡镇工业较发达的福建农民对农业保险没有一点兴趣，而农业产值在国内生产总值中所占比例超过50%~60%的陕西农民对于农业保险有一定的投保愿望；张跃华等（2005）通过对山西和江西农民风险偏好的调研，验证了农民对于风险的偏好在低收入时趋于风险中性，若没有补贴不倾向于使用农业保险来分散农业风险；宁满秀等（2005）对新疆玛纳斯河流域棉农的调查表明，农户对农业保险的需求主要受农业生产风险大小、棉花专业化生产程度、总耕地面积、户主务农时间等因素的影响；熊军红等（2005）通过计算西部某农业县农民收入与农险保费总收入两个变量的相关系数，得出两者之间高度相关的结论，并在此基础上计算了该县2003年农业保险需求的收入弹性；陈妍等（2007）通过对湖北省农户的实证分析，发现农户的家庭农业收入、耕地面积及受教育年限和务农年限对农业保险的购买意愿有显著影响；肖颖杰等（2015）通过对安徽省合肥市种粮农户的实证分析，发现家庭成员中有担任国家干部者、土地面积、农村基础设施建设等因素对农业保险的购买意愿有积极影响，家庭收入水平越高的农户购买农业保险的积极性越高，借债生产的农户更倾向于购买农业保险。此外，张跃华等（2012）、刘超等（2014）基于生猪养殖户的调研数据，对我国政策性生猪保险需求进行了分析；于洋等（2011）、彭可茂等（2012）针对水稻保险的需求进行了实证研究；陈泽育等（2008）、张虎等（2014）研究了烟叶保险的农户支付意愿及其影响因素；王敏俊（2009）、陈梅美等（2014）以小规模农户为研究对象，对其参加农业保险意愿的影响因素进行了实证分析。

（4）关于农业保险对农户生产决策影响的研究

早期国内对农业保险作用的研究主要集中在农业保险对稳定农民收入、保障农产品供给（稳定农作物产量）等方面，近几年，一些学者开始关注到农业保险及补贴对农户生产资源配置和经营行为的影响，以及由此带来的环境效应。如：钟甫宁等（2006）运用联立方程组对现行农业保险制度与农户农用化学要素施用行为之间的关系进行了实证分析，得出在我国新疆地区现行

"低保费、低理赔"的农作物保险制度下，除了增加残膜碎片在土壤中的积累以外，农业保险制度对环境并没有带来显著的负面影响：与目前平均施用水平相比，化肥使用量增加相对较少且在统计上并不显著，而农药的喷施却是显著地减少；邢鹂等（2007）选取17种作物，设置6种方案，运用省级数据模拟政策性农业保险及补贴对农户收入的影响，结果表明补贴率高低显著影响农户收入，但过高的补贴会刺激农户生产行为，造成农产品供给量增加过多从而对农民收入产生负面影响；徐龙军（2014）以烟草保险为例，对保险产品影响农户劳动力配置及其收入的模拟分析表明，费率更低而保障水平更高的农业保险对农户资源配置影响更大，农业保险会促使农户将更多劳动力等生产要素投入农业，加速生产大户的形成；宗国富等（2014）提出农业风险可能诱发农户生产行为的转变分为三个方面：第一，参加农业保险会导致非保险项目品种、面积或数量减少，而保险项目品种、面积或数量则会增加，使得种植业和养殖业结构发生改变，从而影响农户的收入结构；第二，由于农业保险额度的不同，农户生产会由低收入保险项目转向高收入保险项目，如由大田作物生产转向经济类作物；第三，农户生产经营行为可能会由种植业转向养殖业和务工，从而导致农户家庭的收入结构发生改变。

（5）关于农业保险供给方面的研究

关于农业保险的供给，很多学者侧重于分析商业性农业保险供给不足的原因，归纳起来主要包括农业保险经营技术难题、农业保险供给的主体及方式、政府财政支持力度、农业保险的制度供给等。在农业保险的制度供给方面，刘芙等（2003）许多学者认为，农业保险发展法律方面的制度供给，首先应明确政府在农业保险中的作用。确立农业保险为政策性法定保险，并对其组织形式、保险金额确定、保险费率厘定、保险条款核定、税收减免政策、财政补贴方式等做出相应规定，以在一定程度上补救农业保险的不充分状况，借助于税收杠杆的财政积累来补贴农业保险，为农业生产提供保障，而这些必然要求国家农业保险立法的完备。其次，应准确定位保险模式。在农业保险范围内应实行强制保险与自愿保险相结合的经营模式。其中对于关系国民经济的重要农产品实行强制保险，对于涉及面较小的次要农产品采用自愿保险，但要规定强制保险和自愿保险都享受政策补贴和再保险。再者，应建立农业保险的再保险机制。中国再保险公司作为国家独资公司通过再保险方式代行国家支持农业保险的职能。农业保险经营主体因自然灾害造成的亏损，只能通过再保险方式从中国再保险公司摊赔款，而不能直接从国家财政得到补贴；因在经营中自留业务造成的亏损，应由经营者负担或与地方财政按比例分摊。卢爱珍、费玉娥

(2014)通过对2008年和2013年中央及新疆政策性农业保险供给制度安排进行梳理，分析了风险保障与风险损失水平不匹配的状况，提出政策性农业保险需要更有效的顶层制度设计，要确立政策性农业保险在农业、农村经济发展中的应有地位，进一步明确国家和地方政府的责任和权利边界。

(6) 关于我国农业保险发展模式的研究[①]

关于我国农业保险发展模式的选择，学者们也进行了很多探讨，并且争议较大。理论界对我国农业保险发展模式的整体框架出现过以下几种主要观点：

①"政府型"模式，即由政府出资设立政策性农业保险机构。如陈思迅等（1999）提出应通过国家农业保险立法确定建立农业保险专项基金并实行法定保险的经营方针；建立事业性质的中国农业保险专业公司，经营政策性农业保险和再保险，国家给予其必要的优惠政策，各省、地、县设立中国农业保险专业公司的分支机构。

②"商业型"模式，即以商业性保险为主、政策性保险为辅的多家办保险的模式。在该模式下，保险公司选择一定的农业险种，按照商业性原则进行经营；此外允许少数经济发达地区的保险公司在地方政府支持下开办政策性保险。如庹国柱等（2007）认为对于广大分散经营的个体农户，适合推行政策扶持下的商业保险公司经营模式。

③"相互制与合作制保险型"模式。刘京生（2000）、李勇杰（2004）、朱俊生（2009）等主张建立相互保险和合作保险组织为主体，其他保险组织形式作为补充的多层次农业保险组织体系，以调动各方面的积极性；何苗（2014）提出构建以政府为主导，农民基层互助合作保险为基础，多种经营主体参与的商业化保险运营模式是促进我国农业保险持续发展的有效机制。

④"过渡型"模式。谢家智等（2003）提出我国应该推进政府诱导型农业保险发展模式。这种发展模式既非商业化农业保险的发展，也非政策性和商业性的简单混合，而是政府从农业保险经营主体中逐渐退出，让位于私人保险，同时改变政府对政策性农险直接补贴的形式和手段，以建立对私人保险诱导机制为主，最终引导农业保险走上市场化的发展模式；王和等（2004）提出，我国农业保险应实施"三阶段"推进战略：农业保险的发展初期可采用商业代理的方式，接着逐步过渡到国家政策扶持阶段，最终实现商业化经营。

⑤"层次型"模式。陈舒（2004）认为，作为第一层次的基础农业应是政府介入的政策性保险，由政府财政补贴为主，农民缴纳少量保费为辅，成立

---

① 沈蕾.我国农业保险理论和实证研究的文献综述［J］.江西金融职工大学学报，2006（3）.

灾害补偿基金，可采用强制参加原则；第二个层次上的产值较高的养殖种植业的保险经营可属于市场行为，经营主体应归于商业保险公司，对农户采用自愿投保原则，政府给予商业保险公司一定的政策性优惠。

在我国开展农业保险的实践中，保险公司和政府为了寻求既符合农业保险特殊性又能使其摆脱亏损困境的组织经营形式，在各地进行了多种尝试。目前已出现的具有典型意义的组织经营模式有江苏的政府和商业保险公司联办共保模式、浙江的政府支持与共保体经营模式、上海的政府支持下由专业农业保险公司经营模式、黑龙江的政府支持与相互制保险公司经营模式、四川的引进外资或合资保险公司模式、北京的政府引导与商业保险公司市场化运作模式等。孟春（2006）、蓝凤华（2008）、姚海明等（2008）、陈清（2011）、赵文龙（2013）、中国保监会浙江监管局课题组（2014）等很多研究者都对这些模式进行了介绍与分析。

（7）关于农业保险区域化问题的研究

在费率和区划研究方面，丁少群等（1986）提出了农业保险在险种设计和费率厘定方法上不同于一般财产保险的若干特点，1994年又进行了一系列关于农作物保险区划的研究，包括农作物保险区划的理论依据、风险分区和费率分区的探讨；刘长标（2002）指出农业保险的费率厘定不同于一般的财产保险，并运用指标图重叠法划分保险区域，结合正态函数对各保险区域的费率进行了厘定；邢鹂（2003）通过考察新疆兵团农业保险保费收入变化的影响因素，对区域农作物保险存在的主要问题进行了分析；谢家智（2004）从经济发展的区域化、灾害损失的区域化以及农业生产布局的区域化等几个方面进行了论述，指出区域化发展是农业保险的内在要求；张燕等（2010）指出我国农业保险区域发展极为不平衡，现有的保险模式集中统一，难以兼顾不同区域的经济发展状况、农业风险和农业生产布局的特殊性；应主要根据经济发展的状况和农业保险发展的水平将全国的保险市场进行农业保险区域划分，根据区域特色因地制宜寻求农业保险的发展模式，协调区域农业保险关系，进而促进全国农业保险的平衡协调和可持续发展。

（8）关于农业保险产品创新的研究

为了克服传统农业保险的一些固有弊端，我国越来越多的学者开始提出要加快农业保险产品创新的问题，认为应开发出如区域保险、天气指数保险（洪水指数保险、干旱指数保险、季风指数保险等）、指定风险保险等产品。但由于这些创新型产品概念引入我国的时间不长，国内对这些保险产品的系统性研究仍比较缺乏。如庹国柱等（2010）认为，指数保险合同在很大程度上避免了传统农业保险产品由于风险相关性造成的巨灾损失，政府部门可积极研究天气指数保险对于中国的适用性；魏华林、吴韧强（2010）通过对天气指数保险的研究，认为中国应借鉴国外天气指数保险发展经验，适时在我国引入天气保险指数保险，将其作为农业保险体系的有益补充；王振军（2013）以甘肃省西峰区为例，设计出玉米旱灾气象指数保险的理赔指数，并根据不同程度干旱灾害的灾损率和与之对应的发生频率厘定出玉米旱灾保险的总投保费率；陈盛伟等（2014）从估算农作物生育期需水量值、测算农作物水分缺失的减产量、建立农作物气象产量与缺水量的相关关系、确定农作物生育期缺水减产临界值、构造降雨因子产量波动模型、建立降雨量赔付指数模型、计算纯保费率七个部分设计了农业气象干旱指数保险产品理论框架；马改艳等（2015）提出指数保险与传统农业保险相比具有赔付标准客观、运行成本低并可在二级市场交易等优势，是未来农业保险的发展方向，但农业指数保险的发展仍面临基差风险大、指数选取难等挑战，应从数据采集、产品设计、有效需求提升、制度与财政支持以及巨灾风险分散机制建立等方面实现指数保险的可持续发展；易沵泺等（2015）针对内蒙古东部牧区雪灾成害机制，选取冬半年实际积雪深度超过临界积雪深度的累计天数作为雪灾指数，设计了羊群雪灾指数保险产品框架，并依据历史数据开展风险评估与费率厘定工作。

（9）关于农业保险财政补贴的研究

在 2007 年中央财政农业保险保费补贴政策正式实施以前，关于农业保险保费补贴方面的研究主要集中在对财政补贴数量的估算和政府负担能力的确定方面。但相对来说国内这方面的研究比较少，并且因假设条件不同，估算出来的补贴金额存在很大差异。例如，庹国柱、王国军（2002）在假定全国只承保小麦、水稻、玉米、棉花四种作物的多风险保险和奶牛一种家畜的死亡保险等一系列假定前提下，测算出保费补贴每年需要 81 亿元；邢鹏（2004）选取了稻谷、小麦、玉米、高粱、谷子、大豆、棉花、花生、油菜籽、芝麻、麻类、甘蔗、甜菜、苹果、柑橘、茶叶和烟叶 17 种农作物，在测算了不同地区、不同作物社会损失率的基础上，选取三种单产保障水平、两种政府保费补贴率，对六种不同政策性农业保险方案下农户收入和政府财政支出的变化做出了细致的分析，指出在保障水平达到 90%、补贴达 50% 的情况下，政府的补贴总额为 33.9 亿元，加上管理经营费用，也不过 47.47 亿元；高伟（2007）以我国稻谷、小麦、玉米和大豆四种主要农作物的直接物化成本为依据确定保险金额，以黑龙江农垦 10 年积累的四种作物风险损失数据为依据确定保费费率，在此基础上计算了全国四种农作物全部参保的情况下，分别按照保费率上限和下限为准收取保费，每年财政保费补贴的规模是 51 亿~98 亿元，经营管理费用补贴的规模为 7.22 亿~8.83 亿元；方伶俐（2008）选择保成本的保障方式，在多种不同的模拟方案下，分别测算了稻谷、小麦、玉米、大豆、棉花、花生、油菜籽、黄红麻、甘蔗、甜菜、烤烟 11 种主要农作物和奶牛、生猪、肉鸡 3 种畜禽的财政补贴额度。

随着中央财政农业保险保费补贴政策的正式实施和近几年国家对主要粮食作物保险补贴比例的不断提高，关于农业保险保费补贴效率和绩效评价的研究日渐成为焦点。但总体来看，目前国内在该方面的研究与实践都处于起步阶段。在财政补贴效率方面，施红（2008）认为各种类型的交易成本通过直接或间接的方式影响政策性农业保险的运作效率，提出设计降低交易成本的机制是提高政策性农业保险运作效率的关键；孙香玉等（2009）认为，政策性农业保险补贴的社会福利和效率取决于农民的农业保险需求，而支付意愿是一种测定真实需求的常用方法；赵书新等（2012）认为，政府、保险公司和投保农户之间的信息不对称问题会引发道德风险，从而降低政府补贴的使用效率，进而通过实证模型计算了效率损失，并提出政府补贴政策的设计与运行应力求克服信息不对称性；冯文丽等（2015）利用 DEA 模型对我国 2011 年 31 个省及"全国总计"共 32 个决策单元的农业保险效率值进行了测算，然后利用 Tobit 模型分析了农业保险效率的影响因素，结果表明我国农业保险市场处于有效率状态，农作物播种面积、农民人均纯收入、种植险平均费率、综合赔付率、承保利润率和保费补贴显著影响农业保险效率。

在农业保险保费补贴绩效评价方面，安徽省财政厅（2012）率先颁布了农业保险保费补贴绩效评价方案，该方案的出台首次填补了此领域的空白，从项目决策、项目管理和项目绩效三个方面对农业保险保费补贴政策展开评价，对今后绩效评价体系的研究起到一定的借鉴作用；赵赞等（2013）从政府、农户、保险公司三个层次建立了绩效评价体系，并采用层次分析方法对吉林省种植业保险保费补贴政策的绩效进行了评估，得出该项目绩效在 2008—2011 年间并不很理想的结论；黄颖（2015）也从这三个层次构建了河南省农业保险财政补贴绩效评价体系；谭先权、王龙明等（2014）采用关键绩效指标法对湖北省南漳县 2013 年度水稻、森林、能繁母猪、"两属两户"农房等农业保险保费补贴资金项目的绩效做出了基本评估；黄颖（2015）利用 AHP 构建了农业保险保费补贴绩效评价指标体系，并甄选关键指标作为 DEA 模型的投入产出指标，对我国 2009—2013 年省际面板数据进行了实证分析。另外，随着中央财政部选取部分省（区）进行农业保险保费补贴绩效评价试点工作的开展,一些学者也对某些地区的绩效评价实践工作进行了总结与分析,如魏永华(2013)分析了攀枝花市农业保险保费补贴资金绩效评价的实施经验和存在的不足。

(10)关于国外农业保险经验及其借鉴的研究

庹国柱等(1996)、龙文军(2002)、谢家智(2003)、孙蓉等(2004)、孙炜琳等(2007)、冯静生(2008)、李宏伟(2011)、郑伟(2012)、张旭光等(2013)、黄颖(2015)等学者都对这一问题有深入的研究,主要集中在美国、加拿大、日本、德国、法国、亚洲一些发展中国家的模式借鉴。主要结论有:美国的农业保险制度在政策引导、财政支持以及技术人员培养等方面值得我们借鉴;日本的农业保险更多地体现互助共济原则;德国和法国更多地强调农作物或牲畜保险的供给主体[①];各国都通过颁布专门的农业保险法律和建立政府机构来保障农业保险的发展,并采用多样化的财政补贴内容和支持措施构建多层次的农业风险分散机制等。

### 1.2.2 国外研究现状

国外大部分国家农业保险开展的时间比我国要长,但是由于各个国家的经济发展水平不同,农业保险的发展速度和进程也不尽相同、各具特色。现阶段国外对农业保险制度的研究侧重于微观层次,侧重于对农业保险实践中具体问题的理解与认识。国外学者关于农业保险的探讨主要有以下几个方面:

(1)关于农业保险补贴问题的研究

Ahsan,Ali 和 Kurian(1982)、Nelson 和 Loehman(1987)和 Chambers(1989)的研究表明,保险人为了避免投保人的道德风险和逆向选择行为而努力精确划分风险单位,进行费率分区,细分费率档次,大幅度增加了商业性保险公司的经营成本。为减少道德风险和逆向选择行为,Ahsan,Ali 和 Kurian 认为政府提供农业保险并予以补贴可以解决这些问题;然而,Nelson oid Loehman 认为政府在信息收集和保险合约设计上多些投入,比给补贴所带来的社会效益更大。Siamwalla 和 Valdes(1998)利用消费者盈余和生产者盈余的概念进行成本—收益分析后认为,由于补贴的出现,可能使供给曲线进一步向下偏移,因此导致补贴成本大于福利总产出,使社会福利出现一个净损失。同时,他们认为农业保险是通过公平买卖产生,本身不是公共产品,不应该向农业保险进行补贴,而应对农业保险的研究活动进行补贴,因而得出对农业保险

---

① 张宇婷.关于农业保险的研究综述[J].市场周刊·理论研究,2006(10).

不该补贴的结论；Glauber（2007）通过对美国 1981—2005 年联邦农作物保险项目的持续研究，也认为相对于其他价格和收入支持计划，农业保险是昂贵和低效的；Hennessy（2009）通过建立土地退化模型和环境效益指数评估，认为联邦农作物保险补贴计划与政府的环境政策是不协调的，农作物的保险补贴影响了土地的正常合理使用。但另外一些学者却持相反的观点，如 Mishra（1996）指出由于农业部门与非农业部门是紧密联系的，在进行农业保险时不仅农业部门受益，非农业部门也会有福利收益，因而政府应该提供补贴；Guinvarch 等（2006）结合欧美国家的发展实践分析认为，没有政府充当再保险或由政府补贴的农作物保险，尚没有成功的先例，这里的农作物保险具有明显的巨灾特性；Smith 和 Glauber（2012）研究指出，没有政府的公共财政补贴，农业保险就难以持续经营和发展。

政府补贴对生产者行为的影响也得到相当的重视。Luz Maria Bassoco 等（1986）对墨西哥农业保险补贴问题的研究证明，当保费补贴低于保费的 2/3 时对生产者就缺乏足够的吸引力；Glauber 和 Collin（2001）证明，农户参加农作物保险的动力不是为规避风险，而是为得到政府可观补贴所产生的预期利益，因此政府补贴还是会对农作物保险产生一定影响。

（2）关于农业保险中逆向选择和道德风险问题的研究

Ahsan，Ali 和 Kurian（1982），Nelson 和 Loehman（1987），Chambers（1989）的研究表明，由于信息不完全，市场在提供农业保险时容易出现失败，主要原因是为了避免投保人的道德风险和逆向选择问题，保险公司应该尽可能精确划分风险单位，进行费率分区，细分费率档次，这样对商业保险公司来说成本相当高；Goodwin（1994），Knight 和 Coble（1997），Reed（1986），Yamauchi（1986）的研究发现，与其他险种相比，农业保险中的逆向选择和道德风险问题更严重，解决的办法包括精心制订费率，强制性投保等；Nelson 和 Loehman（1984）从加强管理的角度解释了规避逆向选择和道德风险的方法，认为农业保险在理论上是一种有效的风险分摊机制，然而实践中却成为一种将损失转嫁给政府或者其他保险机构的成本高昂的风险转移机制。在提高管理效率下，逆向选择问题并不会完全阻碍私营保险企业的经营，农业保险机构可以使用各个地区或者个人的收成记录以及相关的气候情况帮助区分不同的风险类别，从而做到向具有不同风险状况的农民收取不同的保险费率。农业保险中对道德风险的控制手段主要是了解和掌握农民的投入情况（如耕作、灌溉、种植时间等），再就是改进保险合同的条款设计，如规定免赔额；Shiva S. Makki 等（2001）基于预期效用理论和方法的分析表明，农业保险会产生道德风险，从而会导致保险市场的逆向淘汰；Skees J. 等（2001）认为，道德风险和逆向选择使得保险利益在很大程度上会向不善管理的种植者倾斜，面临风险最大的生产者总是最有动力买保险的人；Peter Hazell（2007）指出，与传统农业保险相比，天气指数保险更有助于减少逆向选择、防范道德风险，同时有必要开发一揽子保险产品，以更好地管理农业保险巨灾风险；Deng 和 Barnett 等（2007）研究了 Georgia 和 South Carolina 两个地区的棉花和大豆保险，农场产量数据和区域产量数据两种类型的保险产品进行了比较，结论是以农场产量为依据的多风险作物保险缺乏效率，建议采取区域产量数据来规避市场失灵；Yan 和 Coble（2009）以密西西比州的棉花保险为例，选择棉花生产投入的肥料、除草剂、杀虫剂，用成本函数分析法探讨道德风险对棉花生产投入品的影响，研究表明在 1998—2006 年间的个别年份道德风险会增加或减少农业投入，但并不是每年都存在，因此他们认为道德风险在特定条件下存在，与生产条件和销售条件有关，但未能描述出具体的相关关系；Skees（2008）根据低收入国家农业和金融市场都不发达的状况，指出在低收入国家发展农业保险宜采用指数保险，进行农业保险创新，因为指数保险的赔款依据是客观的指数（由气象站或者计算机模拟编制），可以解决农业保险市场的逆向选择和道德风险。

（3）关于农户对农业保险参与率的研究

Knight, Pope 和 Williams（1996）运用二元概率模型估算出美国堪萨斯州小麦农场对农作物一切险的需求弹性为-0.65；Goodwin 和 Smith（2001）测定出美国农户对农作物保险的需求弹性在-0.2 至-0.92 之间；这些研究结果均表明农业保险缺乏有效需求。究其原因，Barnett、Skees 和 Hourigan, Calvin, Gardner 和 Kramer, Goodwin（1993）认为是农作物保险价格昂贵而期望收益不高，导致农户自愿参与农险的概率较低；Moschini 和 Hennessy（1999），Lafrance、Shimshack 和 Wu（2000），Sarris（2002）认为，农户的风险态度也是影响其购买农险积极性的原因。诸多研究认为，大量农户是"风险爱好者"，愿意自担风险而不是转移风险；厌恶风险的农户在有保费补贴的情况下也不认为农险是最有效的风险管理工具，或是认为该保险提供的保障水平太低；收入不依赖于农业生产的农户更不愿购买保险。

Serra 和 Goodwin etc（2003）在对美国农户农业保险需求的实证研究中发现，随着其初始财富达到一定程度以后，其风险规避需求减弱，因而购买农业保险的动机降低。这个结论和弗里德曼在绝对风险规避文献中的结论相似，即对于被保险人来讲，在财富达到一定水平的时候，由于其自保能力越来越强，因而更趋向于自保,风险规避程度逐渐减弱;在1989年美国农业部的全国调查中,对未参加联邦农作物保险的农户之所以不参加的原因进行了排序(Wright 和 Hewitt,1994),前五个原因占到总量的84.19%,分别是保障太低、保费太高、更愿意自己承担风险、农场是分散化经营的、拥有其他农作物保险;Markki 和 Somwaru(2001)根据1995—1999年美国农业风险管理机构保存的单个农场主保险记录,利用人工神经网络模型分析了在经济、政治条件变化的情况下影响农场主参与保险决策及合约选择的因素,得出其选择主要依赖于风险水平、保险费率、合约成本、联邦补贴水平、期望赔偿支付、可供选择的保险项目的可获得性,以及保险合约的性质与范围;Enjolras 等(2009)运用法国农场的大样本数据,使用多线性叠加模型同时考虑农场主传统规避风险行为和地区气候风险,重新评估了农场主对农业保险的需求。他们认为多样化生产是法国农户应对产量变化的传统工具,并因此削弱了农户对农作物保险的需求,除非政府给予高额补贴,但现有保险合同的设计和模型分析没有考虑这一因素。

(4)关于农业保险与灾害救济关系的研究

Skees etc(1998)、Filed,Misra 和 Ramirez(2001)通过比较农作物保险和其他风险管理手段对农民收益的影响,发现"多样化经营""抗风险投入""远期合约",特别是"农作物巨灾赔付"等风险管理措施对农民收入的稳定作用在一定程度上替代了农作物保险。美国联邦农作物保险的倡议者们认为,农作物保险是比灾害救济计划花费较少的农作物损失保护方案。反对灾害救济的观点认为,灾害救济是事后性质的并且不可预测。支持灾害救济的观点认为,农民真正的灾难是遭遇连续几年的干旱、经济大萧条或者其他导致极低收入的情形,如果出现这种情形,政府应该对农民进行救助,而且这种救助只能是事后性质的。

还有一种观点否定农业保险与灾害救济之间的替代性。此观点认为"农作物保险是取代政府灾害救济的最佳形式"的说法存在重大缺陷:第一,实际调查和历史记录表明,灾害救济与农作物保险之间的替代关系并不强;第二,从农作物一切险的经营实践可以看出,这种保险计划并不能积累起足够的资金应对大灾,最终的结果是还得实行灾害救济;第三,实践表明,即使是在某个地区实施了政府补贴的农作物保险计划,由于各种政治压力,在遇到灾害的紧急情况下,政府仍然会向受灾人员提供额外的资金补助。

Goodwin 和 Rejesus(2008)用 Probit 模型和边际方法研究了农作物保险、灾害救济和农场利润之间的关系,结论是农场主希望持续获得特设灾害救济金而不愿购买保险,因而特别灾害救济计划削弱了农场主购买农作物保险的动机,影响了农业保险需求;Anderson 等 (2008) 使用密西西比州农场的棉花、大豆、玉米,伊利诺伊州农场的大豆、玉米,堪萨斯州农场的小麦、玉米作为样本,运用随机模拟模型得出的结论是:特设灾害计划总体上对购买农作物保险的需求无显著影响,但是不同农场的多元化水平不同,在不同的生产区域和特定条件下,灾害救济计划会影响农作物保险覆盖面的最佳水平。

(5) 关于具体作物、具体地区农业保险开展情况的研究

这一研究也是国外农业保险的一个特色,比如 Kumi-noff (2000) 对加利福尼亚的蔬菜保险进行的研究;Filed,Misra 和 Ramirez (2001) 研究了德克萨斯州的棉花保险;Miller,Kahl 和 Rathwell (2000) 对乔治亚和南加利福尼亚州的桃树保险的研究等,这些都为农业保险的展业提供了重要的资料①。

(6) 关于农业保险经营技术的研究

为消除农作物多种风险中的信息不对称问题,Barry K. Goodwin 等 (2004) 展示了指数保险的制定过程,包括保险计划和保险费率的制定。他们利用统计和计量经济学的最新成果回顾了风险模型概念,为农作物指数保险提供了技术支持,展示了这些风险模型技术怎样消除价格风险从而发展了农作物收入保险;Xiaohui Deng 等 (2006) 研究了农作物的指数保险产品,评价了各种指数保险产品在减少农作物产出损失方面的效率。

(7) 关于农业保险未来发展问题的研究

Mark Wenner 和 Diego Arias (2004) 认为由于存在很高的管理成本、逆向选择和道德风险等问题,使得传统的农业保险计划无法维持,政府的介入不能从根本上解决问题,还会产生新的问题,保险的创新工具才是解决的最佳途径;Shri Nicolas Chatelain (2004) 认为随着国际贸易竞争的加剧和新兴产品市场的发展,对农业保险有更大的需求。农业保险已不能仅局限于传统的可保风险,而要关注更多新的复杂险种。这些险种不能单靠市场进行经营,需要政府以补贴和提供再保险的方式介入。发展中国家由于经济发展水平的限制,在推行农险计划时还要注重发挥互助社和地方政府的作用、重视银行和农险之间的互动、加强风险控制机制、损失评估机制和建立气象指数等相关机制的建设;Jerry Skees (2005) 等认为,发展农业保险,仅凭政府投入成本过高,还需市场参与。然而,风险的高度相关性、风险意识的淡薄及过高的交易成本导致农业保险市场机制尚未有效建立。某种程度上讲,指数保险能够抑制道德风险和

---

① 张宇婷. 关于农业保险的研究综述 [J]. 市场周刊·理论研究,2006 (10).

逆选择。但从构建农业巨灾风险分散机制的角度考虑,还需要在巨灾保险产品上创新,同时利用制度的互补性,进一步做好风险区划,通过国际再保险市场,更广泛地分散巨灾风险。这就需要在私营保险市场内部,建立巨灾风险互保或共保机制,实施共同保险策略,同时需要政府的政策引导、财税支持和法律保障,以确保农业巨灾风险分散机制的建立健全和有效运行;Shri R. C. A. Jain(2005)分析了农业保险对于发展中国家的重要意义,但因缺乏经验数据、土地非私有化、农户收入水平低、缺乏相关人才与金融资源等,农业保险在发展中国家难以推行。此情况下应分三个层次搭建农险发展框架:第一层为基础框架,决定因素包括承保的风险、政府或市场、个人或区域、强制或自愿;第二层为具体框架,决定因素包括投保人和农产品覆盖度、总保额和损失估计、保费、损失调节机制、组织结构、融资安排、信息收集和再保险;第三层为可持续发展框架,决定因素包括可用经验数据、专业人才和评估监管系统;Skees等(2006)对美国和加拿大建立作物保险制度存在的问题进行研究,认为高度的风险相关性、认知失灵以及过高的转移成本是导致作物保险制度未能建立的原因,并提出天气指数保险来减少这方面的市场失灵问题。

### 1.2.3 对已有文献研究的评述

以上就国内外关于农业保险的相关研究文献进行了大致的陈述与回顾,总的来说,这些研究具有以下三个方面的贡献:

第一,国外无论在研究范围还是研究方法上都远远领先于我国,其中一个重要的原因是其经营农业保险的历史较长,持续性也较强。国外对农业保险的研究多从微观角度出发,利用统计学、概率论、运筹学和计量经济学等多种方法来研究具体的保险计划对某地区、某农场的影响等问题,其中许多的研究视角和研究方法具有很好的借鉴作用;此外,研究成果也具有较强的针对性、科学性和实际应用价值。

第二,与国外相比,国内有关农业保险的研究大多集中于政策、法规、制度安排等方面的定性分析,或者农业保险经营管理技术、保险精算技术的理论模型探讨,为我国农业保险制度的进一步研究积累了宝贵的资料,提供了强大的理论支持。

第三,近几年来,国内很多研究人员采用实地调研法对农业保险的需求状况进行了调查,提供了大量一手资料;实证、数量和精算方面的研究逐渐增多,这些都为农业保险的定量分析与政策制定起到了积极的作用。

这些研究为本书提供了理论基础和研究方法,并对本书研究思路有所启迪，但上述研究仍然存在一些不足：

第一，国外的研究虽然比较成熟，但由于跟我国国情有很大的差异，一些研究假设、研究结论和研究方法等在我国并不适用，需要针对我国的具体情况进行筛选与改善。

第二，国内多数研究都侧重于农业保险的某一个方面，或从理论层面研究，或从技术层面研究，还有的单纯研究农户需求或制度供给，全面和系统的研究比较缺乏。

第三，目前国内对试点地区经营模式的研究多局限在做法描述和介绍上，而对每种模式之间的异同、适用性和发展潜力缺乏深刻的考察、归纳和总结。

第四，国内对农业保险的定量研究主要都集中在农户对农险的需求方面，但即使是定量分析，也多是建立在统计数据的描述上，分析缺乏深度；而从微观角度对影响农业保险需求因素的研究几乎都是针对某一具体地区的情况，没有考虑不同地区，特别是经济发展水平、自然条件状况差别较大地区之间的差异比较，代表性较差。

第五，目前国内对农业保险的实施绩效研究，主要关注了其稳定农户收入、补偿灾害损失、保证农产品供给等方面的积极作用，而对于农业保险对农村信贷市场的影响、对生态环境的影响等方面涉及较少。

第六，国内研究多强调政府补贴农业保险的必要性，但对于政府财政的可持续性以及补贴资金的利用效率、资金撬动效应等绩效问题缺乏深入的研究。

第七，近几年我国农业保险发展的政策环境正在发生积极的变化，特别是2013年3月1日《农业保险条例》的施行，意味着我国农业保险正式步入法律轨道，其政策性更加固化，真正进入了快速发展期，所以前人的很多研究已经跟不上当前形势发展的需要。

因此，本书拟选择"我国政策性农业保险主体行为分析与绩效评价"为题，在新的政策环境下，采用定性与定量相结合的分析方法，从多个角度全面系统地分析试点地区开办政策性农业保险的不同模式比较、供求主体的行为特征、农业保险的实施效果、政府财政补贴资金绩效评价体系的构建等问题，找出农业保险机制运行不畅的症结所在，针对各个主体进行问题的破解与相互之间的利益协调，以期为政府进一步完善和发展农业保险制度提供一定的决策参考。

## 1.3 研究目标与研究内容

### 1.3.1 研究目标

本研究的主要目标是要在新的政策环境下，从多个角度全面系统地对试点地区开办政策性农业保险的不同模式进行比较，分析供求主体的行为特征，评价我国政策性农业保险的实施效果，并探讨政府财政补贴资金绩效评价体系的构建等问题，找出农业保险机制运行不畅的症结所在，针对各个主体进行问题的破解与相互之间的利益协调，以期为政府进一步完善和发展农业保险制度提供一定的决策参考。为实现上述总体目标，需设定以下具体目标：

第一，对试点地区开办政策性农业保险的不同模式进行比较，分别从保险公司、农户和政府的角度分析其优劣与发展方向。

第二，对试点地区保险公司的承保情况进行调查，分别从政府政策、经营技术和内部管理等多个层面探讨影响商业保险公司开办农业保险的主要障碍因素，提出相关的解决途径与增加农业保险供给的措施。

第三，以农户的实际调查资料为依据，分析和探讨不同经济发展水平地区的农户对农业保险需求的主要影响因素、投保意愿及其差异性，为政府提高农户投保率提出相关建议，以提高政策设计的针对性和效率。

第四，从农业保险对农民收入、粮食作物产量、环境和农业抵御风险能力的影响等多个角度对我国政策性农业保险的实施效果进行评价，找出目前开展农业保险的成效与不足之处。

第五，在中央财政逐年提高农业保险保费补贴的背景下，借助战略管理业绩评价工具，对农业保险保费补贴资金绩效评价体系的构建、财政补贴途径的选择、补贴资金的来源等问题进行探讨，以期为政府今后实施和完善农业保险补贴制度提供一定的参考。

第六，对国外农业保险的开展进行介绍与分析，并将其与我国的情况进行比较，学习与借鉴国际上先进的经验，开拓我国农业保险发展的新思路。

### 1.3.2 研究内容

基于以上研究目标，本书将分为八个部分进行研究：

第一部分：农业保险相关问题概述及在我国的发展历程

本部分首先对与农业保险相关的一些理论问题进行介绍，包括农业保险的概念、特征、作用等，然后运用准公共物品、外部性及福利经济学等理论对农业保险的性质进行经济学分析，从而将我国的农业保险界定为政策性保险；进而对我国农业保险的发展历程进行介绍，包括新中国成立前的农业保险试验阶段、20世纪50年代的农业保险试验阶段和80年代恢复试办以来的农业保险发展阶段，并在此基础上分析了我国农业保险发展的特点。

第二部分：经营政策性农业保险的不同模式比较与研究

本部分在对各试点地区开办政策性农业保险的不同模式进行介绍及总结的基础上，分别从保险公司、农户和政府的角度进行比较分析，并对每种经营模式的发展潜力做出了判断。

第三部分：保险公司对农业保险的供给行为分析

本部分从供给的角度来探求目前实施农业保险制度存在的障碍因素。首先，通过实地调查对保险公司开办农业保险的情况进行实证分析，在此基础上分别从政府政策、经营技术和内部管理等多个层面探讨影响保险公司开办农业保险的主要因素。

第四部分：农户对农业保险的需求行为分析

本部分从需求的角度来探求目前实施农业保险制度存在的障碍因素。首先，根据农户问卷调查资料，对不同经济发展水平地区农户的投保行为与支付意愿进行分析；其次，通过建立计量经济学模型，对不同地区农户投保的主要影响因素进行分析，并进行差异比较，在此基础上探讨影响农户参加农业保险的主要因素。

第五部分：试点地区政策性农业保险的实施效果评价

本部分在实地调研的基础上，采用由政策对象——农民进行评价和对试点地区农业生产影响案例进行分析的方法，分别从农业保险对农民收入、粮食作物产量、环境和农业抵御风险能力的影响等多个角度入手，来评价政策性农业保险的实施效果，并在此基础上探讨实施的不足之处。

第六部分：扩大政策性农业保险试点的可行性分析

本部分基于平衡计分卡原理，对农业保险保费补贴资金绩效评价的BSC法适用性进行分析，进而在对平衡计分卡指标体系进行修正的基础上，进行农业保险保费补贴资金绩效评价指标的具体设计；然后对政府财政补贴途径的选择、补贴资金的来源等问题进行了简单的探讨。

第七部分：国外农业保险的开展情况与经验借鉴

本部分分别介绍美国、加拿大、欧盟、日本和一些发展中国家开展农业保险的情况，并对国外的经验进行总结，以探讨对我国带来的有益启示。

第八部分：发展我国政策性农业保险的相关建议

本部分将会在以上各部分分析的基础上得到一些结论，并提出相应的政策建议。首先对全书形成的主要观点和结论进行概括和总结，并在此基础上分别针对保险公司、农户与政府三个主体提出相关的对策建议。

### 1.3.3 拟解决的关键问题

本书研究涉及的问题较多，但以下几个方面将是本书研究的重点和拟解决的关键问题：

第一，对试点地区保险公司的承保情况进行调查，分别从政府政策、经营技术和内部管理等多个层面探讨影响保险公司开办农业保险的主要障碍因素，并寻求可能的解决途径。

第二，以农户的实际调查资料为依据，寻求不同经济发展水平地区农户对农业保险的需求行为及其主要影响因素，并进行比较分析，以此为基础探讨提高农户保险参与率的有效措施。

第三，对我国试点地区政策性农业保险的实施效果进行评价，找出目前开展农业保险的成效与不足之处，并找出不足的深层次原因。

第四，构建平衡计分卡框架下的农业保险保费补贴资金绩效评价指标体系，并探讨政府财政补贴途径的选择、补贴资金的来源等问题。

## 1.4 研究思路与研究方法

### 1.4.1 研究思路

本书的研究思路如图 1-1 所示。

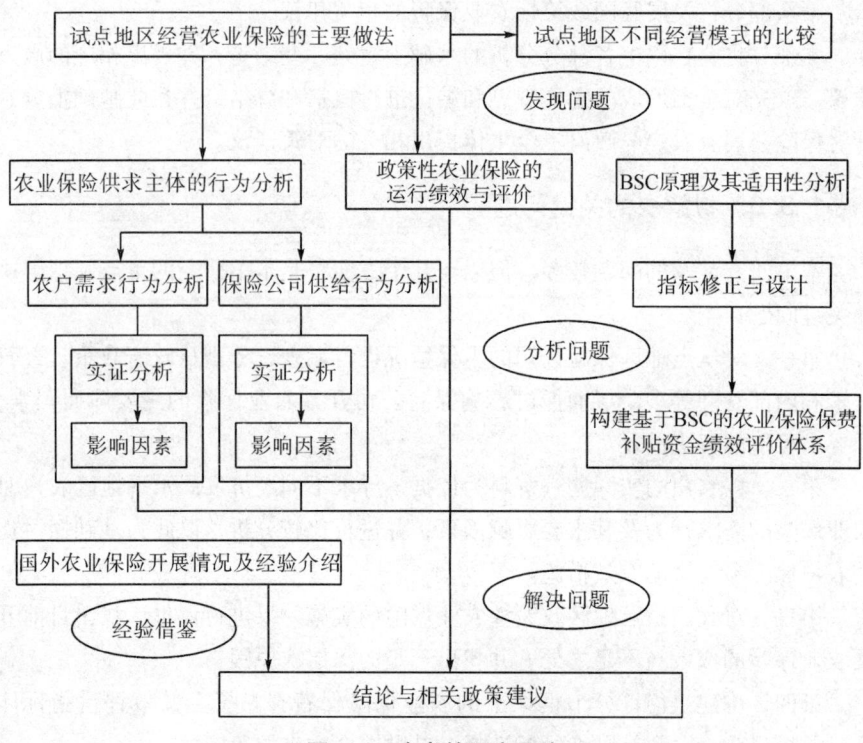

图 1-1 本书的研究思路

## 1.4.2 研究方法

（1）理论模型分析方法

本书拟建立基于经济学理论的农业保险市场供求模型，分别对农业保险的准公共物品属性、外部性和对社会福利的影响进行分析。

（2）案例分析方法

本书将以试点地区开展农业保险的具体个案为例，探讨政策性农业保险的实施效果；以不同的保险公司开展农业保险的个案为例，探讨影响农业保险供给的主要因素。

（3）比较分析方法

本书通过对试点地区经营政策性农业保险的不同模式进行比较，探讨其优劣与发展方向；通过收集美国、加拿大、欧盟、日本、菲律宾等国家有关农业保险的产生和发展资料，从农业保险的立法、加入方式、保费补贴、组织形式的选择、经营方式等做法上，进行比较分析，通过经验总结，说明对中国的借鉴意义。

(4) 问卷调查方法

首先，拟设计农户对农业保险参保行为和购买意愿的调查问卷，对农户购买农业保险的影响因素及支付意愿进行分析。按照经济发展水平与地理位置的不同，在接受中央财政保费补贴的试点地区中选择江苏和吉林两个省份，每省按收入水平及试点情况抽取 2 个县，在每个样本县中采取等距抽样方法抽取 2 个乡，在每个乡中采用同样方法抽取 2 个村，每村再采用同样方法抽取 20 户，共计 160 份问卷的调查方案。其次，设计保险公司承保农业保险情况与意愿的调查问卷，深入保险公司对相关人员以座谈交流的方式进行调查，分别从政府政策、经营技术和内部管理等多个层面探寻影响保险公司开办农业保险的主要障碍因素。对于保险公司样本的选择，将根据实际情况在上述 2 省 4 个县中选取。

(5) 计量分析方法

本书建立了农户参与农业保险的二元选择模型——Probit 模型，分析农户购买农业保险的影响因素。当农户面临购买和不购买农业保险两种选择时，将对两种选择下带来的期望效用进行比较，虽然这种期望效用不能直接表示，但是可以通过影响其购买和不购买农业保险的各种因素来衡量此显示偏好。

$$Y^* = \beta_0 + \beta X + e$$

其中 $Y*$ 是一个不可直接观测的潜变量，表示购买与未购买农业保险的效用水平之差，由某些解释变量 $X$ 决定；第 $i$ 个农户决定是否购买农业保险，由 $Y*$ 决定。令 $Y$ 代表一个虚拟变量，当 $Y*>0$ 时 $Y=1$，表示第 $i$ 个农户购买农业保险；当 $Y*\leq0$ 时 $Y=0$，表示第 $i$ 个农户不购买农业保险。根据以上假设，便可建立影响农户购买农业保险决策的二元选择模型。

## 1.5 研究的特色与创新说明

第一，从生产者、保险公司和政府三个主体入手，对试点地区政策性农业保险的不同经营模式进行比较分析；从经济、环境和风险防御能力等多个不同的方面入手，分别从微观角度和宏观角度，结合由政策对象——农民进行的评价和对试点地区农业生产的总体影响，对我国试点地区政策性农业保险的实施效果进行评价，在研究角度上有一定的创新；

第二，前人的研究侧重于农业保险制度的某一个方面，或者只研究需求，或者只研究供给或政府行为，全面和系统的研究比较缺乏。本书将分别对保险公司、农户和政府三个农业保险行为主体进行系统的分析，在内容的系统性上有一定创新；

第三，前人的研究都仅对某一个具体地区的农户投保行为进行调查，无法得到不同地区之间的差异性；本书分析和探讨不同经济发展水平试点地区的农户对农业保险需求的主要影响因素和支付意愿，并进行差异比较，在研究范围上有一定的创新；

第四，本研究将利用企业战略绩效评价的重要方法——平衡计分卡原理，在对其指标体系进行修正的基础上，从多个层面构建一个多指标评价系统，同时关注发展和稳定、公平和效率、短期政绩和长远目标、资金的经济利益和所负担的社会责任等多个因素的平衡性，充分体现出对农业保险保费补贴资金绩效的综合评价过程，在研究方法上有一定的创新。

上述几个方面的研究正是我国政府健全政策性农业保险制度所需要的，所以本书研究成果对政府制定相关政策具有重要参考价值。

# 2 农业保险相关问题概述及在我国的发展

## 2.1 农业保险的概念与内容

农业保险有广义与狭义之分。狭义的农业保险仅指种植业和养殖业保险；而广义的农业保险则将涉及农村各个方面的保险，如农民的人身保险、健康保险、责任保险、建房险、农机具保险和涉农企业在各个经营环节上的保险等都纳入到大农险的范围之内。我国学术界和实务界目前一般采用狭义农业保险的概念，而将广义农业保险涵盖在农村保险的概念之中。因此，本书研究的农业保险是指狭义的农业保险。

农业保险的概念就是指：农业生产者以支付小额保险费为代价，由保险人为农业生产者在从事种植业生产和初加工过程中，遭受自然灾害或意外事故所造成的损失提供经济补偿的一种保障制度。

农业保险根据不同的角度有不同的分类。根据承保对象，可分为种植业保险和养殖业保险两大类别，其中种植业保险根据不同作物又可分为粮食作物保险、经济作物保险、其他作物保险、林木保险、水果和果树保险等；养殖业保险也可分为大牲畜保险、小牲畜保险、家禽保险、水产养殖保险、特种养殖保险等。根据承保风险的多寡，可分为单一风险（特定风险）保险和一切险保险。根据实施方式，还可以分为自愿保险和法定保险。在种植业保险中，因其生产时期的不同，有生长期农作物保险与收获期农作物保险之分。前者只保作物生长阶段的风险损失，后者保农作物成熟后收获期、储藏和初加工期的风险损失（庹国柱、王国军，2002）。鉴于我国现阶段试点地区政策性农业保险的开展大都以"先种植业后养殖业，先粮食作物后经济作物"为原则，因此本书研究的对象为种植业保险中的生长期农作物保险。

## 2.2 农业保险的特征与作用

### 2.2.1 农业保险的特征

农业保险具有一般保险的基本特征，即具有经济性、法律性、互助性和科学性[1]。除了上述的基本特征之外，农业保险还具有一般保险所不具备的特殊性质，主要包括以下几个方面：

（1）生命性。种养两业保险的保险标的都是活的生命体，即都具有生命性。但这种具有生命性的保险标的是可以转化为商品的，可以用货币衡量其价值和损失，具有财产保险的属性。

（2）地域性。农业生产及农业灾害的地域性，决定了农业保险也具有较强的地域性。特别是在保险标的种类，灾害种类、频率、强度、保险期限、责任、费率等方面，地域差异都十分明显。

（3）季节性。由于农业生产和农业灾害本身具有较强的规律性和季节性，使得农业保险在展业、承保、理赔、防灾防损等方面也表现出明显的季节性。

（4）周期性。农业各年度间发生自然灾害的损失程度明显不同，有大灾年、小灾年，也有丰收年份，通过若干年的统计分析表明，农业灾害具有明显的周期性，所以农业保险的经营结果也具有周期性。

（5）高风险性。由于农业风险较大，赔付率较高，经营农业保险的盈利水平要低于商业性保险的盈利水平，所以农业保险的经营风险很高。

### 2.2.2 农业保险经营上的难点

农业保险以上五个方面的特点，决定了跟其他商业性保险相比，农业保险在经营上存在一些特有的难点，主要包括以下几个方面[2]：

（1）保险金额难以确定。保险金额应根据保险标的的实际价值来确定。种养两业保险标的是具有生命力的动植物，它们的形态时刻都在变化，这给保险金额的合理确定带来很大的难度。同时，农业保险的标的具有商品性，必然受到市场价格的影响，对保险金额的确定也会产生影响。

---

[1] 庹国柱，王国军. 农业保险 [M]. 北京：中国人民大学出版社，2005：33.
[2] 孟春. 中国农业保险试点模式研究 [M]. 北京：中国财政经济出版社，2006：14.

(2) 保险费率难以厘定。农业生产的危险主要是自然灾害，其发生极不规则；并且自然灾害往往具有伴发性，一种灾害的发生同时会引起其他灾害的发生。此外，由于我国地域辽阔，各地之间的灾害程度差异很大，以往积累的统计资料对未来的预测作用不大，所以很难制定科学合理的农业保险费率。

(3) 灾后经济损失难以评估。作为农业保险标的的动植物处于动态的生命活动之中，每一个生长阶段的价值都有所不同；即使是同样品种的农作物，生长在同样的土地和同样气候条件下，使用同样的肥料，而由于一些管理上的差异，它们的单产也会有较大的差距。养殖业保险的损失估计比种植业更为复杂，因为畜禽比农作物要求更严格的生活条件，自然灾害、不科学的饲养管理、动物疾病等，都会造成家畜的重大损失。以上这些因素都会给损失的计算带来很大的麻烦。

(4) 理赔工作难度大。农业保险业务点多面广，被保险人和保险标的分布都很分散，受灾后现场定损理赔等工作量很大，需要大量的人力、物力和财力，并且时间要求紧迫，有些地区交通还很不方便，更增加了理赔工作的困难。

(5) 容易出现逆向选择和道德风险。逆向选择是指一些经营情况交叉的农户，隐瞒某种危险和投保动机，有目的地投保农业保险的某个险种，使危险集中。例如有些地方的生猪养殖户将自己养殖的发病率较高的猪投保，而相对健康的猪却不投保。道德风险是指投保农业保险的农民为谋取农业保险合同上的利益，骗取保险赔款，而违反信义，有意识地制造危险。例如，有些养殖户的未投保生猪发生疫病死亡，便将投保生猪的耳标偷偷摘下换到死亡猪身上，冒充投保猪来骗取赔款；还有些农户故意向自己养殖的奶牛投毒致其死亡，然后骗取赔款等。

### 2.2.3 农业保险的作用[①]

农业保险的作用可以从宏观和微观两个方面加以概括：

#### 2.2.3.1 农业保险的宏观作用

(1) 农业保险有助于减轻自然风险对农业生产的威胁，提高农业经济的稳定性。农业保险的实质是通过参保人交纳保险费建立起农业风险基金，在风险发生之时，可以及时、有效地补偿农业灾害损失，迅速恢复农业生产，最大限度地消除自然灾害对农业生产的不良影响，确保国内农产品的供给，稳定农

---

[①] 庹国柱，王国军. 农业保险 [M]. 北京：中国人民大学出版社，2005：39.

产品价格，从而保障农业的持续、稳定与健康发展。

（2）农业保险有助于农业资源的合理配置，促进农业产业结构调整。农业保险作为国家的一项农业保护政策，同样可以起到价格、信贷、税收等手段的杠杆作用，用以调整农业资源的配置，使农业经济按照国家预定的目标发展。

（3）农业保险有助于加强农业保护，提高农产品的国际竞争力。按照WTO相关规则，价格补贴等属于"黄箱政策"的农业补贴措施将受到限制，因此要改变我国农产品在国际市场上缺乏竞争力的现状，就必须要学习许多其他WTO成员方的做法，包括以农业保险的方式来支持和保护农业，以降低农产品的成本，提高农业生产力。

（4）农业保险有助于弥补财政救灾资金的不足，减轻政府灾后筹措救灾资金的负担。现阶段我国的农业保险虽然是具有补贴性质的政策性保险，但农业保险的一部分保费还是由农民个人来负担，因此在很大程度上仍体现着农民之间的互助合作关系，这样可以有效地聚集社会资金应付农业生产风险，从而在一定程度上缓解特大自然灾害对财政救灾资金造成的压力。

（5）农业保险有助于农村社会生活的稳定和农民精神面貌的改善。农业保险使农民灾后能够得到必要的经济补偿，从而减少许多因灾致贫造成的不安定因素，有利于促进农村社会稳定；同时，通过参加互助共济的农业保险，可以激发农民彼此之间合作的热情，增强其社会意识。

#### 2.2.3.2 农业保险的微观作用

（1）农业保险有助于减少农业灾害损失，降低农业生产风险。农业保险贯彻"防赔结合"的风险管理方针，通过保前检查、开展安全宣传、制定并落实防灾预案、进行安全检查、实施防灾技术等一系列措施来减少灾害的发生。当灾害发生后，又通过对保险标的的施救和救助，来减少农业灾害所造成的损失。

（2）农业保险有助于缓冲灾害损失对农民所造成的打击，减少农民收入的波动。由于有农业保险提供灾害损失补偿，农民可以尽快恢复生产和生活，尽快消除灾害所带来的不良影响。

（3）农业保险有助于保障农业投资安全，改善农民的信贷地位和经济地位，增加农民收入。有农业保险作为风险保障，农民可以放心地增加农业投入，扩大农业再生产，从而有利于增加农民收入，提高农民经济地位。农民经济地位的提高则有利于农民信贷地位的改善，农民能够更容易、更自由地获得贷款，从而有利于农业的发展。农业状况的改善又有助于吸引农业投资，为农业发展创造更宽松的资金环境,从而形成良性循环。

(4) 农业保险解除了农民的后顾之忧,可以促进农业新技术的应用。有了农业保险的保障,将会大大降低农民对农业新技术应用风险的心理压力,有利于增强农民采用新技术、引进新品种和新生产方式的信心,有利于促进农业新技术的应用和农业向现代化转变。

## 2.3 农业保险性质的经济学分析

通过建立基于经济学理论的农业保险市场供求模型,我们分别对农业保险的准公共物品属性、外部性和对社会福利的影响进行分析。

### 2.3.1 农业保险的准公共物品属性

公共经济学中将人们需要的物品按有无竞争性和排他性分为私人物品和公共物品。其中,公共物品是通过这种物品在取得上的非竞争性和消费上的非排他性来进行界定的。取得上的非竞争性,是指一个人使用一种公共物品并不减少另一个人对该物品的享用;消费上的非排他性,是指一个人对一种公共物品的消费使用,不妨碍其他人对这种物品的消费和使用。而私人物品是指在取得上具有竞争性和消费上具有排他性的物品。

农业保险这种物品在取得和消费过程中存在一定的非竞争性和非排他性。农业保险的消费上具有排他性,即必须支付保费进行购买才能受到灾后补偿的保障,不投保者不能享受,从这一点上来讲,农业保险在消费上首先是具有排他性的私人物品。但与其他私人物品所不同的是,农业保险的消费过程却具有非排他性,比如,保险人为减少损失发生的概率和大小,平时对保险标的采取的防灾防损措施,像人工防雹、人工降雨等作业,可以使得没有购买农业保险的农户有"搭便车"的机会。这种一定程度上的非排他性使得农业保险具有某种公共物品的特性。因此,可以将农业保险界定为介于私人物品和公共物品之间的准公共物品。

从市场竞争方面来说,农业保险产品大部分不具有竞争性。事实上,在农业保险市场上,即不存在有效需求也不存在有效供给。在自愿投保的情况下,农业生产的高风险损失率决定了农业保险的高保费率,而现阶段我国农民的支付能力低下,根本无法承担如此高的保费,若要购买也是只能接受较低的保费数额;所以对农业保险的需求曲线在一个较低的价格水平上;而农业保险经营上的特殊困难也使商业保险公司对农业保险的供给不足，即使开办农业保险，也要在很高的保险费率基础上经营。在图2-1中可表示为，农业保险的需求曲线$D_0$和供给曲线$S_0$不能相交；若政府对农户和保险公司给予补贴与政策支持，则会引起需求曲线上移为$D_1$，供给曲线下移为$S_1$，两者在$P_1$的价格和$Q_1$的数量上相交。

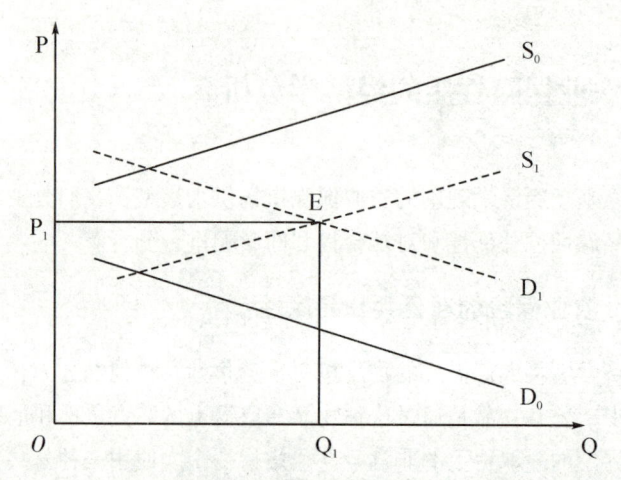

图2-1 在自愿投保和政府支持情况下农业保险的需求和供给

### 2.3.2 农业保险的外部性

正外部性在于产品的某些效益估值没有被生产者视为产品需求的一部分，于是边际社会收益就超过了边际私人收益。这里要区分三种边际收益：一是边际社会收益（MSR），是指因供应一个单位的商品或劳务而受益的全体个人的总估值；二是边际私人收益（MPR），是指因购买一个单位商品或劳务而"直接"受益的个人估值的总和；三是边际外部收益（MER），即因购买一个单位的商品或劳务而"间接"受益的个人估值的总和。综上所述，MSR = MPR + MER，且 MSR>MPR[①]。

农业保险的外部性是通过其作用来体现的。农业作为国民经济的基础产业，其发展的状况直接影响整个社会经济的发展。农业保险虽然面对的是农业，但其带来的利益却远非农业产量、农业产值等指标所能衡量的。通过农业保险的实施，有利于提高农业防御自然灾害的能力，有利于建立农村灾害保障体系，有利于灾后农村经济和社会的稳定，保证农村经济和农业生产的可持续

---

① 陈璐.农业保险产品定价的经济学分析及我国实证研究[J].南开经济研究，2004（4）.

发展等。农民缴纳保费购买农业保险,不仅能保障自己收入稳定,而且还发挥着保证农业再生产顺利进行和稳定国民经济的作用。对于农民而言,购买农业保险所得的个人利益小于其为整个社会所提供的利益总量。同理,商业保险公司在提供农业保险产品的同时,也发挥着上述宏观作用。对于保险公司而言,由于系统性风险、信息不对称以及展业、承保、定损和理赔等方面特殊的经营困难,导致农业保险的经营成本和赔付率都很高,开办农业保险的私人边际收益极低,远小于其供给成本;而社会其他成员未支付任何费用,却享受着农业稳定的益处。因此,农业保险出现了消费和生产的双重正外部性,是一种具有利益外溢特征,即正外部性的产品。农业保险的购买者和供给者成本-利益失衡,从而缩小了农业保险的供给和需求规模,使其小于社会最佳规模,造成市场失灵。正是这种供给和需求的双重正外部性,导致农业保险"需求不足,供给有限"。

图 2-2 显示了农业保险正外部性的存在。农民购买农业保险的边际私人收益为 MPR,小于边际社会收益 MSR;而边际私人成本为 MPC,大于边际社会成本 MSC,所以农业保险的消费具有正外部性,实际消费数量 $Q_1$ 小于社会最优消费数量 $Q_0$。同样,保险公司提供农业保险的边际私人成本大于边际社会成本,而边际私人收益小于边际社会收益,农业保险的生产也具有正外部性,实际提供农业保险的数量小于社会最优提供数量。

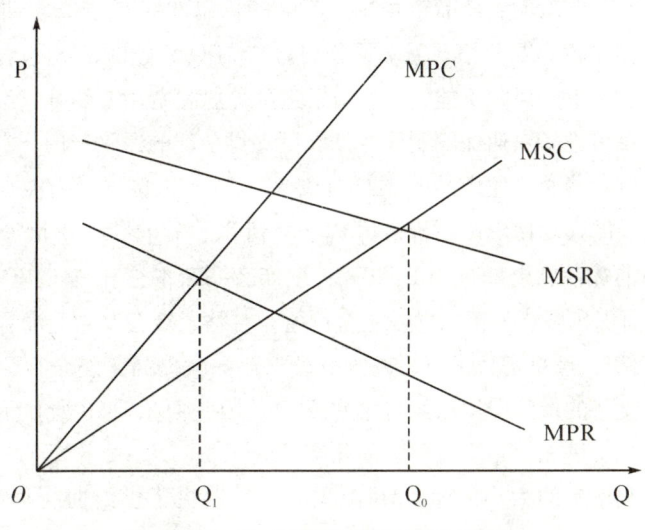

图 2-2 农业保险消费的正外部性

### 2.3.3 农业保险对社会福利的影响

农业保险对社会福利的影响可以通过农产品市场的供求模型来说明，如图2-3所示：

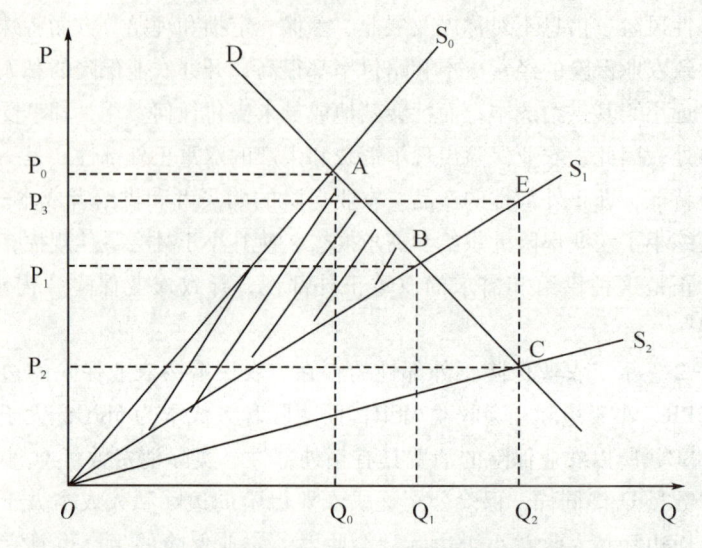

图 2-3 消费者和生产者从农业保险中获得的福利

在没有农业保险的农产品市场中，产品的供给曲线 $S_0$ 与需求曲线 D 相交于 A 点，决定了农产品价格与需求量分别为 $P_0$ 与 $Q_0$；这时的 $S_0$ 包含了风险费用的部分，由于生产风险不能转嫁，对于这部分风险费用必须补偿给农民。

现在假设引进了农业保险制度，且农民支付全部的保险费用。农业保险会减少农民的风险费用，使产品的供给曲线 $S_0$ 下移至 $S_1$ 位置。当需求缺乏弹性时，供给曲线的移动使农产品价格从 $P_0$ 下降到 $P_1$，需求量从 $Q_0$ 增加到 $Q_1$，消费者获得的消费者剩余增量为 $P_0ABP_1$；生产者剩余的变化为 $P_1BO$ 的面积减去 $P_0AO$ 的面积，可能为正值也可能为负值；对整个社会来说，净福利的增量为 OAB 的面积，且总是为正值，说明引进农业保险提高了整个社会的福利水平。由于所支付的保险费用已经包含在 $S_1$ 里，因此面积 OAB 所显示的福利所得就可以衡量引进无补贴农业保险的社会价值。

社会福利增量的大小，即 OAB 面积的大小取决于供给曲线移动的程度、农户参加农业保险的程度和农产品需求弹性的大小。当农民的参与程度提高，农产品供给弹性增大，同时需求弹性减小时，社会福利的增量会增加，即 OAB 的面积会扩大。但生产者剩余逐渐减少并向消费者转移，以至于生产者的最终利益比引入农业保险前减少，从而导致农业的平均利润下降。

农业保险所带来的利益外溢到消费者手里，使得保险供给减少，因而政府应该通过补贴农业保险，把那部分超额剩余返还给农业生产者。补贴实际上使供给曲线进一步下降到 $S_2$ 的位置，使均衡产量由 $Q_1$ 增加到 $Q_2$，而农产品价格也由 $P_1$ 进一步下降到 $P_2$。显然，补贴后生产者和消费者剩余的增加量是 OBC，它小于补贴的成本 $P_2P_3EC$。政府对农业保险进行补贴结果是：农民由于投保获得较高的产量保证，消费者获得较多的消费者剩余，社会福利在增加，而政府的补贴可能会造成一部分社会净损失，但这部分社会净损失已通过政府补贴的形式转移给了保险人。因此，政府补贴农业保险只是对社会资源的合理再分配，这种合理分配资源的结果是消费者获得更多消费者剩余，农民通过参与农业保险使生产风险降到最低程度，保险公司通过经营农业保险获得了政府的补贴剩余，最终政府在这种经营活动中实现了社会福利的最大化[①]。

## 2.4　我国农业保险的发展历程

我国的农业保险开始于 20 世纪 50 年代，但由于种种原因于 1958 年末在全国范围内停办了所有业务。直到 1982 年，农业保险业务得以恢复，但至今发展过程非常曲折，大致可分为以下几个阶段：

### 2.4.1　高速增长阶段（1982—1992 年）

20 世纪 70 年代末，我国实行了改革开放政策，农村实行了家庭联产承包责任制，极大地调动了广大农民的生产积极性；但与此同时，摆脱了计划经济束缚的农民也必须面对农业生产中的自然风险和市场风险。为稳定农业生产，国务院于 1982 年决定恢复开办中断了 23 年的农业保险业务。在这种背景下，中国人民保险公司于当年恢复了办理农业保险业务，并按照"恢复平衡、略有结余、以备大灾之年"的经营原则，不以营利为目的，开办了多项种植业和养殖业保险，取得了显著的社会效益。1982—1987 年是我国农业保险试验时期，在这个阶段，由于政府干预力量较为得力，农业保险由人保公司代表政府垄断经营，可以在系统内部调剂盈亏，实际上隐含了政府对农业保险的隐性补贴，所以农业保险得到快速发展，各地试验的积极性很高，保费收入每年快

---

① 费友海.农业保险属性与政府补贴理论探析[J].广东金融学院学报，2006（5）.

速增长；但 1988、1989 两年进入了徘徊时期，业务增长速度有所减慢；1990—1992 年，农业保险试验有了一个新的高潮，保费增长速度有所回升；其中 1992 年是经营农业保险最好的一年，达到历史最高点。

### 2.4.2　持续萎缩阶段（1993—2003 年）

1993—2003 年，我国农业保险的发展实际上一直处于萎缩之中。从 1994 年起，中国人民保险公司开始由计划体制下的国有并兼负商业性和政策性职能的保险公司向市场体制下的商业性保险公司转轨，中央财政对人保实行以上缴利税为主要目标的新的财务核算体制，一切与经济效益挂钩。此时，人保公司开始考虑调整农业保险结构，对一些风险大、亏损多的业务进行"战略性收缩"，赔付率随即下降；但与此同时，农业保险规模和保费收入也逐年萎缩。尽管国家从 1996 年起开始免征农业保险的营业税，但与巨大的风险相比根本微不足道。农业保险进入了调整时期，保费收入的增长速度虽然有所起伏，但总体趋势趋于下降。

### 2.4.3　政策扶持阶段（2004 年至今）

2004 年至今，农业保险开始受到政府和社会的广泛关注，进入破冰与升温的发展阶段。从 2004 年起，中央政府连续十二年在一号文件中对农业保险的发展提出明确要求，并将其性质明确定位于政策性保险，即在政府的经济、法律、行政支持下，以达到稳定农业生产为目的的农业保险，其实质是国家对农业的净投入。2004 年 10 月起，我国黑龙江、吉林、上海、新疆、内蒙古、湖南、安徽、四川、浙江 9 个省、自治区、直辖市的试点工作全面启动，掀起了新一轮农业保险试点高潮，并取得了一定成效。2007 年 4 月，中央财政拿出 10 亿元在吉林、内蒙古、新疆、江苏、四川和湖南 6 个省区进行政策性农业保险保费补贴试点。其他各省也在保监会的推动下纷纷开展更大规模的试点。2012 年，财政部发布《关于进一步加大支持力度，做好农业保险保费补贴工作的通知》，进一步加大了对农业保险的支持力度，增加了保费补贴品种，并将中央财政农业保险保费补贴险种的补贴区域扩大至全国。2012 年 11 月，国务院公布《农业保险条例》，并于 2013 年 3 月 1 日开始施行，意味着我国农业保险正式步入法律轨道，其政策性更加固化，真正进入了快速发展期。自 2007 年中央财政农业保险保费补贴政策正式实施以来，截至 2013 年年末，中央财政累计投入农业保险保费补贴资金达 487.88 亿元；各级财政对主要农作物的保费补贴合计占应收保费的比例高达 80%。2014 年，国家进一步提高了中央、省级财政对主要粮食作物保险的保费补贴比例。2004年以前，我国经营农业保险业务的商业保险公司基本只有中国人民保险公司和中华联合财产保险公司。从2004年至今，除了以上两家保险公司外，我国已成立了五家专业性农业保险公司，分别是上海安信农业保险股份有限公司、吉林安华农业保险股份有限公司、黑龙江阳光农业相互保险公司、安徽国元农业保险股份有限公司和法国安盟农业保险公司。另外，还有很多财险公司也纷纷开始兼业经营农业保险业务。可以看出，现阶段我国农业保险的发展面临着前所未有的机遇。

## 2.5 我国农业保险的发展特点

自1982年我国农业保险业务恢复以来，我国农业保险的发展呈现出以下特点[①]：

### 2.5.1 农业保险增长过程有所反复，平均来看绝对额和相对额都较小

农业保险前期发展速度较快，从90年代开始农业保险保费收入变化不稳定，特别是1998年后呈现萎缩趋势，但近几年又呈现出较快增长趋势（图2-4a和图2-4b）。1982—1992年10年间每年平均增长率为187.48%，增长速度很快。但1993—2004年间每年平均增长率为-3.84%，其中有8年出现了负增长率。1998年以后保费收入几乎每年都在减少，从1998年的7.147 2亿减少到2004年的3.96亿。2005年全国农业保险保费收入达7.11亿元，比2004年同期增长79.55%，初步改变了1993年以来农业保险逐步萎缩的局面。2007年，随着中央财政农业保险保费补贴政策的出台，当年的农业保险保费收入达到51.94亿元，创造了往年的历史新高，比2006年同期增长612.5%。之后的几年中保费收入又实现了快速增长，年年攀高，截至2013年已实现农业保险保费收入306.59亿元。但总体而言，1982—2013年农业保险的总保费收入只有1 250.202 1亿元（见表2-1），32年间的平均保费收入为39.068 8亿元，绝对额较小。

---

[①] 孙蓉，黄英君. 我国农业保险的发展：回顾、现状与展望 [J]. 生态经济，2007 (2).

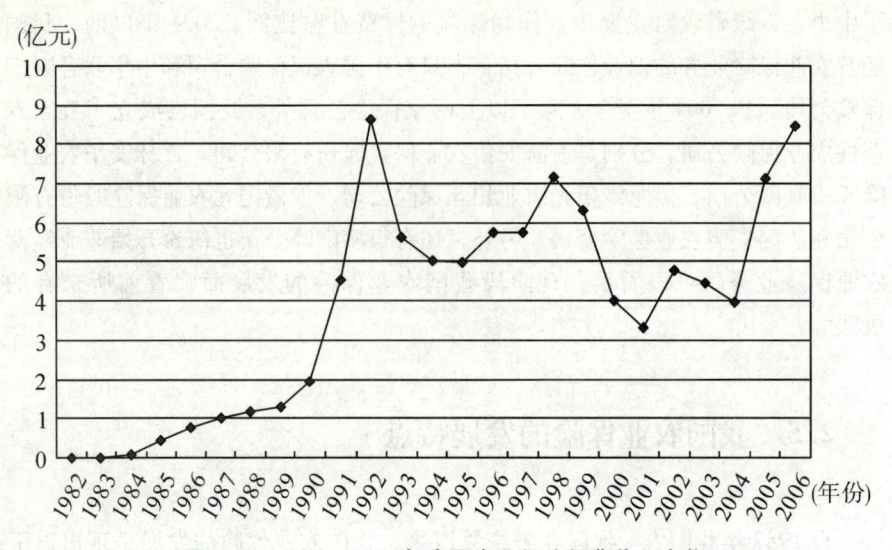

图 2-4a　1982—2006 年我国农业保险保费收入变化

资料来源：根据历年《中国统计年鉴》《中国保险年鉴》相关数据计算。

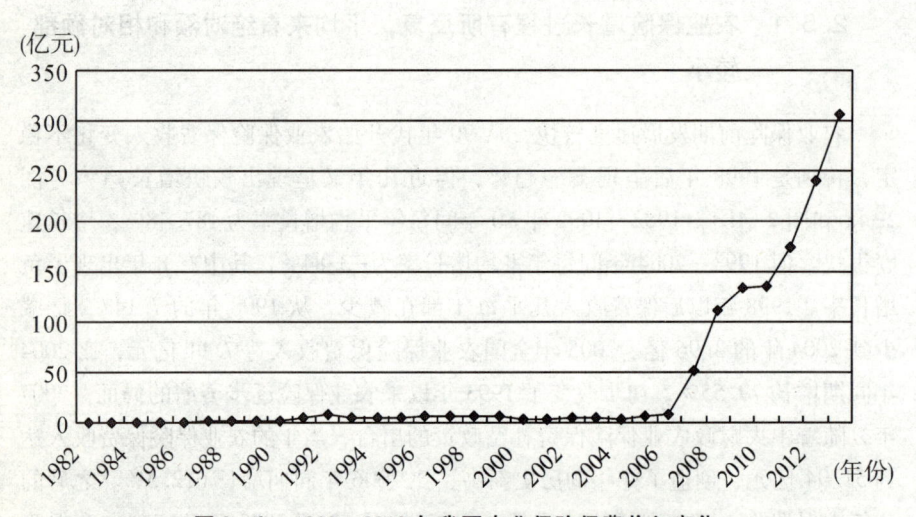

图 2-4b　1982—2013 年我国农业保险保费收入变化

资料来源：根据历年《中国统计年鉴》《中国保险年鉴》相关数据计算。

我国农业保险不仅绝对额较小，在整个财产险中的相对份额也很小。农业保险在国内财产保险市场中已占有一定份额，但这个份额因过小而显得无足轻重。2007 年以前，只有 1991 年和 1992 年两年农业保险占整个财产险的比重大于 2%；2000—2006 年间农业保险占财产险的份额一直在 0.5% 左右起伏；直到 2007 年之后，农业保险在财产险中的比重才又重新高于 2%，并在 3%~5%

之间浮动。可见农业保险在保险业的发展中显得极其弱小,与整个财产保险的快速发展形成鲜明对比(图2-5)。

表2-1　　　　　1982—2013年我国农业保险发展状况

| 年份 | 总保费收入（亿元） | 增长速度（%） | 农业险保费收入（亿元） | 增长速度（%） |
| --- | --- | --- | --- | --- |
| 1982 | 10.30 | — | 0.002 3 | — |
| 1983 | 13.20 | 28.16 | 0.017 3 | 652.17 |
| 1984 | 20.00 | 51.52 | 0.100 7 | 482.08 |
| 1985 | 33.10 | 65.50 | 0.433 2 | 330.19 |
| 1986 | 45.80 | 38.37 | 0.780 2 | 80.10 |
| 1987 | 71.10 | 55.24 | 1.002 8 | 28.53 |
| 1988 | 109.50 | 54.01 | 1.156 9 | 15.37 |
| 1989 | 142.40 | 30.05 | 1.296 6 | 12.08 |
| 1990 | 177.90 | 24.93 | 1.924 8 | 48.45 |
| 1991 | 235.60 | 32.43 | 4.550 4 | 136.41 |
| 1992 | 367.90 | 56.15 | 8.619 0 | 89.41 |
| 1993 | 499.60 | 35.80 | 5.613 0 | -34.88 |
| 1994 | 600.00 | 20.10 | 5.040 4 | -10.20 |
| 1995 | 683.00 | 13.83 | 4.962 0 | -1.56 |
| 1996 | 856.46 | 25.40 | 5.743 6 | 15.75 |
| 1997 | 1 087.96 | 27.03 | 5.758 9 | 0.27 |
| 1998 | 1 261.55 | 15.96 | 7.147 2 | 24.11 |
| 1999 | 1 444.52 | 14.50 | 6.322 8 | -11.53 |
| 2000 | 1 599.68 | 10.74 | 4.000 0 | -36.74 |
| 2001 | 2 112.28 | 32.04 | 3.330 0 | -16.75 |
| 2002 | 3 054.15 | 44.59 | 4.760 0 | 42.94 |
| 2003 | 3 880.40 | 27.05 | 4.460 0 | -6.30 |
| 2004 | 4 318.10 | 11.28 | 3.960 0 | -11.21 |
| 2005 | 4 928.40 | 14.13 | 7.110 0 | 79.55 |
| 2006 | 5 640.15 | 14.39 | 8.480 0 | 19.25 |
| 2007 | 7 033.40 | 24.70 | 51.940 0 | 612.50 |
| 2008 | 9 784.10 | 39.06 | 110.680 0 | 107.53 |
| 2009 | 11 137.30 | 13.83 | 133.930 0 | 21.00 |

表2-1(续)

| 年份 | 总保费收入（亿元） | 增长速度（%） | 农业险保费收入（亿元） | 增长速度（%） |
| --- | --- | --- | --- | --- |
| 2010 | 14 527.97 | 30.44 | 135.860 0 | 1.44 |
| 2011 | 14 339.25 | — | 174.030 0 | 28.10 |
| 2012 | 15 487.93 | 8.01 | 240.600 0 | 38.25 |
| 2013 | 17 222.24 | 11.20 | 306.590 0 | 27.43 |
| 合计（平均） | 122 725.24 | 29.01 | 1 250.202 1 | 86.37 |

资料来源：根据历年《中国统计年鉴》《中国保险年鉴》相关数据整理与计算。

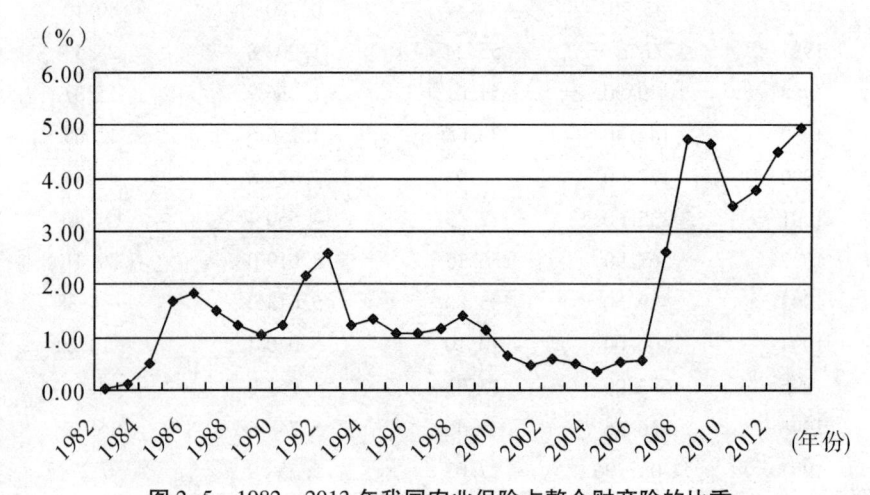

图2-5　1982—2013年我国农业保险占整个财产险的比重

资料来源：根据历年《中国统计年鉴》《中国保险年鉴》相关数据计算。

### 2.5.2　农业保险的赔付率很高

与农业保险较低的保费收入形成鲜明对比的是，农业保险的赔款及给付却很高。1982—2013年间有7年的赔付率都在100%以上，且这些年份主要集中在1995年之前；32年的平均赔付率也高达84.67%。如果考虑到保险公司的营业费用与管理费用等成本，保险业公认的赔付率临界点为70%，高于此比率的赔付就属于亏损。而从表2-2中可知，2007年之前几乎所有年份的农业保险赔付率都在70%以上，说明我国农业保险的经营基本上处于亏损状态（表2-2与图2-6），直到近几年情况才有所好转。

表 2-2　　　　1982—2013 年我国农业保险的简单赔付率

| 年份 | 农业保险保费收入（亿元） | 农业保险赔款及给付（亿元） | 农业保险简单赔付率（%） |
| --- | --- | --- | --- |
| 1982 | 0.002 3 | 0.002 2 | 95.65 |
| 1983 | 0.017 3 | 0.023 3 | 134.68 |
| 1984 | 0.100 7 | 0.072 5 | 72.00 |
| 1985 | 0.433 2 | 0.526 4 | 121.51 |
| 1986 | 0.780 2 | 1.063 7 | 136.34 |
| 1987 | 1.002 8 | 1.260 4 | 125.69 |
| 1988 | 1.156 9 | 0.923 6 | 79.83 |
| 1989 | 1.296 6 | 1.074 8 | 82.89 |
| 1990 | 1.924 8 | 1.672 2 | 86.88 |
| 1991 | 4.550 4 | 5.419 4 | 119.10 |
| 1992 | 8.619 0 | 8.146 2 | 94.51 |
| 1993 | 5.613 0 | 6.469 1 | 115.25 |
| 1994 | 5.040 4 | 5.385 8 | 106.85 |
| 1995 | 4.962 0 | 3.645 0 | 73.46 |
| 1996 | 5.743 6 | 3.948 1 | 68.74 |
| 1997 | 5.758 9 | 4.187 1 | 72.71 |
| 1998 | 7.147 2 | 5.630 4 | 78.78 |
| 1999 | 6.322 8 | 4.855 6 | 76.80 |
| 2000 | 4.000 0 | 3.000 0 | 75.00 |
| 2001 | 3.330 0 | 3.000 0 | 90.09 |
| 2002 | 4.760 0 | 4.000 0 | 84.03 |
| 2003 | 4.460 0 | 3.450 0 | 77.35 |
| 2004 | 3.960 0 | 2.890 0 | 72.98 |
| 2005 | 7.110 0 | 5.500 0 | 77.36 |
| 2006 | 8.480 0 | 5.980 0 | 70.52 |
| 2007 | 51.940 0 | 28.950 0 | 55.74 |
| 2008 | 110.680 0 | 64.140 0 | 57.95 |
| 2009 | 133.930 0 | 95.180 0 | 71.07 |
| 2010 | 135.860 0 | 95.960 0 | 70.63 |
| 2011 | 174.030 0 | 81.780 0 | 46.99 |
| 2012 | 240.600 0 | 131.340 0 | 54.59 |
| 2013 | 306.590 0 | 194.940 0 | 63.58 |
| 合计 | 1 250.202 1 | 774.415 8 | 84.67(平均) |

资料来源：根据历年《中国统计年鉴》《中国保险年鉴》相关数据整理与计算。

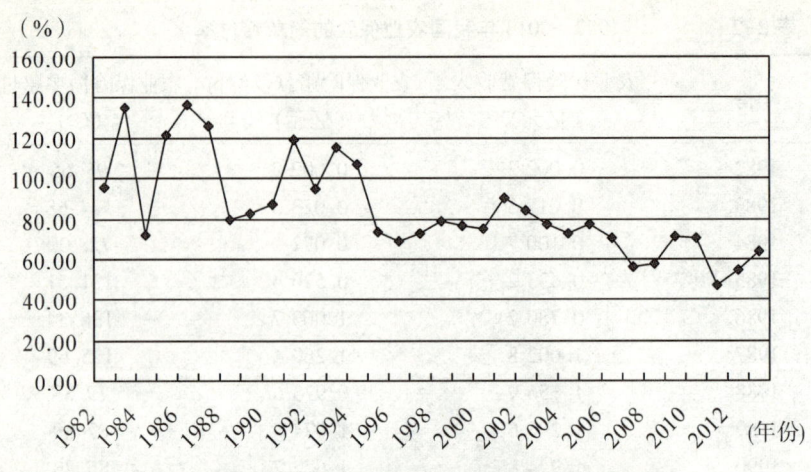

图 2-6　1982—2013 年我国农业保险的简单赔付率

资料来源：根据历年《中国统计年鉴》《中国保险年鉴》相关数据计算。

## 2.5.3　农业保险深度和密度很低

保险深度和保险密度是衡量一个国家或地区保险业发展程度的重要指标。农业保险深度是农业保险的保费收入与农业 GDP 之比。从图 2-7 可以看出，我国农业保险的深度一直处于较低的水平，特别是 2007 年之前，只有在 1992 年达到最高值 0.001 5，而其他年份都在 0.001 以下，并在 1992 年之后有降低的趋势。2007 年之后，农业保险深度开始逐年上升，2013 年达到近 0.005 4 的水平。

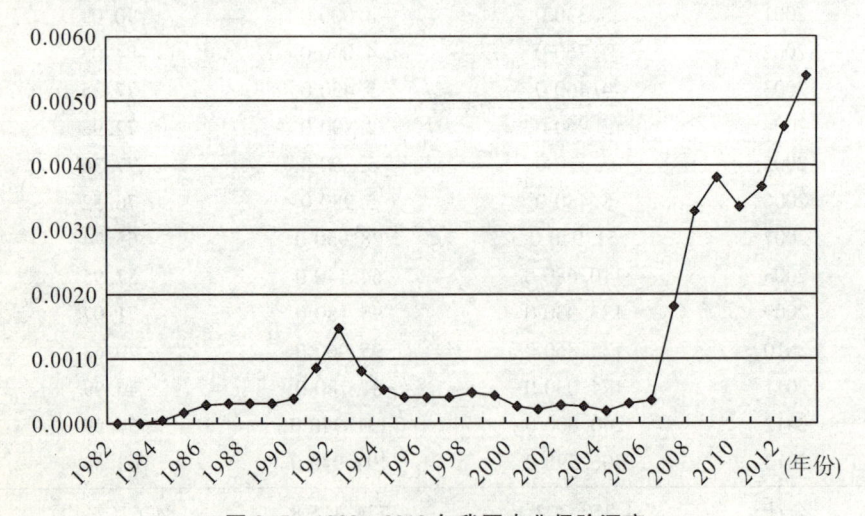

图 2-7　1982—2013 年我国农业保险深度

资料来源：根据历年《中国统计年鉴》《中国保险年鉴》相关数据计算。

农业保险密度是农业保费收入与农业人口之比,1992 年之前,农业保险的密度都是持续增加的,说明农业保险处于良好的发展时期,并且 1992 年接近达到 1 元/人。此后,波动性很大,直到 2004 年之后才又恢复上升的趋势,特别是 2007 年之后快速上升,至 2013 年达到了 27.4 元/人(图 2-8a 和图 2-8b)。总体来说,无论是农业保险深度还是农业保险密度都很低,说明了农业保险的渗透度不强,自我发展程度很低。

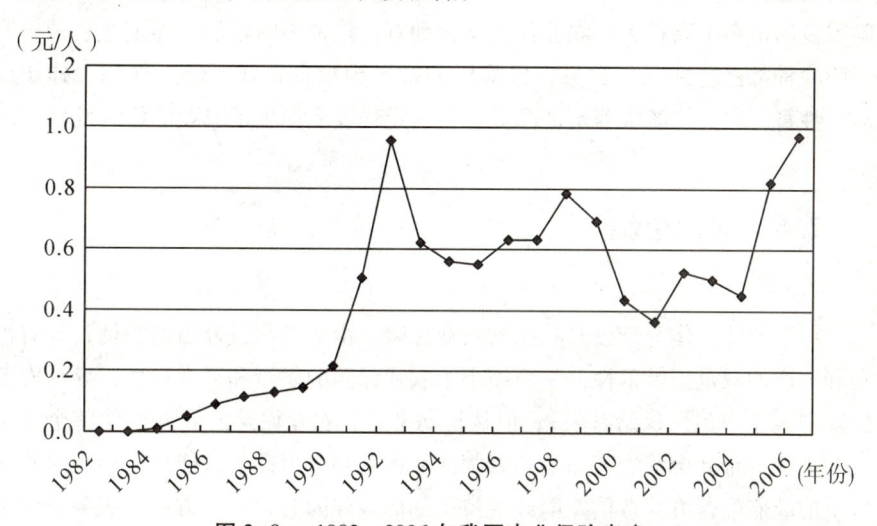

图 2-8a 1982—2006 年我国农业保险密度

资料来源:根据历年《中国统计年鉴》《中国保险年鉴》相关数据计算。

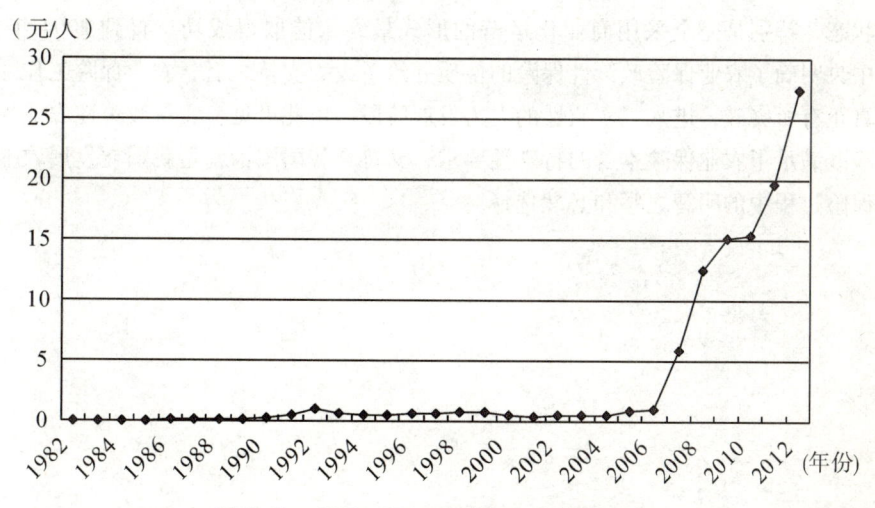

图 2-8b 1982—2012 年我国农业保险密度

资料来源:根据历年《中国统计年鉴》《中国保险年鉴》相关数据计算。

### 2.5.4 农业保险在促进农业稳定发展和保障农户灾后生活方面发挥了积极的作用

虽然农业保险的赔付率很高对保险公司来说是不利的,但保险赔款使被保险人的农业灾害损失获得了部分补偿,对于农户购买生产资料,维持农业生产的持续进行,保障农户灾后生活发挥了一定的作用。此外,农业保险范围、保险覆盖面也在不断扩大。农业保险从无到有,险种不断增加,养殖业、种植业保险险种都已达到一定数量,保险标的扩展到粮食作物、经济作物、林业产品、牲畜、家禽、淡水养殖产品等,在一定程度上促进了农业的稳定发展。

## 2.6 本章小结

综上所述,作为准公共物品的农业保险,由于其利益外溢的特征,具有消费和生产的双重正外部性,从而缩小了农业保险的供给和需求规模,导致农业保险"需求不足,供给有限";但从长期来看,农业保险的开展会使整个社会福利增加,全社会的农产品消费者都能从中获利。因此,只能采取国家财政支持下的政府经营方式或国家财政支持下的商业保险公司经营方式,服务于政府给定的经济和社会政策,即实行政策性农业保险。

2004年以前,我国农业保险的发展总体上一直处于小规模和萎靡不振的状态,特别是完全采用商业化运营的形式最终未能取得成功。直到2004年,中央明确了农业保险政策性保险的性质并给予大力支持之后,农业保险工作才真正有所突破,进入了实质性的大力发展阶段。由此可见,实行政策性农业保险既满足了农业保险本身的特殊性要求,又符合我国国情,是我国在发展农业保险过程中的明智之举和必然选择。

# 3 政策性农业保险不同经营模式的比较分析

## 3.1 各地对政策性农业保险经营模式的选择与实践

自从我国在试点地区开展政策性农业保险以来，各个地区积极进行政策性农业保险经营模式的探索，并且形成了符合当地实际情况、具有不同特色的开办模式。总体来看，在各地的主要做法中，可以总结出七种不同的经营模式，包括上海"安信"模式、吉林"安华"模式、黑龙江"互助制"模式、浙江"共保体"模式、江苏苏州"委托代办"模式、江苏淮安"联办共保"模式和新疆建设兵团"统保"模式。下面对政策性农业保险经营模式分别进行介绍。

### 3.1.1 上海市"安信"模式[①]

上海市"安信"模式的特征可以概括为：成立专业性农业保险公司，采取"政府财政补贴推动、商业化运作"的经营方式；所有涉农险种均享受政府减免税收的政策优惠，通过商业性保险的盈余来弥补种养两业保险的亏损，实行"以险养险"；市政府建立特大灾害补偿机制，分担保险公司的超额赔付责任。

2004年9月，上海筹建了我国第一家专业性农业保险公司——上海安信农业保险股份有限公司。该公司在原中国人民保险公司上海分公司农业保险业务的基础上筹建，由上海11家企业共同投资组建，注册资本金2亿元。上海安信农业保险公司采取"政府财政补贴推动、商业化运作"的经营模式，董

---

[①] 本小节内容主要参考孟春主编的《中国农业保险试点模式研究》，并在此基础上进行了归纳与整理。

事长由市政府任命。公司开办传统的种养两业保险业务可以享受相关政策支持。由市、区（县）两级政府对投保符合上海农业产业发展导向的种养两业保险的农户给予保费补贴，并免征保险公司的营业税和所得税等各种税收；公司的其他涉农险种则按商业化运作，将农村建房险、涉农财产险、责任保险、农村居民短期人身意外伤害险和健康险等也归入农业保险经营业务范围，利用其他涉农险作为传统农业保险的支撑险种，并享受农业保险的一切相关优惠政策；通过商业性保险的盈余来弥补种养两业保险的亏损，实现"以险养险"。其中，种植业和养殖业保险的保费收入占公司全部保费收入的比例不得低于60%。

自2009年起，上海市对16大类两业险种实施了保费补贴制，具体险种补贴比例为①：水稻、能繁母猪按保费的80%实施补贴；奶牛按保费的60%实施补贴；麦子、油菜、蔬菜、生猪、家禽等险种按保费的50%实施补贴；鲜食玉米、果树、西甜瓜、食用菌、草莓、肉鸽、白山羊、淡水养殖等险种按保费的40%实施补贴。农业保险保费补贴资金实行差别承担政策，由市、区县两级财政承担，具体比例如下：崇明县由市财政承担80%，县财政承担20%；金山区由市财政承担70%，区财政承担30%；南汇、奉贤区由市财政承担60%，区财政承担40%；闵行区、嘉定区、宝山区、浦东新区、松江区、青浦区由市财政和区财政各承担50%。此外，政府还对农业保险实施再保险支持政策，建立特大灾害补偿机制，规定当农业赔付金额单次超过5 000万元，全年累计赔付金额超出公司当年全部赔付能力时，启动补偿机制，对公司无力补偿部分由政府财政予以补偿。

上海市对农业保险实行强制性保险与自愿性保险相结合的参保原则。政府对一些关系到国计民生的基础农作物和牲畜实行强制性的统一保险制度，要求一个区（县）或一个乡（镇）范围内，所有同类的单位共同参加保险；对其他相对次要的农业保险种类，由农户自行决定是否投保。对基础险种实行强制性保险，一方面增加了农业保险的覆盖面积，提高农村社会保障体系的覆盖面，并遵循了保险的大数法则，有效防止保险的逆向选择；另一方面可以减轻农业保险展业的工作量，在减灾、定损、理赔等各个环节上统一标准，统一手续，既可缓解农业保险工作人力与财力上的不足，也便于规范化、科学化管理。

---

① 《上海市农业委员会、上海市财政局关于完善本市农业保险补贴政策的通知》，沪农委〔2009〕83号．

### 3.1.2 吉林省"安华"模式[①]

吉林省"安华"模式的特征可以概括为：组建专业性农业保险公司，实行商业化运作、代办政策性业务；政策性险种享受国家保费补贴和减免税收的政策优惠，其他涉农险种则完全实行商业化运作；政府对保险公司发生的超额赔付不承担任何责任。

吉林省为全面开展政策性农业保险工作，经批准于2004年12月成立了专门的农业保险公司—安华农业保险股份有限公司。2005年，在中央还没有制定农业保险相关补贴政策的情况下，吉林省就出台了农业保险保费补贴政策，支持安华农业保险公司在全省开办了烟叶、玉米、草莓种植保险，以及肉鸡、生猪、奶牛养殖保险试点。2006年，省财政又拨款支持开办了玉米、水稻、烟叶种植业保险试点，以及生猪、种猪、奶牛、肉鸡、梅花鹿等养殖业保险试点，政策性及涉农业务在整个业务结构中占比达到82%。2007年，中央财政给予吉林省农业保险保费补贴，承保玉米、水稻、大豆三大作物。

吉林省农业保险采取了政府与保险公司联办，并与农经部门合作的模式，并突出了政府的主导地位。政策性险种由国家规定，以政府主导为主，享受国家政策优惠，中央、省、县三级政府分别给予25%、25%和30%的保费补贴，并免收保险公司的营业税和所得税；全省涉农险种涵盖了种植业、养殖业、家庭财产、企业财产、人身保障等众多领域，为农业、农村、农民提供全方位的"一揽子"保险保障，走"大农险"之路；政策性险种之外的其他涉农险种实行商业化运作，不享受国家政策优惠，虽然是走"大农险"之路，但政策性农业保险实行单独立账、单独核算，并没有进行"以险养险"。此外，保险公司还开展财产保险、责任保险、货物运输保险、保证保险、意外伤害保险以及机动车辆保险等各类商业性财产保险业务，实现综合经营。政府没有对农业保险再保险政策的支持，2007年安华保险公司出现超赔，无力承担巨额赔款，最后通过财政借款、财政担保、银行贷款等方式来筹款解决，但仍没有按照合同规定给予农户足额赔付。在与农经部门合作方面，安华保险公司承担承保理赔业务培训、核定标的、查勘现场、拨付经办费用、提供保险单证等工作；农经部门承担组织农户以村为单位投保、收取农户保费、组织专家初步定损、配合省专家组复勘、指导受灾农户防灾减灾等工作。

---

[①] 本小节内容基于2008年9月笔者对吉林省安华农业保险股份有限公司的实地调研访谈与公司提供的相关资料。

为解决农村组织化程度低的问题,降低农业保险开办成本,安华公司从农业产业化龙头企业入手,以农业产业化龙头企业经营链条所带动的种植业、养殖业为承保对象,为其提供综合保险服务。在销售渠道及方法方面,安华公司开辟了多渠道、多形式、多身份加入的营销渠道,将农险业务同农村信用社、农业银行、邮政系统等网络资源优势相结合。吉林省于2006年提出要求,由省农信联社、相关金融机构同农业保险公司,对农村特色种植、规模养殖发放大额贷款,并实行先保险后贷款的政策。由于农业保险与金融机构的密切合作,取得了良好效果。此外,公司还通过农村经营管理站、农机、农技推广站等部门代理农业保险业务。

### 3.1.3 黑龙江省"互助制"农业保险模式[①]

黑龙江省"互助制"农业保险模式的特征可以概括为:组建相互制农业保险公司,公司所有权归全体投保人所有,实行"互助共济,风险共担"的农业互助制保险;享受国家财政保费补贴和减免税收的支持政策,但政府对保险公司的超额赔付不承担任何责任。

黑龙江省作为我国的农业大省,是国家重要的商品粮基地之一。目前在黑龙江省经营农业保险业务的保险公司有两家:中国人民保险公司黑龙江财产保险公司和阳光农业相互保险公司。阳光农业相互保险公司是在黑龙江垦区14年农业风险互助基础上组建的相互制保险公司,于2005年1月在黑龙江垦区正式投入运营,承保水稻、大豆、玉米、小麦、大麦等险种。非垦区2007年开展了农业保险试点工作,具体情况如下:承保的作物有水稻、大豆、玉米,其中省政府负担50%,县政府负担30%,农户自筹20%。

"互助共济,风险共担"是农业互助制保险的原则和宗旨。阳光公司作为相互制农业保险公司,形成了以公司统一经营为主导,保险社互助经营为基础,统分结合的双层治理和双层经营的管理体制,最高权力机构为会员代表大会,在公司和会员之间建立起利益共享和风险共担的长效机制。相互保险公司具有三方面特征:一是全体投保人以会员身份参与公司管理和业务监督;二是投保人拥有公司所有权,产权归属关系代替了市场交易关系,为费率调整创造了条件;三是相互保险公司不以营利为目的,所有财产和盈利都用于被保险人的福利和保障。这种管理模式调动了会员参与公司管理的积极性,形成了会员

---

① 本小节内容主要参考:农业部农垦局课题组.我国农业保险财政政策问题研究[J].中国农垦,2008(3).

之间自我监督、会员与公司相互监督的机制，有效地维护了公司和会员的共同利益，确保了保险业务全过程的公开透明和真实准确，减少了保险公司与农户的纠纷。

在国家财政支持下，种植业保险保费实行农户、国家财政和黑龙江省农垦总局三方共同承担的方式，其中参保农户缴纳65%，黑龙江农垦总局和农场分别代表国家财政与地方财政承担35%（国家财政补贴20%，省农垦总局补贴15%）；养殖业保险保费全部由农户承担。保费扣除10%的大灾准备金后，由公司和保险社各留存50%，赔付由公司和保险社按分保比例承担。

在应对巨灾风险方面，阳光公司按保费收入的10%提取大灾准备金，其使用基准以农场保险协会为单位，当保险社的综合赔付率超过140%时，超赔部分动用大灾准备金弥补。此外，阳光公司还积极利用再保险体系，运用大灾准备金购买再保险。目前，公司已与国外七家再保险集团公司达成了种植业超赔再保险协议，提供赔付率90%~140%的保障程度，形成了防范风险的双重防线，使种植业总体经营的大灾风险得到有效分散。

### 3.1.4 浙江省"共保体"模式①

浙江省"共保体"模式的特征可以概括为：由多家保险公司组成"政策性农业保险共保体"，全省实行统一的共保模式，使用统一条款；共保体各成员按照章程约定，按比例承担风险责任；省与试点县（市、区）政府财政对政策性险种实行保费补贴和减免税收的政策优惠，并对共保体的超额赔付部分进行兜底。

浙江省农业保险试点，没有设立专门的农业保险公司，而是成立了"政策性农业保险共保体"。"政策性农业保险共保体"由人保公司等10家在浙保险公司组成，人保财险浙江省分公司为首席承保人，中华联合、太平洋财险、平安财险、天安保险、永安财险、华安财险、安邦财险、太平保险、大地财险等9家商业保险公司浙江分公司为共保人参与。2006年3月1日，浙江省政策性农业保险共保体正式成立，标志着浙江省政策性农业保险试点正式启动。其主要特点是"市场运作、政府兜底"；险种选择由试点地区根据自身特色优势农业发展和抗风险需要，按"1+X"模式，即水稻（必保）+4个（后又增加到6个）可选品种，在省级保险产品目录中自行选择；保障程度以"保大灾"为主，以补偿承保对象的物化成本为主，参保对象是农业经营种养大户；财政

---

① 本小节内容主要参考：蓝凤华.浙江农业保险试点模式简介［J］.上海保险，2008（8）.

保费补贴实行差别比例分担；对保险范围内的理赔实施5倍封顶的有限责任赔付，并实行按比例分担制。试点险种包括种植业的水稻、大棚蔬菜、西瓜、柑橘、林业，养殖业的生猪、奶牛、鸡、鸭、鹅、淡水养鱼等。

受共保体委托首席承保的商业保险公司承担具体业务经营。共保体经营范围为农业险、以险养险、涉农险三类，实行"单独建账、独立核算、盈利共享、风险共担"。共保体各成员按照章程约定，除按比例承担风险责任以外，享有对盈余部分的红利分配权；按照约定的承保份额拥有对政策性农业保险项目经营利益的终极所有权。对省统一公布的《政策性农业保险产品目录》中的农产品参保实行保费财政补贴，原则上多保多补、不保不补。共保体章程和农险条例、费率的制定和修改须按程序批准，上报省政策性农业保险试点工作协调小组确定。省与试点县（市、区）政府财政对农户参加列入政策性农业保险产品目录的投保给予不低于40%的保费补贴，其中对水稻补贴不低于50%。在试点阶段，农业保险享受政府的税收优惠政策，包括免缴营业税、减免所得税等，以提高保险公司偿付能力，增强农业保险资金积累。

政府对农业保险的开展采取"以险养险"的配套支持政策。县及县以下财政拨款机关事业单位的车辆险、综合财产险等，由共保体承保；车辆险由省保监局提出具体指导费率；县及县以下财政拨款行政事业单位各类财产险、团体人意险和短期健康险，原则上由共保体承保；各试点县（市、区）大力支持共保体开展农村建房险、家财险、农机具险、意外险等其他涉农险种。

共保体实行最高承担当年农险保费5倍的有限赔付责任，政府和共保体成员按章程约定承担赔付责任，其中试点县（市、区）农险赔款在当年农险保费2倍以内部分，由共保体承担全部赔付责任；赔款总额超过保费2~3倍部分，共保体与政府按1∶1比例承担赔付责任；3~5倍部分，由共保体与政府按1∶2比例承担。政府所承担的超赔部分由省与试点县（市、区）财政分担。

### 3.1.5 江苏省苏州市"委托代办"模式[①]

江苏省苏州市"委托代办"模式的特征可以概括为：通过统一公开招标，委托中标保险公司通过市场化运作代办政策性农业保险实务；政府对政策性险种提供保费补贴，并负担超额赔付责任；政府委托专业管理公司对农业保险业

---

[①] 本小节内容主要参考：姚海明，梁坚. 江苏省农业保险三模式调查分析［J］. 农业经济，2008（2）.

务进行监管。

按照统一招标、分层委托、自愿参保、政府支持、市场运作、专业监管的原则，苏州市将水稻、苗木、生猪、内塘水产养殖和家禽五个险种作为市级重点险种。其中水稻险种实行普惠制，进行全面参保，其他险种设定规模标准，自愿参保，不达规模标准的可组成合作社，以合作社为单位统一参保。市级财政设立农业保险补助基金，根据各市（区）参加市级重点农业保险险种的投保情况给予财政补贴。各市（区）财政设立农业保险基金，用于对市级重点险种，以及当地确定的重点险种，给予保费补贴。通过统一公开招标，苏州市的农业保险业务分 A、B 两个区域，分别委托给苏州人保财产保险公司和苏州市太平洋财产保险公司代理。中标的两家保险公司为农业保险的承办方，主要承担险种设计、保费收缴、定损理赔等职责。保险公司在保费收入中提取 11.45% 作为管理费用，其余全部作为农业保险基金，由各市（区）财政设立专户，统一管理，封闭运作。重点险种的保费由财政补贴 60%，另 40% 由投保人承担。当保险基金出现超赔时，由保险公司按超赔额的 10% 负责赔偿，但以 5 年保费收入的 5 倍为上限，其余部分由各市（区）推进农业保险工作委员会办公室负责统筹。为方便承保业务和理赔事务的开展，规避道德风险和避免保险基金管理不善，农业保险实务与基金管理以县级为主，具体业务由县级负责操作。苏州市推进农业保险工作委员会办公室委托苏州市国发安农管理有限公司对各市（区）农业保险进行专业监督管理。专业管理公司以第三人身份进行监管，可以做到公正、公平，同时节省了政府部门大量的时间和人力、物力。

### 3.1.6 江苏省淮安市"联办共保"模式[①]

江苏省淮安市的"联办共保"模式与"安华"模式较为相似，由政府与保险公司联合开办农业保险，不同之处在于这种模式下没有成立专门的农业保险公司，而是由商业保险公司运作；并且除保费补贴和减免税收的优惠政策之外，政府的责任更大一些，需要承担保险公司的超赔责任。

2004 年 11 月，淮安市出台了《关于开展农业保险试点工作的实施意见》，又于 2005 年 8 月制定了《关于加强农业保险试点工作的实施方案》，两份文件的主要精神可概括为"联办共保"，即由政府监督指导，采取政策性保险，商

---

[①] 本小节内容主要参考：姚海明，梁坚. 江苏省农业保险三模式调查分析 [J]. 农业经济，2008（2）.

业保险公司运作，乡镇基层干部参与。试点阶段，由各级政府相关部门成立"农业保险促进委员会"，履行研究制定计划措施、负责组织推动、实施完善农险机制和保险基金管理等四个方面职责。市、县（区）财政对农民投保的三麦、水稻、养鱼保险给予保费补贴，市级财政补贴30%、县（区）级财政补贴20%；同时还对开办农险的公司给予适当的政策倾斜，并在大灾之年提供70%的超赔责任。中华联合淮安中心支公司具体负责农业保险方案的操作运行，具体组织实施业务、理赔、财务、基金等管理。保险公司提取保费收入的20%作为管理费用，节余部分的70%留县（区）级，30%交市级统筹。如果当年因遇大灾县（区）保险基金收不抵支，保险公司与政府按照3∶7的比例分担超赔责任。

### 3.1.7　新疆建设兵团"统保"模式[①]

新疆建设兵团模式的特征可以概括为：依靠行政手段，对主要农作物实行统保政策；兵团为农户承担部分保费，并对保险公司的超额赔付进行兜底。

20世纪80年代中期，为适应农垦经济体制改革的需要，发挥保险在灾后组织经济补偿的作用，由新疆兵团申请，以财政部、农业部下拨的三年救灾款1.1亿元作为资本金，经中国人民银行批准成立了"新疆生产建设兵团农牧业生产保险公司"；2002年，公司更名为中华联合财产保险公司，主要经营各类财产保险业务和再保险业务；2006年6月，兵团作为主要股东控股，公司改制成功，更名为"中华联合保险控股股份有限公司"。

中华联合保险控股股份有限公司利用兵团特殊的管理体制和组织体系完善的优势，依靠行政手段对全兵团范围的粮、棉、油、糖等主要农作物实行种一亩保一亩的统保政策，从而促进了农险业务的快速发展。新疆兵团政策性农业保险的核心内容为统一投保、统一收费和大灾兜底等制度，同时在师（局）内实现风险的自留和分散。公司依靠师、团两级单位，将农业保险保费纳入生产成本，团场统一投保签单，并形成了多种形式的交费模式。第一种是由团场交保费，从团场农业生产成本列支，保险赔款也直接支付给团场；第二种是团场交一部分保费，承包户交剩余部分保费，赔款按比例支付给团场承包户；第三种是保费全部由承包户承担，赔款也全部支付承包户。

中华联合保险控股股份有限公司建立了以师（局）为单位的经营亏损自

---

①　本小节内容主要参考孟春主编的《中国农业保险试点模式研究》，并在此基础上进行了归纳与整理。

补机制，增加了师（局）、团场及分支公司的经营责任。种养两业实行统保的规定，在保险公司办理投保手续。保险公司在当年保费收入中按19%的比例以内开支业务费用（其中含2%的手续费、5%的防灾费）。当年经营如有节余，按3∶7的比例建立师、团两级农业保险基金，保险基金由保险公司运作增值，逐步积累，以备大灾。在农牧团场受灾时，用当年保费支付，如不足，首先由师、团两级的农业保险基金支付；仍然不足部分由师（局）保险公司在当年商业险利润中拿出30%的予以补贴；再不足则由师、团各自按比例筹措资金，帮助农工实现生产和生活的基本保障。在农业保险基金的使用方面，当年结余的，留作保险基金；积累的农业保险基金额超过当年保费收入额时，可拿出当年保费结余的30%，用于改善生产条件的急需项目、防灾项目以及科学试验。

## 3.2 政策性农业保险不同经营模式的比较分析

### 3.2.1 生产者、保险公司和政府在不同政策性农业保险经营模式中的地位

在上述不同的政策性农业保险经营模式中，各个行为主体的地位是有所差异的，下面将分别对生产者、保险公司和政府的地位进行分析。

3.2.1.1 不同模式中生产者的地位

（1）在"互助制"模式中，生产者处于比较主动的地位。由于该模式是以总公司统一经营为主导，保险社互助经营为基础，实行统分结合的双层治理和双层经营的管理体制，在公司和会员之间建立起利益共享和风险共担的长效机制，所以与一般股份制商业保险公司相比，具有如下优点：第一，公司的投保人也是其所有者，因此，由投保人与保险公司的利益冲突产生的道德风险问题不再存在；第二，相互保险公司的发起者彼此熟悉，有利于信息不对称问题的缓解；第三，相互保险公司并不以营利为目的，而是以分担风险的形式来降低参与者的个人风险，所以常常在降低风险和防止灾害发生上加强成员间的合作，比如为成员提供新技术和新方法，以减少灾害的发生和在灾害发生时减少成员的个人损失。

（2）在其他的六种模式中，生产者不同程度地处于被动地位。新疆建设兵团的"共保"模式依靠行政手段要求所有农户统一投保；上海市的"安信"模式对水稻、生猪、奶牛、家禽四大险种实行普惠制基本保险，要求一个区

（县）或一个乡（镇）范围内，所有同类的单位共同参加保险，对符合条件的农业生产者，按保费的50%为其投保，同时引导农户积极补足全额保险；这样生产者的投保率几乎达到100%，属于农业保险中的强制险，生产者没有选择的自由。"联办共保"模式中规定"市财政对三麦、水稻承保面达80%以上的村，按农户实缴保费的10%奖励村组干部"，实际上这个规定对生产者必须参保的比例进行了规定。其他几种模式也都不同程度的存在这种现象。

在以上几种农业保险模式中，投保者之所以比较被动主要有以下几个方面的原因：首先，在客观上农业保险有风险大且集中的特点，而保险风险分散的基本原理是大数原理，如果生产者投保比例过小，容易产生逆向选择，也不利于分散风险，保险公司承担的风险更大；其次，由于政策性农业保险中政府以不同方式参与进来，根本目的在于保护生产者，降低其生产风险，促进生产积极性，因此上级政府往往把农业保险工作开展的好坏作为评价下级政府政绩的标准之一，而参保比例又是衡量农业保险开展好坏的重要标准，因此基层政府往往会被要求保证生产者投保率必须达到一定比例；再次，由于我国大多数地区的农业生产者数量大、组织松散、生产规模小，农业保险的宣传工作任务很大，再加上农业生产者外出打工的比较多，一些生产者文化水平低等原因使得短期内生产者当中真正了解农业保险的人不多，由于没有真正的了解，所以在投保的时候也显得比较被动。

#### 3.2.1.2 不同模式中保险公司的地位

（1）在"安华""共保体""委托代办""联办共保"和"统保"五种农业保险模式中，保险公司处于从属地位，政府处于主导地位。产生这种情况的原因在于：第一，从保费筹集上看，保费的筹集对于政府依赖程度相当大，一般主要险种都在50%以上，有的高达80%。除此之外，不少保险公司在农村没有稳定的营销网络，而农业生产者数量大、每个保单标的面值低，保费收取仍然要依赖政府系统进行代收。第二，在勘察理赔和防灾防损中，仍然离不开政府的相关职能部门。农业保险中的种养两险都是有一定技术性的保险，在灾情发生前，需要采取一些技术性防灾防损措施；如果灾情发生，需要勘察核损，这都需要相关的专家或职能部门，而一些保险公司没有这方面的人才储备或是具有说服力的证明部门，这些都要依赖政府。第三，理赔款的发放仍然靠政府系统发放。由于生产者分散，要将理赔款到户发放，保险公司没有足够的人力物力，还要通过政府系统代为发放。正是以上这些原因决定了保险公司的从属地位。

（2）"互助制"和"安信"模式可以相对独立的开展农业保险业务。一方面，由于"互助制"是黑龙江省农垦总局成立的农业保险公司，生产者的组织化程度较高并有自己的相关技术人员和职能部门；而上海在农业保险中推行"共保"制度，即保险公司与农业科技推广部门（包括兽医、植保、水产技术推广站、奶牛生产技术服务站）联合承办农业保险，实行责任共负、风险共担、利益共享。农业保险具有较强的技术性，"共保"制度把风险补偿与科技服务两大优势有机结合在一起，把农业保险与产业化经营有机结合在一起，既解决了农业保险业务部门缺少人手和技术力量、定损经验不足等难题，又增强了科技部门做好展业宣传、理赔核损、防灾防损工作的能力。另一方面，这两种模式中保险公司与政府的联系主要是在保费的分担上，不像其他四种模式，每个环节工作的开展都要依赖于政府相关部门。

3.2.1.3 不同模式中政府的支持作用

（1）政策性农业保险的发展离不开政府的支持。我国现有的七种政策性农业保险模式都需要依赖政府的政策扶持才能得以生存。这是由农业保险比一般的商业风险更大、风险更难以分散的特性所决定的。国际上农业保险的发展过程也说明了这一点。而我国与那些农业保险发展比较成熟的发达国家相比，在生产规模、生产技术等重要因素上处于劣势，所以我国的农业保险要想发展下去必然要继续依靠政府的支持。

（2）政府对政策性农业保险的支持力度越大，农业保险的区域适应性就越强。政策性农业保险的保费收入主要来源于政府补贴和生产者交纳，在我国区域发展不平衡，对于比较富裕的东南沿海地区，生产者的支付能力较强，农业保险费用支出在其整个家庭收入中的比例很小，对于他们来说是能够负担得起的，保险公司需要政府的经济支持也会相应少一些；但是对于那些中西部经济水平比较落后的地区，农户家庭收入本身就比较低，即便是很少的保险费支出，生产者也会感到负担较重。因此，要想在相对落后的地区发展政策性农业保险，保险公司能够在这些地方得以生存和发展，必须依靠政府的大力支持。

## 3.2.2 政策性农业保险不同经营模式的比较

七种不同的政策性农业保险经营模式即具有相同点，又具有不同之处，下面将分别进行分析。

3.2.2.1 不同经营模式的相同点

（1）都有一定的地区适应性。七种不同的农业保险模式根据开办地方的特殊性而设定与实行，在不同地区得到了一定的发展。例如，"安信"之所以成为我国第一家专业性的股份制农业保险公司，得益于上海市较好的财政状况;"共保体"模式之所以能够做到"政府兜底",与浙江省的财政实力是密切相关的;"互助制"模式充分利用了垦区农业生产者组织性较强的特点,并以此创造了统一的保险公司和各个保险互助社双层经营的管理体制;"统保"模式之所以能够依靠行政手段顺利执行,是利用了兵团特殊的管理体制和组织体系完善的优势;江苏省和吉林省之所以能以较高的比例对保费进行补贴是因为作为2007年六个试点省份之一,中央政府也给予了很大的资金支持。

(2) 农业保险都以种养两险为主要险种。虽然采用不同模式的保险公司设置的保险种类各不相同甚至还有较大差异,但是种养两业的险种是其主要的经营业务也是整个农业保险保费收入的主要来源。比如"安信"模式虽然走的是"以险养险"道路,但种植业和养殖业保险的保费收入占公司全部保费收入的比例不低于60%。其他政府补贴比较高的模式更是如此,这是因为政府对农业保险进行补贴的主要目的就是为了能够实现"工业反哺农业",促进生产者的生产积极性,而种养业是生产者的主要经营项目。

(3) 政策性农业保险都不同程度地享受优惠政策。我国的七种政策性农业保险模式享受政策优惠主要体现在两个方面,一方面是保费补贴,另一方面是税收优惠。虽然不同模式所得到的政府保费补贴比例和税收的优惠项目不同,但都获得了一定比例的保费补贴和免征种养两业营业税的优惠。

#### 3.2.2.2 不同经营模式的不同点

关于以上七种经营模式的差异,下面分别从保险种类多寡、政府支持力度、保险公司承担的风险责任和克服道德风险与逆向选择的程度等四个方面进行比较说明(表3-1)。

(1) 保险种类的多寡不同。专门成立的农业保险公司开办险种较多,而中国人民财产保险公司等原来经营商业保险为主的保险公司开办险种较少。例如,上海的"安信"、吉林的"安华"和黑龙江的"阳光"是组建的专业政策性农业保险公司,开办的险种除了种养两险外还开拓了很多其他涉农业务,而淮安的"联办共保"、苏州的"委托代办"和浙江的"共保体"三种模式基本上只开办了种养两险。原因在于:开办险种少的保险公司原本就是在从事赢利性比较高的商业保险,开办农业保险只是为了顺应政府的要求,树立品牌,而赢利和分散风险靠的仍然是商业性保险业务;而专业性农业保险公司一般设立的时间较短,其主要业务就是种养两险,并且政府的财政支持有限,为了维持经营和分散风险,只能依靠走"大农险"的路子,目的在于用非农业务的赢利来维持和促进整个保险公司业务的发展。

表 3-1　政策性农业保险不同经营模式的比较

| 模式名称 | 代表公司 | 代表地区 | 保险种类 | 保费补贴比例 | 政府超额赔付责任 | 公司承担风险责任 | 克服道德风险程度 | 防止逆向选择程度 |
|---|---|---|---|---|---|---|---|---|
| 安信模式 | 安信农业保险股份有限公司 | 上海市 | 种养险、涉农险 | 市和各区比例不一，市财政比例都高于50% | 赔付额单次超过5 000万元，累计赔付额超出公司当年全部赔付能力 | 较小 | 不能克服 | 部分险种能防止 |
| 安华模式 | 安华农业保险股份有限公司 | 吉林省 | 种养险、涉农险 | 中央、省、县比例分别为25%、30%和25% | 无 | 较大 | 一定程度上克服 | 不能防止 |
| 互助制 | 阳光农业相互保险公司 | 黑龙江垦区 | 种养险、涉农险 | 中央和农垦总局分别为20%和15% | 无 | 较大 | 能克服 | 不能防止 |
| 共保体 | 10家在浙保险公司 | 浙江省 | 种养险 | 省和县（市、区）给予水稻50%以上，其他35%以上补贴 | 按不同赔额倍数承担不同比例 | 较小 | 一定程度上克服 | 不能防止 |
| 委托代办 | 苏州人保财产公司和太平洋财险公司 | 江苏省苏州市 | 种养险 | 重点险种财政补贴60% | 超赔额的90%及5年保费收入5倍以上的部分 | 非常小 | 不能克服 | 部分险种能防止 |
| 联办共保 | 中华联合保险中心支公司 | 江苏省淮安市 | 种养险 | 因险种而异，其中三麦等中央、省、县分别为35%、25%、10% | 超赔额的70% | 较小 | 不能克服 | 较大程度上防止 |
| 统保 | 中华联合保险控股股份有限公司 | 新疆建设兵团 | 种养险、涉农险 | 多种比例共存 | 超过当年保费，农险基金及商业利润30%总额以上的部分 | 较大 | 不能克服 | 能防止 |

（2）政府支持的力度不同。在七种经营模式中，得到政府支持的力度有所不同。在政府补贴比例方面，吉林省的"安华"模式补贴比例最高，玉米、水稻、大豆三种作物的保费补贴高达80%；其次江苏省的"联办共保"模式补贴比例也很高，其中能繁母猪高达80%，其他种养业保险为70%，农机具保险补贴为50%；再次为上海"安信"模式，水稻、能繁母猪补贴80%，奶牛补贴60%，麦子、油菜、蔬菜、生猪、家禽等补贴50%，其他相关种养业补贴40%；"委托代办"模式政府补贴的比例也较高，江苏苏州的政府保费补贴高达60%；在浙江省"共保体"模式中，对水稻补贴不低于50%，对生产者当中参加列入政策性农业保险产品目录的投保者给予不低于35%的补贴；而"互助制"模式得到的政府补贴比例最低，只有20%，但是作为垦区的农业保险公司，黑龙江农垦总局也对其给予15%的补贴；而新疆建设兵团对团场承担的保费比例并未做出明确规定。在对保险公司超额赔付的分担方面，"安信"模式、"共保体"模式、"委托代办"模式、"联办共保"模式和"统保"模式中，政府都通过对超额赔付的最高限额或比例等做出封顶规定来承担保险公司的超赔责任。其中，"安信"模式中当全年累计赔付金额超出公司当年全部赔付能力时便由政府承担；"共保体"最高承担当年农险保费5倍的有限赔付责任，并且按不同的超赔比例与政府共同分担；"委托代办"模式中保险公司仅承担10%的超额赔付责任，且以5年保费收入的5倍为上限；"联办共保"模式中保险公司与政府按照3∶7的比例分担超赔责任；"统保"模式中保险公司的超额赔付以当年保费、农业保险基金和当年商业险利润中30%的总额为限，其余部分由师、团承担。而"安华"模式和"互助制"模式中发生的超额赔付完全由保险公司来承担，政府对此不负任何责任。

（3）保险公司承担的风险责任不同。与政府对保险公司超额赔付的分担情况相对应，不同模式中保险公司的责任有很大差别。七种模式中，"委托代办"模式保险公司的责任最小，保险公司只是给政府代理农业保险，几乎没有什么风险；"安信"模式、"共保体"模式对于保险公司的理赔责任进行了最高封顶，使其风险责任大大降低；"联办共保"模式中保险公司承担的风险责任和政府按照协议的比例进行划分，"统保"模式中保险公司的超额赔付由不同的资金来源进行分担，也在一定程度上减轻了保险公司的风险责任；而对于政府没有分担风险责任的"安华"和"互助制"模式下的保险公司来说，经营风险则比较大，只能通过其他途径比如购买再保险的办法来分散风险责任。

（4）克服道德风险和逆向选择的程度不同。在克服投保人道德风险方面，

"互助制"模式可以实现较好的效果。在这种模式中，一方面公司的投保人也是其所有者，另一方面相互保险公司的发起者彼此熟悉，这样可以有效克服因投保人与保险公司的利益冲突而产生的道德风险和信息不对称问题。此外，"共保体"模式依托各类农业行业协会、专业合作社和农业龙头企业，按照自愿原则建立了农业生产者互助合作保险组织；"安华"模式采用了特殊的营销模式，如龙头企业带动、农村合作经济组织投保和订单农业等，因此这两种模式也在一定程度上克服了道德风险；而其他模式则不能有效地克服道德风险。

在防止投保人逆向选择方面，"统保"模式采用行政手段要求所有农户统一进行投保，"安信"模式对一些关系国计民生的基础农作物和牲畜实行强制性的统一保险制度，"委托代办"模式中的水稻险种实行普惠制全面参保，在这些险种上的投保率均高达100%，因此能够有效防止保险的逆向选择；"联办共保"模式中规定"市财政对三麦、水稻承保面达80%以上的村，按农户实缴保费的10%奖励村组干部"，这个规定在很大程度上保障了投保比例，因此也在较大程度上防止了逆向选择；而其他模式则不能有效防止投保人的逆向选择。

### 3.2.3 政策性农业保险不同经营模式的发展潜力分析

（1）"联办共保"和"安华"两种模式的发展潜力较大。

"联办共保"和"安华"两种模式的代表区域分别是江苏省和吉林省，虽然这两个省份从经济实力和发达程度上看有较大的差别，不同模式的政策性农业保险公司之所以能够发展一个重要的原因在于它们都是2007年中央政府提供资金支持的省份。这也验证了政府对农业政策保险的支持力度越大，农业保险的区域适应性越强的结论。这两种模式可以考虑在我国中西部地区推行。需要特别说明的是，在我国西部地区，农户的保费负担较重，地方政府的财力也相对有限，因此目前还不宜建立专业的农业保险公司，仍然适合由商业保险公司开展农业保险业务。农户可以以村、镇、或者生产队为单位，采用团险的方式共同出资缴纳保费，同时国家给予资金补贴；由此形成的保险业务交由省一级相对有规模的商业保险公司代为运作；这样可以使农业保险在短时间内迅速铺开，满足广大农户的需要。

（2）"安信""委托代办"和"共保体"三种模式可以在财政实力强的地方发展。

"安信""委托代办"和"共保体"三种模式的代表性区域分别是上海市、苏州市和浙江省，这些地区的经济实力较强，政府对农业保险的补贴数量也较大。这三种模式得到的政策补贴最初全部依靠的是省级以下政府，而这三个地方的政府都是财政条件好的政府，所以可以不依靠中央财政的补贴，但是如果把这些模式推广到我国中西部地区就可能有困难。这些模式可以在我国东南沿海经济发达的地区推行。

（3）"互助制"模式和"统保"模式的发展潜力有限。

虽然"互助制"模式具有不少优点，但是其适应性较差，并且要求农户及经营者具有较高的自觉性和专业水平，操作中的难度较大。采用"互助制"的黑龙江垦区阳光相互农业保险公司是黑龙江农垦总局创办的，农垦总局有自己的生产组织方式、专业的技术队伍和专业的防灾防损设备，这些特点是其他分散的农业生产方式所没有的。而采用"统保"模式的新疆建设兵团也具有特殊的管理体制和组织体系完善的优势，这是其他地区所不具备的。因此，对投保者组织性要求较高的"互助制"模式和能以行政手段强制执行的"统保"模式只能在垦区、大型国有农场或兵团推行。

## 3.3 本章小结

我国试点地区政策性农业保险的不同经营模式中，生产者、保险公司和政府三个行为主体的从属性与主动性地位有所不同。不同经营模式都具有一定的地区适应性，都以种养两业险为主要农险险种，并且都不同程度地享受国家的优惠政策；而几种模式在保险种类多寡、政府支持力度、保险公司承担的风险责任、克服道德风险与逆向选择的程度和发展潜力五个方面具有差异性。

由于我国不同地区的差异较大，决定了农业保险经营模式的选择也要根据不同地区自身的风险特点、农业经济发展水平和财政能力状况而区别对待。我国的农业保险不能走单一的经营模式，而是先在具备条件的地区开展试点，总结经验，逐步推广，最终建立多层次体系、多渠道支持、多主体经营的政策性农业保险制度。

# 4 农业保险供给主体行为分析

农业保险的供给，是指保险机构愿意并且能够提供的农业保险服务总量；其供给主体是商业保险公司，他们的经营目标是利润最大化。保险公司对农业保险的供给行为，直接影响到农业保险的实施状况与效果，本部分将在对吉林省安华农业保险股份有限公司和中国人民财产保险股份有限公司江苏省分公司及其在调研市、区、县的分公司进行座谈与访谈的基础上，对保险公司的农业保险供给行为及其影响因素进行深入分析[①]。

## 4.1 保险公司开办农业保险的意愿分析

保险公司是实施农业保险的主体，在各个试点地区，农业保险的承保公司、保险险种、赔付金额等不尽相同。但是各保险公司在保险对象产业的选择上大都是本着先种植业，再养殖业，先粮食作物，后经济作物的原则，并且在有条件的地方开展农机具和其他涉农保险。

一般而言，保险公司愿意选择开办的险种具有以下特点：有国家保费补贴、经济附加值高、农户缴纳保费积极性高、属于高科技农产品、高效有地方特色，有利于保险公司预期效益提高的险种。而保险公司不愿意开办的险种特点为：国家不给予保费补贴或补贴较少，种植面积大，一旦发生灾害就容易形成巨灾，保险公司承受的风险和压力过大的险种；已经连续几年赔付费用大于保费收入，导致公司的经营成本无法保证的险种；保费难以收取且赔付率较高的险种；受灾标的难以确定的险种等。

下面以2008年9月笔者在吉林和江苏两省实地调研中得到的相关资料，

---

① 注：本章内容主要基于2008年9月笔者对吉林省安华农业保险股份有限公司和中国人民财产保险股份有限公司江苏省分公司的实地调研访谈与公司提供的相关资料。

以这两个省中开办农业保险的保险公司为案例，对保险公司开办农业保险的意愿产业、险种及其原因等进行分析。

### 4.1.1 吉林省安华农业保险股份有限公司承保意愿分析

#### 4.1.1.1 保险公司基本情况

吉林省安华农业保险股份有限公司在2004年末成立，2005年开始开展农业保险业务试点。2005年吉林省财政保费补贴为800万元，2006年省财政保费补贴为1 200万元。2007年试点工作覆盖到全省的8个地区、27个县（市、区），占全省县市总数的65.9%；共承保玉米、水稻、大豆三大作物197.32万公顷，占全省三大作物总播种面积的78.4%；承保农户171.4万户，占全省农户总数的45.1%。2007年全省27个试点县（市、区）参保农作物总保额为61亿元，总保费为59 199.8万元。安华农业保险股份有限公司开展农业保险采用的模式是政府与保险公司联办模式，实际以政府主导为主，险种由国家规定，保险条款、费率等由保险公司自己决定。安华保险公司的理赔方式为与本地的邮政储蓄合作，给每个参保的农户办理存折，理赔款项直接发放到农户的存折上，避免了现金流失，有效防止现金被盗、被各级扣除等现象的发生。政府的支持政策体现在给予保费补贴和免收农业保险业务的营业税方面。

保险的险种主要是由国家规定，2006年安华农业保险股份有限公司主要开展了烟叶、肉鸡（与德大合作）、生猪、草莓、奶牛、梅花鹿几个险种的保险；2007年安华农业保险公司和中国人民财产保险公司合作，在全省8个地区开展能繁母猪保险，其中安华农业保险公司负责长春、通化、吉林、四平四个地区的业务，共承保能繁母猪602 133头，收取保费5 581万元；2008年吉林省农业保险工作得到进一步发展，参保险种增加了葵花籽和花生。

在政策性农业保险业务中，保险金额分别为玉米200元/亩、水稻266.67元/亩、大豆166.67元/亩、花生133.33元/亩、葵花籽133.33元/亩，费率分别为玉米10%、水稻8%、大豆8%、花生和葵花籽7%，保费分别为玉米20元/亩、水稻21.33元/亩、大豆13.33元/亩、花生9.33元/亩、葵花籽9.33元/亩。保险责任为因暴雨、洪水、内涝、风灾、雹灾、旱灾、冰冻等人力无法抗拒的自然灾害。肉鸡养殖保险金额为10元/只（实际成本的70%），保险责任为疾病、传染病。每只鸡保费为0.09元，其中省级财政补贴0.03元，占保费的1/3；龙头企业补贴0.03元，占保费的1/3；养殖户自交0.03元，占保费的1/3。奶牛养殖保险金额为10 000元/头（实际价值的70%），保险责任为自然灾害、疾病、传染病。每头保费为800元，其中省级财政补贴320元，占保费的 40%，农民自己缴纳 480 元，占保费的 60%。生猪养殖的保险金额为 500 元/头（实际成本的 60%），保险责任为自然灾害、疾病、传染病。每头猪保费为 24 元，其中省级财政补贴 1/3，农民自交 2/3。梅花鹿养殖保险金额为公鹿 3 000 元，母鹿 1 800 元，保险责任为自然灾害和常见疾病；保费为公鹿每头 270 元，母鹿每头 162 元，其中省级财政补贴 40%，农户自交 60%。

#### 4.1.1.2 险种选择意愿及原因

通过座谈和问卷调查发现，安华农业保险股份有限公司在产业的选择上是本着先种植业，再养殖业；先粮食作物，后经济作物的原则，承保的险种涵盖了大宗种植作物、经济作物和禽畜养殖品种。

根据保险公司的险种开办意愿调查来看，其最愿意开办的险种是玉米、水稻、大豆、烟叶、草莓、梅花鹿、肉鸡、葵花籽、花生等，原因分述如下：

玉米、水稻、大豆是国家给予补贴较高的农作物，国家的补贴适当缓解了地方政府的财政压力，对于保险公司而言，也是一种风险分担。再则，玉米是吉林省种植面积最大的品种，是大宗农作物中最具有代表性、关系农民数量最多、事关国家粮食生产安全的品种，对于玉米种植保险的试点能够对今后的大宗农作物的巨灾保险积累发展经验。同时，可以探索通过产业化龙头企业的订单对其所带动的农户进行统一保险；并且承保玉米种植保险的地区多为吉林省西部地区，受自然灾害的影响较大，当地农户对此险种的需求也很迫切。

对于烟叶种植保险的承保意愿，主要是基于两点考虑：一是农户与烟叶公司的关联度较高，在试点中能够采取统保的方式对全省范围内的烟叶种植进行保险；二是烟叶种植主要集中在吉林省的贫困地区，开办烟叶种植的政策性农业保险可以有效保障烟叶种植农户的收入，放大财政支农、扶贫的工作绩效，开辟对于贫困地区扶助的新渠道。况且，烟叶属于经济附加值较高的作物，农户的收入较高，对于烟叶的保费也愿意承担，在确保保险数量的情况下可以减少保险公司工作人员的工作量。

对于草莓这一险种的选择是因为该作物是吉林地区高科技农产品的代表。对草莓的承保开始于 2005 年，这种草莓品种是国内稀有的寒带草莓，具有较高的科技含量，所有产品均用于出口。为减轻灾害引起的风险损失，保证供货的连续性，外商要求种植基地必须参加草莓种植保险。外商的这一举动也从另一个侧面说明了农业保险确实能够起到减少风险损失的作用。保险公司愿意对草莓进行承保，主要是因为高科技作物具有较高的经济价值，并且具有较好的发展前景，有利于保险风险的分担。

梅花鹿养殖保险是安华保险公司在 2006 年增加的险种，对于这一险种的选择是因为养殖梅花鹿的经济附加值高，并且一般养殖的农户都是相对较富裕的农户，对于保费额度都能够承受，保险公司保费数额容易确定也容易收取保费，减少了保险公司工作人员的工作量。并且该险种业务的开办对于吉林省大力发展畜牧业具有积极的作用。

肉鸡养殖保险是保险公司与德大公司合作开展的，是对"公司+农户"产业化补贴农户模式的完善，为订单农户在统一供给鸡雏、饲料、防疫、收购等环节上提供保险保障。保险公司对于该险种的选择主要是考虑到吉林的肉鸡养殖户较多，养殖条件和技术在国内具有较高水平，有利于保险公司预期效益的提高。

葵花籽、花生是2008年新增加的险种，它们都是经济附加值高的经济作物，适合东北地区种植，农户能够通过种植葵花籽和花生获得较高的经济效益，农户交纳保费的积极性也较高，并且国家对这两个品种都进行了补贴，分担了农户的保费负担。

安华农业保险公司不愿意开办的险种主要是高粱和生猪。高粱虽然是吉林省种植面积较大的农作物，但是在承保险种意愿选择调查中安华保险公司却不愿意对其进行保险，主要是因为国家对于这个品种的补贴较少，而此品种的种植面积大，一旦发生灾害就容易形成巨灾，并且目前农业保险属于试点，很多机制不够成熟，缺乏风险共担机制，农业巨灾风险难以有效分散，保险公司承受的风险和压力过大。生猪虽然在2007年已经成为安华农业保险公司的险种之一，但是根据2007年和2008年的生猪保险情况来看，生猪的疫病较多，母猪死亡现象频繁发生，公司的成本能否收回都是一个问题，所以从利润最大化的角度来考虑，保险公司不愿意对其进行承保。

### 4.1.2 中国人民财产保险股份有限公司江苏省分公司承保意愿分析

#### 4.1.2.1 保险公司基本情况

中国人民财产保险股份有限公司（以下简称"中国人民财险"）隶属于中国人民保险集团公司，成立于1949年，2004年开始农业保险试点工作，并在当时全国唯一种植业保险的试点地区建成了淮安模式，在全市选择6个县（区）10个乡镇进行试点，采取了市政府与保险公司"联办共保"的运作形式（市政府和保险公司按7∶3比例联办，风险共担）。2005年江苏全省共承保种植业13.52万公顷，共有1.1万受灾户获得272.8万元赔款。2006年全省农业保险保费比上年增长6倍以上。农业保险试点的范围不断扩大，淮安市参加试点的乡镇由10个增加到16个，苏州市种植业已全部承保，无锡、宿迁等市也正式启动试点。2007年上半年，全省政策性农业保险试点共承保水稻和小麦53.78万公顷，其中水稻33.31万公顷、小麦20.48万公顷，投保农户约140万户，实现保费收入5 749.76万元；农民自付保费2 067.11万元，占35.95%。农业保险为全省农业生产提供风险保障13亿元，因病虫害、水灾、冻害支付赔款249.4万元，受益农户达1.47万户。另外，2007年苏州市还开办了养猪和养鸡保险，承保对象为养殖大户，共计承保鸡5.1万羽、生猪5.82万头，实现保费收入43.34万元，其中市（县）财政补贴保费的60%，约为26万元；农民自付保费的40%，约为17.34万元。

中国人保财险公司江苏省分公司的险种选择主要包括种植业和养殖业，种植业方面主要包括水稻、小麦、棉花、油菜、玉米；养殖业方面主要包括生猪保险、能繁母猪保险、养鸡保险、秋蚕保险、奶牛保险、养鱼保险。由于江苏省根据经济发展条件的不同，分为苏南和苏北，因而险种的选择也是因地制宜，如本次调研的扬州市，2008年的险种除种植业、养殖业之外，鼓励有条件的地方开展农机具和其他涉农保险。

水稻保险金额为每亩200（300、400、500）元，每亩应该缴纳的保费10（15、20、25）元，农民每亩实缴纳保费3（4.5、6、7.5）元，保险责任为暴雨、洪水、内涝、风灾、雹灾、冻灾（以上灾害损失率达30%以上）、旱灾、病虫害（以上灾害损失率达70%以上）；小麦、油菜、棉花的条款同水稻；能繁母猪的保险金额为1 000元（不超过投保时市场价格的7成），应缴纳保费60元，农户实际缴纳12元，占全部应交保费的20%；奶牛保险金额为4 000元（不超过其投保时市场价格的7成），应缴纳240元，农户实际缴纳96元，占应交保费总额的40%；两个险种的保险责任为火灾、爆炸、建筑物倒塌、空中运行物体坠落、雷电、暴雨、洪水、风灾、冰雹、冻灾、地震、山体滑坡、泥石流，各种疫病及由此引起的政府强制捕杀等。

4.1.2.2 险种选择意愿及原因

通过座谈和问卷调查可以看出，中国人民财产保险股份有限公司江苏省分公司在险种的产业选择方面主要兼顾种植业和养殖业，并且根据经济发展条件，鼓励有条件的地方开展农机具和其他涉农保险。保险的险种涵盖了大宗种植作物、经济作物和禽畜养殖品种。

根据保险公司的险种开办意愿调查结果来看，其最愿意开办的险种是水稻、小麦、棉花、油菜、玉米等有国家政策补贴的品种，奶牛保险等养殖品种，秋蚕保险等高效特色农业项目。原因分述如下：

水稻、小麦、棉花、油菜、玉米等是国家给予保费补贴的主要险种，各级财政保费补贴原则上不低于60%。根据经济发展条件的不同，中央和省财政对苏北地区的保费补贴比例为50%，苏中地区为30%，苏南地区则根据试点情况给予市、县适当奖励。对于有补贴的品种，保险公司是比较乐意进行保险的，因为有利于保费的收取与保险工作的开展。

乳业是目前我国的朝阳产业，具有很大的发展前景，是畜牧业中经济附加值较高的一个品种。目前发生的关于乳业的食品安全事件，更加增强了人们对于乳业的重视，农户为了防范不能预期的风险，乐于对奶牛参保，保费上缴情况较好，保险公司对于这一品种的防灾防损措施也实施得比较顺利，因而保险公司乐于对奶牛进行保险。

秋蚕是江苏地区具有地区特色的农业项目，其经济回报率比一般的农业项目高，属于高效特色农业项目，从利润最大化的角度来看，保险公司愿意开办这一险种的保险；而从事这一行业的农户往往比较富裕，文化程度较高，对于农业保险的条款理解也较好，有利于保险公司的保费收取工作；发生险情以后，对出险标的容易进行查勘，保险公司工作人员的工作量较小；同时国家为了扶持这一特色产业的发展，对其实行了保费补贴，来缓解地方财政的压力，有利于风险机制的分担。

中国人保财险公司江苏省分公司不愿意开办的险种，概括起来其特点主要是：没有国家财政补贴，需要地方财政全额支付的品种；灾害时常发生，并且一发生就是巨灾的险种，因为在风险共担机制建立不完善的情况下，保险公司既承受财政压力，又要承受赔付不及时的声誉压力；保费难以收取赔付率还较高的品种；受灾标的难以确定的险种等。

## 4.2 保险公司开办农业保险的主要影响因素

通过对调研地区几家保险公司的深入调查，笔者发现目前影响保险机构开办农业保险意愿的主要因素既包括经营技术上的障碍，又包括法律、政策方面的不足；既受到农户需求、保险公司经营能力等微观主体的影响，又受到保险业经营体制等宏观方面的制约，现分别做出以下分析。

### 4.2.1 农业保险的特殊经营技术

商业保险公司在经营农业保险上存在的特殊技术障碍，是造成其承保意愿低下的根本原因之一，主要表现在以下几个方面：

第一，保险费率难以厘定。农业灾害损失在年际间差异很大，纯费率要以长期平均损失率为基础，但有关农作物和畜禽生产的原始记录和统计资料极不完整，长时间的、准确可靠的农作物收获量和损失量资料、畜禽疫病死亡资料难以搜集，耕地占有资料也极不可信，这就给农业保险费率的精确厘定带来特殊困难。费率厘定难，就会在很大程度上影响农业保险经营的稳定性。

第二，合理的保险责任难以确定。各地的农业实践千差万别，就是在一县或一乡之内，其耕作制度、作物种类、品种和畜禽结构、自然地理和社会经济条件、灾害种类和频率强度等都各不相同。而保险经营的原则之一是风险的一致性，即同一作物或畜禽相同险种的保险标的，其保险责任应与其风险等级相一致。假如保险风险、保险产量（或金额）、保障水平不能准确反映产量及其变化的差异，逆向选择就难以从技术上防止。而要准确反映这些差异，合理确定不同地区不同条件下的保险责任，就必须进行农业保险区划，而农业保险区划要耗费巨大的人力和财力，不是仅靠保险部门就能轻易完成的，需要各有关政府部门的支持和配合；而如果在商业性经营的条件下，政府又不可能插手管理太多，这就是两者之间的矛盾所在。

第三，难以定损理赔。一般财产保险标的是无生命的物体，保险价值容易确定，定损理赔相对容易一些；而农业保险标的都是有生命的动植物，标的价格在不断变化，赔款应根据灾害发生时的价值计算，但此时农作物尚未成熟，畜禽处于生长过程中，要正确估测损失程度，预测其未来的产量和产品质量以及未来产品的市场价值都很困难。对于特定风险保险，还要从产量的损失中区别约定风险之外的灾害事故所造成的损失，这也是定损的一大难点。如2008年吉林省承保地区水灾、雨灾、旱灾、雹灾等6种灾害全部发生了，有些地方还是同时遭遇到多种灾害，而定损时只能以最后一次灾害的发生为主。此外，只要出险一次，保险公司就必须查勘一次，多次查勘造成人力、物力和财力的极大浪费。除了定损技术上的难度，理赔难还表现在人为的干预上，这在我国各地农业保险试点当中都很突出。如册外地的问题：很多农户会将册外地投保，给保险公司后期的查勘、理赔工作带来很大的麻烦。原因一方面在于这些册外地不符合投保条件，极易引发选择性投保现象；另一方面是这些册外地的面积不清，出现灾害后，无法对出险标的一一进行查勘，无法准确地统计受灾面积，造成理赔结果的不客观与不真实。

第四，小规模经营难以分散风险。农业风险单位很大，水灾、旱灾、风灾等农业风险多为若干个省一个风险单位，小则一个省也不过几个空间上进行分散。我国台湾地区曾先后两次做过建立农业保险制度的可行性研究，但最终因

4 农业保险供给主体行为分析 | 65

为台湾的空间太小，一次台风就会使全岛受灾，保险赖以存在的风险分散机制发挥不了作用，保险也就不能成立，因此只好作罢。当然，保险的风险分散不仅包括空间上的分散，也包括时间上的分散，还可以通过再保险进行分散，但是仅靠时间上的风险分散和再保险的支持（且不说再保险市场是否能够满足需求），对保险人来说仍然带有巨大的冒险性。当保险人处在还未积累起足够的保险基金的情况下，如果发生大的灾害事故，对保险人来说就会有灭顶之灾；况且经营规模太小，单位保险产品的经营成本必然很高，这只会加剧供给和需求反向运动，即使在强制投保的条件下，也难以维持其健康经营和运转。人保公司和民政部门以县为单位的农业保险试验的失败也说明了这一点：规模太小又无良好的再保险机制，使风险无法在空间上进行分散，而想在时间上有效分散又遇到试验稳定性以及核算方面甚至税收方面的制约，这是其失败最重要的原因。

### 4.2.2 保险业产权组织形式与经营体制

我国保险业产权、组织形式过于陈旧，经营体制不能适应现代农村经济发展的需要。我国长期实行的严格进入和退出管制造成了保险业在产权、组织形式的制度创新几乎为零，一些可能的农业保险组织形式（如互助保险）被长期排斥在市场之外，这也是我国农业保险供给不旺盛的原因之一。近年来，中国农业保险收入占保险业务总收入的比重一直在2.5%左右徘徊，最高的1992年也只有3.6%。全国农业保险中各主要险种的承保比重一直很低，一般都在5%以下，有的甚至还不到1%，这样的保险结构与农业大国的国情极不相称，很难保障并促进农业的发展，更令人担忧的是这个小得不能再小的比例还在呈逐渐萎缩的趋势。造成这一趋势的原因虽然是多方面的，但主要有两点：第一，现行的保险制度，没有把农业保险和商业性保险分离。随着市场经济体制的建立，人保系统独家垄断经营的格局被打破，人保公司经营机制的转轨，使其追求利润最大化的经营目标与其长期暗补农业保险的做法和农业业务长期严重亏损发生着激烈的冲撞。于是，人保系统内农业险种结构开始调整，停办了一些高风险的险种，进而导致了农险规模急剧萎缩的现象就不可避免地发生了。第二，用商业性办法经营高风险的农业保险，在现有的条件下，如果没有政府财政的支持，农业保险的经营效果与商业保险的利益原则发生严重背离，使得农业保险的保险人与被保险人难以找到共同发展的良性循环的"交融点"。这种经营体制已经不适应在当前的农村市场经济发展的需要，很难满足农民多样化的保险需求。

### 4.2.3 各级财政保费补贴的分担比例

从各级财政保费补贴的分担比例来看，地方财政补贴资金筹措难度较大。如吉林省2006年全口径财政收入507.75亿元，地方级财政收入245.2亿元，而财政支出718.36亿元，财政刚性超支210.61亿元。为确保2007年吉林省农业保险试点取得良好成效，吉林省政府保费补贴承担的比例由原定的25%调整到50%，保费补贴资金达2.96亿元，已经尽了全力。从参保县市承担的保费补贴来看，补贴资金更是捉襟见肘。吉林省大部分是农业大县、财政穷县，县级财政十分困难。在试点初期，吉林省农业保险试点工作方案中确定县级财政保费补贴承担比例为30%，这对于产粮大县来说都是难以承受的。全省各县级财政收入达到2亿元的很少，而保费补贴平均每县需要支付五六百万元，最多的达到1 500万元，约占县级财政收入的十分之一，致使县级资金不到位。2007年全省第一批仅12个县市参加农业保险的试点，主要原因就是县级财政没有能力给予高额的保费补贴。地方政府保费补贴负担过重，资金不能及时到位，导致保险公司难以顺利开办业务。

### 4.2.4 保险公司的赔付能力

由于农业巨灾风险难以有效分散，致使保险公司的赔付能力有限，从而影响了其承保意愿。农业保险试点确定的保险责任宽泛，包括了威胁农业生产的主要自然灾害。对农业保险经营来讲，不形成一定的承保规模，农业保险风险就难以在空间上进行分散；但如果达到一定的承保规模，一旦发生巨灾，保险经营主体却又难以承受。再者，农业自然生产过程对自然环境和气候有很强的依赖性，且针对各农业产品设计的保险合约表现出对自然条件高度依赖的系统性风险，风险高度相关使得风险分散机制变得无效，从而表现出高损失率。在我国现阶段还未建立起巨灾风险分散机制的情况下，保险公司在亏损年份发生的超额赔付没有路径分担，严重影响了其开办农业保险业务的积极性。例如，吉林省安华农业保险股份有限公司2007年在全省总保费收入为5.92亿元，扣除经营管理费用以及防灾防损费用1.02亿元，实有可用赔款金额4.9亿元；而当年的总应付赔款达到8.8亿元，超赔3.9亿元。公司通过财政借款、财政担保银行贷款等方式进行筹款，才解决了一部分超赔款问题，但最终仍未能按照合同规定对参保农户进行足额赔付。对于如此巨大的风险，吉林安华农业保险股份有限公司坦言根本无法承受。

#### 4.2.5 基层保险人员的数量与素质

现阶段基层保险机构少，人员不足，经营能力差，制约着农业保险业务的开展。由于农业保险业务多年萎缩，各保险公司包括成立不久的专业性农业保险公司在农业保险方面的人才都比较匮乏，致使保险公司的经营能力较差。特别是非专业性农业保险公司的农险工作人员大多是从车险、财险等业务部门调配而来，对农业保险标的的认知、农业风险的把握很不专业。如何迅速组建人才队伍，支撑大规模的农险业务管理成为各家公司亟待解决的问题。而对于成立不久的专业性农业保险公司，也面临着基层保险机构较少，专业农险人员不足的问题。如吉林安华农业保险公司在受灾时期，基层保险机构的所有人员，上到分公司总经理、下到公司专职司机，全部下到受灾农田中从事查勘定损工作，农业保险业务的开展明显受到人员不足的制约。

#### 4.2.6 保险公司内部经营管理的调整

保险公司为开办农业保险而进行的内部经营管理调整为其造成很大的压力，这突出表现在非专业性农业保险公司身上。农业保险业务的标的、风险、赔付等都具有异于其他业务的特殊性，这对高度依赖电子信息化管理的现代保险公司提出了新的要求。由于政策性农业保险业务的保费收入主要来自于各级财政拨款，因此各级财政部门一般都对保险公司农险业务提出了实行"单独建账、独立核算"的要求，以便于对公司进行审计和监管活动。这些都要求保险公司重新配置现有的业务、统计和财务系统，从业务操作流程、财务核算体系、统计分析系统等经营管理的各个环节进行全面调整，其工作比较复杂，实施成本较高，这无疑对保险公司造成了很大的压力。

#### 4.2.7 农业保险的监管机制

目前，保监会只在省级设有分支机构，还无法完全设立到地市以下的保险市场，对地市以下的监管还是一个空缺，因此时常出现监督与管理跟不上的情况，导致基层保险公司之间产生无序竞争，影响了农业保险业务的开办。国家鼓励一个地区的农业保险业务由多家保险公司来开展，初衷是建立农业保险的市场竞争机制，可以促使保险公司提高服务质量，加强业务成本控制，以提供更加完善的农业保险服务。然而，根据调研地区的基层农业保险公司反映，由多家公司来开办农业保险，容易产生无序竞争（恶性竞争），滋生腐败现象。随着城市保险市场的日趋饱和，保险机构不得不寻求新的市场——8亿潜在客户的农村保险市场，因此，效益较差的农业保险成了开拓其他盈利较好险种（例如家财险、寿险、健康险等）的"敲门砖"。有些保险公司采取非正常手段抢占业务市场份额，如第一年由公司替农户交纳保费，宁愿产生业务亏损，利用这种手段来拉业务，收买人心，培养公司在农户心目中的地位并博取农户信任，以此来扩大公司未来的业务份额；而一旦在农村市场中站稳了脚跟，这些保险机构就会偏向那些盈利较好的险种，这和农业保险的目标相去甚远。农业保险市场不规范的现象严重影响了基层保险公司开展政策性农业保险业务的积极性。

### 4.2.8　农户参保意识

现阶段我国农户对农业保险的认识程度不够，保险意识薄弱，而保险公司对农户又缺乏约束力，从而影响了其承保意愿。根据对调研地区农户的调查，如果某种农作物连续三年丰收，即使是参保农户也有相当一部分没有动力再购买农业保险。在农户的参保意识和参保能力不高的情况下，如果完全实行自愿保险，不但参保率过低，而且逆向选择问题也会非常严重，长此以往会导致农业保险市场的萎缩。然而，单纯依靠提高保费补贴并不能有效提高参与率。比如，吉林省 2007 年不少县市的农户只承担了总保费的 10%，但是仍然有很多农户拒绝参加保险。此外，尽管政府和保险公司始终按照条款、单证通俗易懂的原则设计保险产品，但由于农民的知识水平不高，对保险条款仍然难以完全理解，对保险责任、除外责任、观察期、免赔等规定无法正确认识；很多农户对农业保险的重视程度也不够，保险公司将保险条款与宣传资料交给村干部，再由村干部派发给农户，但农户一般都不重视不细看，所以在不了解保险条款的情况下就交了保费；在真正出险后，当保险公司因未达到成灾成数而拒赔、减赔或者赔偿没有达到农户预期时，农户意见很大，使得两者之间的纠纷时常发生。在实际理赔当中，保险公司往往不得不放下条款，通过与农户协商和通融解决。长此以往，对保险的严肃性与规范性非常不利，从而影响了保险公司对农业保险业务的开展。

### 4.2.9　相关法律的健全程度

相关法律的健全程度对保险公司承保意愿的影响主要体现在以下方面：由于缺乏农业保险的相关法律规定和法律保护，保险公司对政府给予农业保险的一些优惠政策，包括以险养险、经营管理费用补贴、税收优惠以及一些与农业保险相配套的政策到底能持续多久存有一定的顾虑。据吉林安华农业保险公司有关人员反映，公司原本计划多购置一些农险专用仪器设备，但不知政府对公司开办农业保险业务能否给予长久的支持，有可能今后因国家政策改变而致使公司农险业务缩小，而计划购置的农险专用仪器设备又无法转为它用，因此就不敢轻易花钱购买。这些对国家相关政策的顾虑影响了保险公司开展农业保险业务的长远计划。

## 4.3 本章小结

通过以上对保险公司农业保险供给行为的分析，可以得出以下两个方面的主要结论：

第一，一般而言，保险公司愿意开办的险种具有以下特点：有国家保费补贴、农户缴纳保费积极性高、经济附加值高、属于高科技农产品、高效有地方特色，有利于保险公司预期效益提高的品种。而不愿意开办的险种的特点为：补贴较少、种植面积大且一旦发生灾害就容易形成巨灾、保险公司承受的风险和压力过大的品种；已经连续几年发生超额赔付、导致公司经营成本无法保证的险种；保费难以收取、赔付率还较高的品种；受灾标的难以确定的险种等。

第二，目前影响保险公司开办农业保险的主要因素包括：①农业保险的特殊经营技术：高额的经办费用、查勘定损费用和经营上的特殊技术障碍，影响到保险公司进一步开展农业保险的意愿；②保险业产权组织形式与经营体制：保险业产权、组织形式过于陈旧，经营体制不适应现代农村经济发展的需要；③各级财政保费补贴的分担比例：不合理的各级财政保费补贴承担比例，使很多财政穷县的补贴资金筹措困难、负担过重，资金不能及时到位，导致保险公司难以顺利开办业务；④保险公司的赔付能力：由于我国还未建立起有效的巨灾补偿机制，农业巨灾风险难以有效分散，保险公司在大灾之年无力承担巨额亏损；⑤基层保险人员的数量与素质：基层保险机构少，农业保险人员不足，经营能力差；⑥保险公司内部经营管理的调整：保险公司内部经营管理的调整为其造成很大的压力；⑦农业保险的监管机制：农业保险有效监管不足，导致基层保险公司之间产生无序竞争，影响了基层保险公司开展政策性农业保险业务的积极性；⑧农户参保意识：农户参保意识不强，保险公司对农户缺乏约束力，两者之间极易产生纠纷；⑨相关法律的健全程度：农业保险相关法律的缺失使保险公司对政府优惠政策的持久性存有顾虑，影响了其开展农业保险业务的长远计划。

# 5 农业保险需求主体行为分析

农业保险的需求主体就是农户。农户对农业保险的需求行为，直接影响到农业保险的实施状况与效果。本部分主要依据 2008 年 9 月笔者在吉林、江苏两省所做的农户问卷调查资料，对农户对农业保险的认知、对目前农业保险的评价、投保意愿以及影响因素进行分析，以为进一步完善我国农业保险经营机制提供依据。

## 5.1 样本选择与样本结构

### 5.1.1 样本选择与调查内容

为了掌握农户对政策性农业保险的认知、评价及其投保意愿，笔者按照经济发展水平与地理位置的不同，在接受中央财政补贴的试点地区中选择了吉林和江苏两个省份作为样本省，于 2008 年 9 月奔赴两省进行了为期两周的实地调研[①]。在每个省按收入水平及试点情况抽取 2 个县（市、区），分别是吉林省长春市的农安县、松原市的前郭尔罗斯蒙古族自治县，江苏省南京市的六合区、扬州市的江都市；在每个样本县（区）中采取等距抽样方法抽取了两个乡，在每个乡中随机抽取一个村，在每村中考虑收入水平、耕地规模等因素抽取 20 户。所以样本总量为：4 个县（市、区）、8 个乡、8 个村共 160 户农户。最后经过逻辑检验与筛选，最终每个村采用的样本为 15 户，即总共 120 个有效样本。

---

① 注：协助笔者进行农户调研的还有中国农业大学的张成玉、冯晓赟、张婧、张宁、李星和张涵。吉林安华农业保险股份有限公司与中国人民财产保险股份有限公司江苏省分公司的相关工作人员也给予了大力协助，在此一并表示感谢。

调研采用问卷入户调查的方式。问卷的内容主要涉及以下几个方面：农户家庭的基本情况，包括种植情况、养殖情况、收支情况、土地质量情况与贷款情况等；农户对风险的认知与防范情况；农户对农业保险的认知与参保现状；农户的参保意愿与保费支付意愿；农户对农业保险实施效果的评价等。

### 5.1.2 调研地区的基本情况介绍

#### 5.1.2.1 农安县

农安县隶属吉林省长春市，位于松辽平原腹地，东临德惠市，南接省城长春市，西以公主岭市和长岭县为邻，北与松原市接壤。全县幅员 5 400 平方公里，其中耕地 435 万亩，林地 95 万亩，草原面积 52 万亩，水域面积 33 万亩。全县辖 22 个乡镇，376 个村，总人口 115 万，其中农业人口 85 万。农安县是全国农畜产品大县。2007 年全县粮食总产量达到 25 亿公斤，1990 年进入全国十大产粮县行列，1995 年、1996 年列全国十大产粮县之首。农安县地处世界著名的"三大黄金玉米带"之一，素以盛产玉米著称。每年可供加工转化的玉米达 150 万吨以上，玉米芯 80 万吨以上，玉米秸秆 250 万吨以上。农安县地势平坦，土地肥沃，物产丰富，经济作物数量多、品质优，增值潜力巨大。全县马铃薯、"三辣"（辣椒、珠葱、大蒜）、胡萝卜、林果、晒烟、西兰花等种植面积达 100 万亩，年产出能力 150 万吨。农安县还是全国肉类总产量第一大县，具有极为丰富的农牧资源。2007 年全县畜禽饲养总量 1.26 亿头（只），其中年出栏生猪 200 万头、黄牛 50 万头、肉羊 40 万只、大鹅 500 万只、肉鸡 5 000 万只。全县肉类总产量达到 56 万吨，牧业总产值达到 55 亿元。2007 年农安县农民人均纯收入为 4 550 元。

2007 年农安县开展的政策性农业保险险种主要是玉米。2007 年，全县玉米种植户为 183 685 户，参保数为 142 703 户，占玉米种植总户数的 77.69%；全县玉米种植面积为 226 907.5 公顷，其中参保面积为 222 486.3 公顷，参保率达到 98%。

#### 5.1.2.2 前郭县

前郭尔罗斯蒙古族自治县（简称前郭县）隶属吉林省松原市，位于省境西北部，地处松嫩平原，北临嫩江，东濒松花江，为松嫩两江汇流处，北隔嫩江与黑龙江省肇源县毗邻。总人口 57.97 万人，有蒙、汉、满、回、朝、锡伯等 25 个民族，其中蒙古族人口 5.77 万人，占全县总人口的 10%。幅员 6 980 平方公里，辖 22 个乡镇，16 个国有农林牧渔场，235 个行政村。耕地面积 320 万亩，草原面积 270 万亩，水域面积 977 万亩，林地面积 220 万亩。前郭县是国家商品粮基地县，农业主产玉米、稻谷、大豆、甜菜；畜牧业较发达，"宾州牛""中国美利奴羊"等在国内都享有盛名。

2007年前郭县开展的政策性农业保险险种主要是玉米和水稻。2007年，全县农户总数为112 000户，其中参保农户49 818户，占全县农户总数的44.48%。全县承保玉米、水稻共计89 803.66公顷，其中玉米73 001.38公顷，水稻16 802.28公顷；总承保面积占全县播种面积的56.13%。全县参保农作物受灾总面积达到82 034.68公顷，占总承保面积的91.35%，受灾农户达到45 527户，占总承保农户数的91.39%，总计赔款6 000万元，户均获得赔款1 317.90元。

### 5.1.2.3 六合区

六合区隶属江苏省南京市，北接安徽省天长市，东邻江苏省扬州市，南临长江"黄金水道"，属长江下游"金三角"经济区。六合区是南京市第一大区，全区面积1 485.5平方公里，人口87.22万人，其中农业人口49.06万人。全区土地14.67万公顷，其中耕地6.27万公顷，占全区总面积的42.74%；园地0.1万公顷，占全区总面积的0.66%；林地0.96万公顷，占全区总面积的6.52%；其他农用地2.96万公顷，占全区总面积的20.18%；水利设施用地0.61万公顷，占全区总面积的4.16%。2006年地区生产总值为179.29亿元，实现财政收入32亿元；农民人均纯收入6 778元。六合区辖14个乡镇，94个社区居委会、237个村委会。种植业以水稻、小麦、蔬菜、油料作物、中药材、苗木等为主，养殖业主要以家畜养殖、水产养殖为主。

2007年，六合区开展的政策性农业保险险种主要是三麦、水稻和油菜。六合区全区种植三麦14 707公顷，水稻26 666.7公顷，油菜12 968.7公顷，大豆504.3公顷，棉花1 426.5公顷，蔬菜9 994.7公顷。其中小麦参保面积为14 533.3公顷，占小麦种植总面积的98.82%；水稻参保面积为23 265.3公顷，占水稻种植总面积的87.24%；油菜参保面积为9 466.7公顷，占油菜种植总面积的73%。

### 5.1.2.4 江都市

江都市隶属江苏省扬州市，南濒长江，东临泰州，西傍扬州，总面积1 332平方公里，人口107万，下辖13个镇和1个省级经济技术开发区。江都是著名的鱼米之乡、花木之乡、蔬菜之乡，农业已形成花卉苗木、优质蔬菜、特种水产、特色林果四大特色产业，先后荣获"全国生态农业建设先进县（市）""全省首批农产品质量安全示范市"等称号，近年来发展了花木盆景、特色蔬菜、特水特经、特畜特禽等主导产业。全市拥有无公害、绿色、有机食品品牌130多个；认定"三品"生产基地5万公顷；拥有省名牌农产品1个，省著名商标3个，农产品加工企业200多家，其中国家、省、市级农业产业化龙头企业15家，已成为全国重要的商品粮、商品鱼、绿色食品生产基地，全国最大的猪鬃制品加工出口基地，苏中最大的花木盆景、优质蔬菜出口基地。2007年全市实现地区生产总值280亿元，人均国内生产总值27 805元；农业总产值42.14亿元，其中农业产值22.48亿元，林业产值1.75亿元，牧业产值9.76亿元，渔业产值7.22亿元。全年粮食总产实现53.92万吨，其中棉花总产0.1万吨，油料总产3.09万吨。全市花木总面积达17万亩、花木销售收入达10.5亿元；蔬菜面积达16万亩；水产面积达14万亩，其中特水面积8万亩。农村居民人均纯收入7 011元，连续七届进入全国县域经济基本竞争力百强县（市）。

2007年，江都市开展的政策性农业保险险种主要是三麦、水稻和油菜。全市三麦种植户数量为23.34万户，种植面积39 740公顷；水稻种植户数量为23.35万户，种植面积46 273.3公顷；油菜种植户数量为2.48万户，种植面积1 153.3公顷。尽管江都市出台的政策提出自愿保险，但在组织中大都由乡镇农经站或农业服务中心机构以村为单位组织农户进行了统一投保，针对贫困户和特困户也采取了集体代交的方式，从而2007年江都市三个险种的参保率均达到了100%。

### 5.1.3 样本结构

样本结构见表5-1。从性别来看，在120个有效样本中，男性受访者86.67%，女性受访者占13.33%。从受教育程度来看，在120个有效样本中，没上过学的被访者占7.5%，小学学历占30.83%，初中学历占41.67%，高中或中专学历占19.17%，大学及以上学历占0.83%。江苏省被访者的文化程度集中在初中及高中，两者合计占本省样本的71.67%，而吉林省农户的文化程度集中在小学及初中，两者合计占本省样本的81.67%，江苏省样本农户的受教育程度明显比吉林省要高。

从农户家庭耕地规模来看，5亩以下的农户占样本总数的36.67%，全部分布在江苏省，并且江苏省绝大多数样本农户耕地规模都在10亩以下，占本省样本数的91.66%；而吉林省农户耕地规模10亩以下的只有3.33%，绝大多数都在10亩以上，其中30亩以上的农户占本省样本数的26.67%。在所有样本农户中，农田土地质量较高的占样本总数的26.7%，质量一般的占样本总数的62.5%，质量较差的占样本总数的10%。

样本农户主要种植的农作物包括小麦、玉米、水稻和油菜。其中种植小麦的农户占样本总量的41.67%，主要集中在江苏省；种植玉米的农户占样本总量的40.83%，以吉林省农户为主；种植水稻的农户占样本总量的65%，江苏省与吉林省的农户比例约为3∶1；种植油菜的农户占样本总量的25%，全部属于江苏省。此外，还有少部分农户种植了高粱、大豆、花生、辣椒、西瓜和其他一些蔬菜类作物。养殖畜禽方面以猪、鸡、鸭为主。其中养猪的农户占样本总量的21.7%，以吉林省居多；养鸡的农户占样本总量的14.2%，主要集中在江苏省。

在样本农户中，2007年家庭总收入最低的为2 680元，最高的为100 024元，平均收入为26 795.38元。家庭总收入在5 000元以下的农户主要分布在吉林省，两省农户的家庭总收入都主要集中在10 000~20 000元之间，占总样本的32.5%，其中仍然以吉林省的农户居多。家庭总收入在20 000~30 000元、30 000~40 000元之间的两省农户人数基本持平，而家庭总收入在40 000元以上，特别是50 000元以上的农户主要集中在江苏省。江苏省作为我国的经济发达地区，农户家庭总收入普遍高于吉林省。

从农业收入占家庭总收入的比例来看，呈现出两端比重高、中间比重低的特点。其中农业总收入占家庭总收入比重在10%以下的农户占样本总数的28.33%，全部属于江苏省；在10%~30%之间的农户占样本总数的15.83%，其中大多数仍然集中在江苏省；而在30%以上的各组中，随着比重的升高，吉林省的样本数量越来越大，特别是比重在90%以上的25户中，有22户属于吉林省。由此可以看出，江苏省绝大多数农户的家庭总收入中，农业之外的其他收入来源占主要地位，这反映出该省农户兼业和外出打工者居多的特点，而吉林省有83.33%的农户农业总收入占家庭总收入的50%以上，还有36.66%的农户农业总收入占家庭总收入的90%以上，基本上完全依靠从事农业劳动为生。

表5-1　　　　　　　　　　调研样本结构　　　　　　　　　单位:%

| 项目 | | 样本总体 | 江苏 | 吉林 |
| --- | --- | --- | --- | --- |
| 性别 | 男 | 86.67 | 80 | 93.33 |
| | 女 | 13.33 | 20 | 6.67 |
| 文化程度 | 没上过学 | 7.5 | 8.33 | 6.67 |
| | 小学 | 30.83 | 20 | 41.67 |
| | 初中 | 41.67 | 43.33 | 40 |
| | 高中 | 19.17 | 28.34 | 10 |
| | 大学及以上 | 0.83 | 0 | 1.66 |

表5-1(续)

| 项目 | | 样本总体 | 江苏 | 吉林 |
|---|---|---|---|---|
| 家庭耕地规模 | 5亩以下 | 36.67 | 73.33 | 0 |
| | 5~10亩 | 10.83 | 18.33 | 3.33 |
| | 10~20亩 | 23.33 | 6.67 | 40 |
| | 20~30亩 | 15.83 | 1.67 | 30 |
| | 30亩以上 | 13.33 | 0 | 26.67 |
| 家庭耕地质量 | 较高 | 26.67 | 26.67 | 26.67 |
| | 一般 | 62.5 | 61.67 | 63.33 |
| | 较差 | 10 | 10 | 10 |
| | 不清楚 | 0.83 | 1.66 | 0 |
| 种养农产品种类（多选） | 小麦 | 41.67 | 81.67 | 1.67 |
| | 玉米 | 40.83 | 6.67 | 75 |
| | 水稻 | 65 | 100 | 30 |
| | 油菜 | 25 | 50 | 0 |
| | 猪 | 21.7 | 13.33 | 30 |
| | 鸡 | 14.2 | 25 | 3.33 |
| | 鸭 | 3.3 | 6.67 | 0 |
| 家庭总收入 | 5 000元以下 | 5.83 | 3.33 | 8.33 |
| | 5 000~10 000元 | 8.33 | 10 | 6.67 |
| | 10 000~20 000元 | 32.5 | 25 | 40 |
| | 20 000~30 000元 | 20.83 | 20 | 21.67 |
| | 30 000~40 000元 | 15.83 | 16.67 | 15 |
| | 40 000~50 000元 | 8.34 | 13.33 | 3.33 |
| | 50 000元以上 | 8.34 | 11.67 | 5 |
| 农业总收入占家庭总收入的比重 | 10%以下 | 28.33 | 56.67 | 0 |
| | 10%~30% | 15.83 | 25 | 6.67 |
| | 30%~50% | 7.5 | 5 | 10 |
| | 50%~70% | 11.67 | 6.67 | 16.67 |
| | 70%~90% | 15.83 | 1.66 | 30 |
| | 90%以上 | 20.84 | 5 | 36.66 |

资料来源：根据笔者实地调研数据统计所得。

## 5.2 农户对风险的认知与防范情况

### 5.2.1 农户最担心的风险

农户担心的风险主要有疾病医疗、子女就学、子女婚嫁、突发事故、自然灾害、市场价格波动和生产资料涨价几个方面。总体来讲，江苏、吉林两省样本农户最担心的风险为自然灾害，占样本总量的70%；其次是疾病医疗，占样本总量的50%。但不同地区的农户所担心的风险也有所差异。江苏省担心自然灾害和疾病医疗的农户居多，其次就是子女就学；而吉林省农户对自然灾害、生产资料涨价、农产品市场价格波动、疾病医疗、子女就学等风险都很担心（表5-2）。这可能因为吉林省农户家庭收入中以农业收入为主，所以对生产资料涨价和农产品市场价格波动更为关心和敏感。

表5-2　　　　　　　　农户最担心的风险类型（多选）　　　　　　　单位:%

| 风险类型 | 两省合计 | 江苏 | 吉林 |
| --- | --- | --- | --- |
| 疾病医疗 | 50 | 55 | 45 |
| 子女就学 | 30.83 | 20 | 41.67 |
| 子女婚嫁 | 5 | 1.67 | 8.33 |
| 突发事故 | 11.67 | 6.67 | 16.67 |
| 自然灾害 | 70 | 68.33 | 71.67 |
| 市场价格波动 | 27.5 | 6.67 | 48.33 |
| 生产资料涨价 | 25 | 0 | 50 |

资料来源：根据笔者实地调研数据统计所得。

### 5.2.2 种养业面临的主要风险

在所调研农户当中，认为目前种植业面临的主要风险包括旱灾、雨灾、洪水、风灾、冰（霜）冻灾、雹灾、热害、植物病虫害、农产品价格变动和生产资料涨价。但由于地区差异，江苏省最主要的两大灾害是风灾和植物病虫害，而吉林省最主要的三大灾害是旱灾、雹灾、风灾，并且对生产资料涨价又一次表现出极大的担心。在养殖业方面，农户认为目前主要的风险包括动物疫病、农产品价格变动、生产资料涨价、贸易条件恶化和国家相关政策变动。其中江苏省农户主要就是担心动物疫病，而吉林省农户对动物疫病、生产资料涨价和农产品价格变动同样表示担心（见表5-3）。

表5-3　　　　农户家庭种养业面临的主要风险（多选）　　　　单位:%

| 产业类型 | 风险种类 | 两省合计 | 江苏 | 吉林 |
|---|---|---|---|---|
| 种植业 | 旱灾 | 33.33 | 3.33 | 63.33 |
|  | 雨灾 | 2.5 | 0 | 5 |
|  | 洪水 | 4.17 | 6.67 | 1.67 |
|  | 风灾 | 66.67 | 85 | 48.33 |
|  | 冰（霜）冻灾 | 8.33 | 3.33 | 13.33 |
|  | 雹灾 | 25 | 0 | 50 |
|  | 热害 | 0.83 | 0 | 1.67 |
|  | 病虫害 | 43.33 | 65 | 21.67 |
|  | 农产品价格变动 | 10 | 1.67 | 18.33 |
|  | 生产资料涨价 | 23.33 | 3.33 | 43.33 |
| 养殖业 | 动物疫病 | 24.17 | 25 | 23.33 |
|  | 农产品价格变动 | 10 | 0 | 20 |
|  | 生产资料涨价 | 11.67 | 1.67 | 21.67 |
|  | 贸易条件恶化 | 0.83 | 0 | 1.67 |
|  | 国家相关政策变动 | 0.83 | 0 | 1.67 |

资料来源：根据笔者实地调研数据统计所得。

### 5.2.3 最严重一次自然灾害对农户家庭的影响

为了了解自然灾害对农户生产和生活的影响，笔者向农户询问了其所经历的最严重的一次自然灾害所造成的经济损失对农户家庭的影响程度。其中认为影响很大，难以维持农业再生产和生活的有27户，占总样本的22.5%；认为影响较大，但基本能恢复农业再生产和生活的有52户，占样本总量的43.33%；认为对农业再生产和生活只有很小影响的有32户，占样本总量的26.67%；认为对农业再生产和生活根本没有影响的有9户，占样本总量的7.5%。就两省情况来看，认为影响很大的几乎全分布在吉林省，认为影响较大的两省分布大致平衡，认为影响很小和根本没有影响的大多数分布在江苏省，如表5-4所示。可见对大多数农户来说，自然灾害对农户家庭生产生活还是有一定影响的，但由于江苏省农户的生产规模小，农业收入比重较低，自然灾害的影响程度明显要小于吉林省。

表 5-4　　　　　　最严重一次自然灾害对农户家庭的影响　　　　　单位:%

| 影响程度 | 两省合计 | 江苏 | 吉林 |
|---|---|---|---|
| 影响很大 | 22.5 | 1.67 | 43.33 |
| 影响较大 | 43.33 | 40 | 46.67 |
| 影响较小 | 26.67 | 46.67 | 6.67 |
| 没有影响 | 7.5 | 11.66 | 3.33 |

资料来源：根据笔者实地调研数据统计所得。

### 5.2.4　农户防范与应对自然风险的途径

在农户平时防范和应对自然风险的主要途径中，按照选择比例的高低依次为兼有非农劳动、向亲友借款、向银行贷款、提前存钱、同时种养多种农产品、依靠政府救济、依靠亲友无偿资助、变卖部分固定资产和购买商业保险。分地区来看，两个省份有较大的差异。江苏省的农户首选是在从事农业生产的同时还在其他产业劳动或经营；其次是提前存钱，在灾害发生时动用平时的储蓄；然后才是向亲友或同村人借款、同时种养多种农产品；也有个别农户选择依靠亲戚朋友、同村人无偿资助来渡过难关和购买商业保险，依靠保险公司的赔偿。而吉林省的农户首选是向亲友或同村人借款，其次是向银行或信用社贷款；然后是提前存钱、多样化种养和依靠政府救济；还有少量农户选择了变卖部分固定资产、依靠亲友无偿资助和购买商业保险；如表 5-5 所示。可见江苏省农户遇到风险时大都能"自力更生"，因为在其他产业劳动使其家庭生活受自然风险的影响较小，也具有较多的储蓄；而吉林省农户家庭受自然风险的影响都比较大，一旦遭灾收入便会有很大的波动，所以多数人在风险面前就显得无能为力，只能是依靠于借款和贷款来渡过难关。

表 5-5　　　　　农户防范与应对自然风险的途径（多选）　　　　　单位:%

| 途径 | 两省合计 | 江苏 | 吉林 |
|---|---|---|---|
| 种养多种产品 | 16.67 | 10 | 23.33 |
| 兼业 | 48.33 | 83.33 | 13.33 |
| 提前存钱 | 35.83 | 43.33 | 28.33 |
| 依靠无偿资助 | 5 | 5 | 5 |
| 亲友借款 | 46.67 | 13.33 | 80 |
| 银行贷款 | 38.33 | 0 | 76.67 |
| 变卖资产 | 4.17 | 0 | 8.33 |
| 政府救济 | 6.67 | 0 | 13.33 |
| 购买商业保险 | 2.5 | 1.67 | 3.33 |

资料来源：根据笔者实地调研数据统计所得。

## 5.3 农户对农业保险的认知情况

### 5.3.1 农户对农业保险的了解程度

在所有农户当中，对农业保险有一定程度了解的比例最高，占样本总数的41.67%；通过笔者的调查，这部分农户中绝大多数都是只了解农业保险的作用、所交保费数额和保险金额等，而对农业保险条款中的保障水平、保险责任等内容知之甚少。对农业保险非常了解的占样本总数的36.66%，这部分农户对农业保险条款很熟悉，但其中有5.83%的农户从没有购买过农业保险。仅仅听说过农业保险但不了解的占样本总数的20%，这部分农户反映只知道上交保费后能在受灾时领到部分赔款，而对获赔条件、赔偿金额和保险条款等内容一无所知。值得一提的是，有一部分农户将农业保险和政府的灾害救济混为一谈，不知道两者的区别；在对农户近年来受灾后得到的政府救济情况进行调查时，有相当一部分农户将从保险公司获得的赔款额等同为政府救灾款，以导致本书无法通过调研获取政府的灾害救济对农业保险的替代关系之间的分析。此外，还有1.67%的农户表示从未听说过农业保险。就两省的情况对比而言，江苏省农户对农业保险的了解程度要高于吉林省，其中有85%的农户至少对农业保险有一定的了解，而吉林省至少对农业保险有一定了解的农户比例为71.67%，如表5-6所示：

表5-6　　　　　　　农户对农业保险的了解程度　　　　　　　单位:%

| 了解程度 | 两省合计 | 江苏 | 吉林 |
| --- | --- | --- | --- |
| 从未听说 | 1.67 | 0 | 3.33 |
| 不了解 | 20 | 15 | 25 |
| 有一定了解 | 41.67 | 41.67 | 41.67 |
| 很熟悉但没购买过 | 5.83 | 3.33 | 8.33 |
| 很熟悉并购买过 | 30.83 | 40 | 21.67 |

资料来源：根据笔者实地调研数据统计所得。

### 5.3.2 农户了解农业保险的渠道

在了解农业保险的渠道中，两省农户都是主要通过村里组织的宣传进行了解，占样本总数的90%；其次是听朋友和熟人谈论过，占样本总数的29.17%；排在第三位的是电视与广播，占样本总数的25%。但在除了村里宣传之外的其他渠道方面，两省存在很大差异：对吉林省农户而言，听亲友提及和通过电视广播来了解农业保险也很普遍，而对江苏省农户而言通过其他各种渠道进行了解的都是个别现象，如表5-7所示。主要原因可能是两省农业保险工作的开展都是通过各个乡镇的农经站作为联系农户的桥梁，由农经站负责召开各村的农业保险动员会议，然后再由村委会向农户进行大力的宣传。而在吉林省，农业保险的主要开办公司——吉林安华农业保险公司在省内有影响的新闻媒体上广泛报道了农业保险情况，制作专题片在各地方电视台滚动播放，还印制了宣传单等文字资料对农户发放，所以为农户创造了比较广泛的了解渠道。

表5-7　　　　　　农户了解农业保险的渠道（多选）　　　　　　单位：%

| 渠道 | 两省合计 | 江苏 | 吉林 |
| --- | --- | --- | --- |
| 电视广播 | 25 | 6.67 | 43.33 |
| 村里宣传 | 90 | 98.33 | 81.67 |
| 亲友提及 | 29.17 | 5 | 53.33 |
| 报纸书刊 | 2.5 | 3.33 | 1.67 |
| 保险公司宣传 | 7.5 | 3.33 | 11.67 |

资料来源：根据笔者实地调研数据统计所得。

### 5.3.3　农户对农业保险重要性的认知

在所调研农户当中，有32.5%认为农业保险对分摊农业生产损失十分重要，50%认为比较重要，14.17%认为不怎么重要，3.33%认为根本不重要。其中江苏省农户认为十分重要、比较重要、不太重要和根本不重要的各占8.33%、71.67%、18.33%和1.67%；吉林省农户各占56.67%、28.33%、10%和5%，如表5-8所示。可见大多数农户还是认识到了农业保险的重要性，并且吉林省农户由于农业生产对家庭生活的重要性程度较高，在对农业保险重要性的认识方面也要高于江苏省农户。

表5-8　　　　　　农户对农业保险重要性的认知　　　　　　单位：%

| 重要程度 | 两省合计 | 江苏 | 吉林 |
| --- | --- | --- | --- |
| 十分重要 | 32.5 | 8.33 | 56.67 |
| 比较重要 | 50 | 71.67 | 28.33 |
| 不太重要 | 14.17 | 18.33 | 10 |
| 根本不重要 | 3.33 | 1.67 | 5 |

资料来源：根据笔者实地调研数据统计所得。

## 5.4 农户参保情况及对各项指标的评价[①]

### 5.4.1 农户购买农业保险的基本情况

由于国家从 2007 年开始才明确提出在六个省份进行政策性农业保险保费补贴试点，所以调研地区也是在 2007 年才开始在各个县（市、区）开展大规模的农业保险业务。根据笔者的调查，绝大多数农户在 2007 年以前并没有听说过或考虑过参加农业保险，所以在进行农户参保情况的统计时，仅以 2007 年和 2008 年的参保情况作为调查内容。在所调查的样本当中，农户购买农业保险的情况共分为以下几类：第一种是 2007 年和 2008 年都购买了保险；第二种是 2007 年购买了保险，但 2008 年没有继续再买；第三种是 2007 年没有购买保险，2008 年购买了；第四种是 2007 年和 2008 年都没有购买。每种情况的样本农户分布如表 5-9 所示：

表 5-9　　　　农户购买农业保险的情况分类　　　　单位:%

| 参保情况分类 | 两省合计 | 江苏 | 吉林 |
| --- | --- | --- | --- |
| 2007、2008 年均参保 | 53.33 | 63.33 | 43.33 |
| 2007 年参保，2008 年未保 | 25 | 31.67 | 18.33 |
| 2007 年未保，2008 年参保 | 8.33 | 1.67 | 15 |
| 2007、2008 年均未保 | 13.34 | 3.33 | 23.34 |

资料来源：根据笔者实地调研数据统计所得。

由表 5-9 可以看出，四类参保情况的比例分别为 53.33%、25%、8.33% 和 13.34%。其中 2007 年两省参保农户比例占样本总数的 78.33%，以江苏省农户居多，主要原因是在所调研的扬州江都市，由乡镇农经站或农业服务中心机构以村为单位组织农户进行了统一投保，针对贫困户和特困户也采取了集体代交的方式，参保率几乎为 100%，所以使样本中江苏省的参保率高达 95%。但 2008 年两省参保农户比例却有所下降，占样本总数的 61.66%，特别是江苏省的参保率下降到了 65%，有 31.67% 的农户在 2007 年购买农业保险后却在 2008 年没有继续购买。吉林省也有 18.33% 的农户在 2007 年购买农业保险后

---

① 注：截止到笔者调研时，2008 年的保险期还未结束，因此凡涉及农户需考虑获赔情况而做出评价时，以 2007 年的参保情况为依据；其余相关评价以 2008 年参保情况为依据。

未在2008年做出同样的选择。并且，在2007年没有购买农业保险的农户中，有8.33%在2008年做出了购买农业保险的决定，其中几乎全部为吉林省的农户；但仍有13.34%的农户2008年仍然没有购买农业保险。农户在两个年份里做出不同决定的原因是多方面的，后面将对其进行专门的分析。

### 5.4.2 农户对保险金额与保障水平的评价

为了调查农户对现有农业保险条款的评价，问卷中设置了"现有种植业保险险种的保险金额（或赔款金额）和保障水平能否满足农户需要"的问题，除了那些不知道现有保险金额和保障水平大小的农户之外，共有108户农户对此做出了回答。其中认为目前投保农作物的保险金额和保障水平太低，不能满足需要的占总数的64.17%；认为保险金额和保障水平可以接受，正好能满足需要的占22.5%；认为保险金额和保障水平很高，完全能满足需要的占总数的3.33%；其中江苏省农户认为不能满足需要的比例要高于吉林省农户，而认为完全能满足需要的农户全部分布在吉林省，如表5-10所示。可见多数农户对目前低保障的农业保险都不满足，特别是江苏省农户，由于水稻种植保险条款中规定旱灾和病虫害的损失率达到70%及以上时才负责赔偿，而2007年投保的水稻普遍遭受了病虫害，所以大部分农户认为条款规定的保障水平太低，赔偿条件过于苛刻而对此不满。

表5-10　　　　农户对保险金额与保障水平的评价　　　　　单位:%

| 评价选项 | 两省合计 | 江苏 | 吉林 |
| --- | --- | --- | --- |
| 不能满足需要 | 64.17 | 76.67 | 51.67 |
| 刚好可以接受 | 22.5 | 23.33 | 21.67 |
| 完全满足需要 | 3.33 | 0 | 6.67 |

资料来源：根据笔者实地调研数据统计所得。

在2008年购买农业保险的农户中，有60.81%认为目前的保险金额与保障水平太低，不能满足需要；有32.43%认为保险金额与保障水平可以接受，刚好能满足需要；有5.41%认为完全能满足需要。在未购买农业保险的农户中，有23.91%的农户不知道农业保险的保险金额和保障水平为多少；有69.57%认为不能满足需要；只有6.52%认为刚好可以接受。如表5-11所示。可见在2008年参保的农户中大多数还是对保险金额与保障水平的设定不满意，而未参保的农户有相当一部分根本不了解保险条款中的相关规定，可能是因为没有参保意愿所以没有关注过，也可能是因为不了解条款内容所以没有投保，总之两者之间可能具有一定的相互影响；还有很大一部分农户对条款中的内容不满意，估计这也是造成他们没有选择参保的原因之一。

表 5-11　农户对保险金额与保障水平的评价与参保情况的交叉分布

| 评价选项 | 总数百分比（%） | 2008 年参保情况（%） ||
|---|---|---|---|
| | | 参保 | 未参保 |
| 不知道 | 10 | 1.35 | 23.91 |
| 不能满足需要 | 64.17 | 60.81 | 69.57 |
| 刚好可以接受 | 22.5 | 32.43 | 6.52 |
| 完全满足需要 | 3.33 | 5.41 | 0 |

资料来源：根据笔者实地调研数据统计所得。

为了找出农户所希望并且能够承担相应保费的保障水平，笔者向农户询问了"在现有农业保险条款下，你所愿意并能够接受的保障水平为多少"，除了 11 个无参保意愿的农户没有对此做出回答之外，得到其余 109 个农户所希望的平均保障水平为 81.2%，即农作物的损失率达到 18.8% 及以上时，就希望得到保险公司的赔偿。此外，对农户期望的保障水平分成三组，其中在 70% 及以下的样本数为 34，占做出回答农户总数的 31.19%；期望的保障水平在 70%~90% 之间的为 63 户，占 57.8%；期望的保障水平在 90% 以上的为 12 户，占 11.01%；如表 5-12 所示。可见与农户对保险金额和保障水平的评价中显示的一致，多数农户期望的保障水平都在 70% 以上，即农作物的损失率在 30% 以下也能得到保险公司的赔偿。而在现有各种农作物保险的条款中，对农作物赔偿条件都至少要达到 30% 及以上的损失率，还有一些风险损失率要达到 70% 及以上才给予赔偿，跟农户的期望值确实还有一定的差距。

表 5-12　农户期望的保障水平

| 希望的保障水平 | 户数 | 百分比（%） | 累计比例（%） |
|---|---|---|---|
| 70% 及以下 | 34 | 31.19 | 31.19 |
| 70%~90% | 63 | 57.8 | 88.99 |
| 90% 以上 | 12 | 11.01 | 100 |
| 总计 | 109 | 100 | — |

资料来源：根据笔者实地调研数据统计所得。

### 5.4.3 农户对保险责任的评价

对于农业保险条款中包含的保险责任（涵盖的灾害风险等规定）是否能满足农户的需要，共有 64.17% 的农户认为能够满足需要，23.33% 认为不能满足需要，12.5% 的农户不清楚保险条款中包含哪些保险责任。就两省情况而言，江苏省 75% 的农户认为能够满足需要，只有 20% 认为不能满足需要，可见多数农户对保险责任的规定还是认可的；而吉林省农户只有 53.33% 认为能满足需要，26.67% 认为不能满足需要，还有 20% 不清楚保险责任的规定。如表 5-13 所示：

表 5-13　　　　　　农户对保险责任的评价　　　　　　单位:%

| 评价选项 | 两省合计 | 江苏 | 吉林 |
| --- | --- | --- | --- |
| 能满足需要 | 64.17 | 75 | 53.33 |
| 不能满足需要 | 23.33 | 20 | 26.67 |
| 不知道 | 12.5 | 5 | 20 |

资料来源：根据笔者实地调研数据统计所得。

在江苏省各种试点险种的保险条款中，基本上都涵盖了暴雨、洪水（政府行蓄洪除外）、内涝、风灾、雹灾、冻灾、旱灾和植物病虫害等几种常见的灾害类型，所以江苏省农户对涵盖的风险种类基本都认为能够满足需要，而反映不能满足需要的地方主要集中在以下几个方面：一是保险责任中对各种灾害的定义过于苛刻，如风灾需达到 8 级以上大风所构成的损害才在保险责任内；二是对病虫害的损失免赔率为 50%，赔偿条件太苛刻；三是对病虫害风险没有专门列出包含的植物疾病与虫害种类，有些植物疾病可能不在保险责任以内而农户却不知情。在吉林省试点险种的保险条款中，保险责任不包含植物病虫害，这使得 16 个认为不能满足需要的农户中有 13 户提出不能满足的原因即是缺少了病虫害风险。其他 3 个农户认为应保而未保的保险责任包括种子质量好坏的风险、粮食在地里丢失等人为性事故风险和保险责任的期限太短。

在 2008 年购买农业保险的农户中，有 72.97% 认为目前农业保险条款中的保险责任能够满足需要，22.97% 认为不能满足需要，4.05% 不知道保险责任的具体规定。未购买农业保险的农户中有 50% 认为能够满足需要，23.91% 认为不能满足需要，26.09% 不清楚保险责任规定。如表 5-14 所示。可见在未参保农户当中有半数对保险责任规定不满意或不清楚，这可能也是影响他们参保意愿的因素之一。

表 5-14　　农户对保险责任的评价与参保情况的交叉分布　　　　　　单位:%

| 评价选项 | 总数百分比（%） | 2008年参保情况（%） | |
|---|---|---|---|
|  |  | 参保 | 未参保 |
| 能满足需要 | 64.17 | 72.97 | 50 |
| 不能满足需要 | 23.33 | 22.97 | 23.91 |
| 不知道 | 12.5 | 4.05 | 26.09 |

资料来源：根据笔者实地调研数据统计所得。

### 5.4.4　农户对出险获赔情况的评价

2007年江苏省调研地区主要发生了风灾和植物病虫害，吉林省调研地区主要遭受了大面积的旱灾与局部的风灾和雹灾，所以在2007年94户参保农户当中有77户获得了保险公司一定的赔偿。根据受灾程度的不同，每户得到的赔款额不同，但就总体情况而言，赔款数额较低，样本平均赔款为玉米37.77元/亩，水稻19.74元/亩，小麦和油菜因几乎没有遭受到灾害所以没有获赔。其中江苏省农户获得的水稻赔款平均为21.49元/亩；吉林省农户获得的水稻赔款平均为10.72元/亩，玉米赔款平均为37.77元/亩。赔款金额较低的原因有两个：一是由于我国现阶段农业保险实行的是以"低费率，低保障，高覆盖"为原则的初始成本保险，决定了赔款额的有限性；二是吉林省保险公司2007年发生了超赔现象，在国家巨灾风险补偿机制还没有建立起来的情况下，保险公司无力承担巨额亏损，对农户的赔偿能力有限，所以也影响了实际发放到农户手中的赔款额。

在77户获得过保险公司赔款的农户当中，53.25%认为在得到赔款的过程中很顺利，42.86%认为比较顺利，只有3.9%认为不顺利。其中吉林省农户有70.59%认为能很顺利地得到赔款，另外29.41%也都认为比较顺利；但江苏省农户只有39.53%的农户认为很顺利，53.49%的农户认为比较顺利，还有6.98%认为不顺利。如表5-15中所示。可见绝大多数农户特别是吉林省农户对获得赔款的过程还是比较满意的。

通过调查，2007年从农户参保农作物受到损害到获得保险公司赔款大概需要几个月的时间，因此笔者询问了对农户而言获赔是否及时的问题。其中12.99%的农户认为获赔很及时，33.77%认为获赔比较及时，53.24%认为获赔不及时。其中认为获赔很及时的大都是吉林省农户，而认为获赔不及时的江苏省农户比例较高。如表5-15中所示。产生这种情况的主要原因可能是两省农作物的种植方式不同：吉林省农作物是一年一熟制，秋收后要到来年才进行再次的播种耕作，其间间隔的时间较长，所以赔款即使要几个月才发放到农户手中也不会耽搁下一轮的种植，农户仍可以得到赔款后再用其购买种子、化肥等生产要素；而江苏省调研地区农作物是一年两熟制，第一轮作物收割之后要接着进行第二轮的耕作，其间时间间隔较短，可能保险公司的赔款对于农户下一轮作物的成本投入非常重要，如果发放时间太长，会给下一轮的耕作带来较大的影响。

在赔款金额的合理性方面，只有 10.39% 的农户认为赔款数额很合理，38.96% 的农户认为赔款比较合理，50.65% 的农户认为赔款不合理。就江苏省农户而言，认为赔款比较合理的居多，占获赔农户总数的 48.84%，但基本上与认为不合理的农户数持平；而吉林省农户认为赔款不合理的居多，占获赔农户总数的 55.88%，同时也有 17.65% 的农户认为赔款很合理；如表 5-15 中所示。

在所获赔款对农户家庭恢复生产和挽回损失的作用方面，只有 7.79% 的农户认为作用很大，25.97% 的农户认为有一定的作用，55.85% 的农户认为只有很小的作用，10.39% 的农户认为根本没用。其中江苏省农户有 72.1% 认为只有很小作用，各有 13.95% 认为有一定的作用和根本没用；吉林省农户认为有一定的作用的比例最高，为 41.18%，其次是认为有很小作用的农户，占 35.29%，再次是认为有很大作用的农户，占 17.65，只有 5.88% 的农户认为赔款对恢复生产和挽回损失根本没用；如表 5-15 中所示。由此可见多数农户认为赔款的作用很小甚至是没用，这跟目前较低的赔款额和较高的农作物生产成本有很大的关系。但就两省情况来看，吉林省农户对赔款作用的评价普遍要高于江苏省农户，这跟两个地区农户的收入水平有关，因为对于收入水平较低的吉林省农户而言，保险赔款的边际效用要大于收入水平较高的江苏省农户。

表 5-15　　　　　　农户对出险获赔情况的评价　　　　　　单位：%

| 项目 | 选项 | 两省合计 | 江苏 | 吉林 |
| --- | --- | --- | --- | --- |
| 获赔是否顺利 | 很顺利 | 53.25 | 39.53 | 70.59 |
| | 比较顺利 | 42.86 | 53.49 | 29.41 |
| | 不顺利 | 3.9 | 6.98 | 0 |
| 获赔是否及时 | 很及时 | 12.99 | 2.33 | 26.47 |
| | 比较及时 | 33.77 | 39.53 | 26.47 |
| | 不及时 | 53.24 | 58.14 | 47.06 |

表5-15(续)

| 项目 | 选项 | 两省合计 | 江苏 | 吉林 |
|---|---|---|---|---|
| 赔款是否合理 | 很合理 | 10.39 | 4.65 | 17.65 |
|  | 比较合理 | 38.96 | 48.84 | 26.47 |
|  | 不合理 | 50.65 | 46.51 | 55.88 |
| 赔款作用 | 有很大作用 | 7.79 | 0 | 17.65 |
|  | 有一定作用 | 25.97 | 13.95 | 41.18 |
|  | 有很小作用 | 55.85 | 72.1 | 35.29 |
|  | 根本没用 | 10.39 | 13.95 | 5.88 |

资料来源：根据笔者实地调研数据统计所得。

### 5.4.5 农户对所交保费数额的评价

在2007年购买了农业保险的94户农户当中，有74.47%认为所交纳的保费数额是值得的，25.53%认为所交保费不值得。其中江苏省农户认为交纳保费数额值得的占68.42%，不值得的占31.58%；吉林省农户认为交纳保费数额值得的占83.78%，不值得的占16.22%；如表5-16所示。江苏省参保农户中认为所交保费不值得的农户比例之所以要比吉林省高出近一倍，可能是因为该省2007年组织了统一投保，有一些农户本身不是自愿投保的，并没有认识到所交纳保费的重要作用，反而因为被强制投保产生了反感和不满的心理。

表5-16　　　　　农户对所交保费数额的评价　　　　　　单位：%

| 评价选项 | 两省合计 | 江苏 | 吉林 |
|---|---|---|---|
| 值得 | 74.47 | 68.42 | 83.78 |
| 不值得 | 25.53 | 31.58 | 16.22 |

资料来源：根据笔者实地调研数据统计所得。

为了衡量2007年参保农户是否获得赔偿对其认为所交保费是否值得有没有影响，在此对两个变量作交叉分析，结果显示在77户获得保险赔款的农户当中，有71.43%认为其所交的保费数额值得，有28.57%认为所交保费不值得；在17户未获得保险赔款的农户当中，有88.24%认为所交保费值得，11.76%认为所交保费不值得，如表5-17所示。未获得赔款的农户认为所交保费值得的比重反而要比获赔农户的高，这说明农户是否获得了赔款并不是其评价交纳保费数额的主要考虑因素，多数农户可能更多考虑的是保险条款中的规定是否合理与是否能够满足其规避风险的需要。

表 5-17　　　　农户获赔情况与所交保费数额评价的交叉分布

| 评价选项 | 总数百分比（%） | 是否获赔（%） | |
| --- | --- | --- | --- |
| | | 是 | 否 |
| 值得 | 74.47 | 71.43 | 88.24 |
| 不值得 | 25.53 | 28.57 | 11.76 |

资料来源：根据笔者实地调研数据统计所得。

### 5.4.6 对所交保费数额的负担程度

在 2007 年购买了农业保险的 94 户农户当中，有 80.85%认为所交保费数额对家庭没有任何负担，13.83%认为家庭刚好负担得起，5.32%认为家庭稍微有一点负担，没有农户认为负担很重。并且就像我们意料之中的一样，经济比较发达的江苏省有 94.74%的农户认为没有任何负担，仅有 5.26%的农户认为刚好负担得起；吉林省则有 27.03%的农户认为刚好负担得起，还有 13.51%的农户认为所交保费数额对家庭而言稍微有一点负担。如表 5-18 所示。由此可见，由于调研地区各级财政的保费补贴比例总共达到了 70%（江都市）和 80%（吉林省各县和南京六合区），农户只需要承担 20%到 30%的保费，这大大减轻了农户的保费负担，使农户从过去那种交不起高额保费的困境中解脱出来。

表 5-18　　　　农户对所交保费数额的负担程度　　　　　　　单位:%

| 负担程度 | 两省合计 | 江苏 | 吉林 |
| --- | --- | --- | --- |
| 没有任何负担 | 80.85 | 94.74 | 59.46 |
| 刚好负担得起 | 13.83 | 5.26 | 27.03 |
| 稍有一点负担 | 5.32 | 0 | 13.51 |

资料来源：根据笔者实地调研数据统计所得。

### 5.4.7 农户可接受的最高保费金额

为了衡量农户对农业保险的支付意愿，笔者向农户询问了在现有农业保险条款下家庭所愿意支付的最高保费金额，即如果保险费大于该值农户就会选择不购买农业保险。由于调研的农户样本中主要投保农作物为小麦、玉米和水稻，所以只以这三个险种为例进行说明。

在种植小麦的农户当中，南京六合区农户可接受的小麦保费金额最低为3元/亩，最高为20元/亩，平均为9.44元/亩，其中可接受保费金额在5元（含5元）/亩以下的占31.25%，在5~10元（含10元）/亩的占50%，在10元/亩以上的占18.75%；扬州江都市农户可接受的小麦保费金额最低为5元/亩，最高为20元/亩，平均为9.29元/亩，其中可接受保费金额在10元（含10元）/亩以下的占90%，在10元/亩以上的占10%。而2008年南京六合区农户实际承担的小麦保费金额为3元/亩，扬州江都市农户实际承担的小麦保费金额为5.4元/亩，如图5-1和表5-19所示。

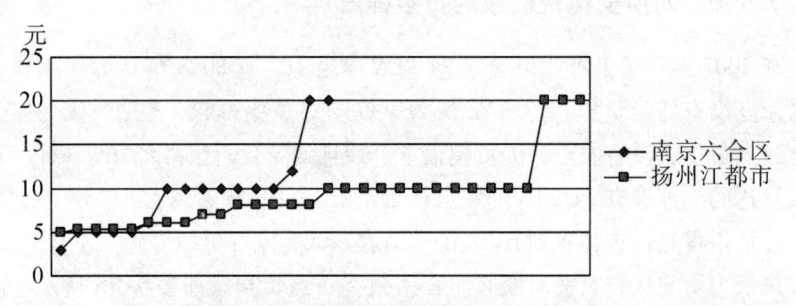

**图5-1 样本农户对小麦的支付意愿**

资料来源：根据笔者实地调研数据整理与计算。

在种植水稻的农户当中，南京六合区农户可接受的水稻保费金额最低为3元/亩，最高为50元/亩，平均为11.8元/亩，其中可接受保费金额在5元（含5元）/亩以下的占26.67%，在5~10元（含10元）/亩的占53.33%，在10元/亩以上的占20%；扬州江都市农户可接受的水稻保费金额最低为6元/亩，最高为30元/亩，平均为10.33元/亩，其中可接受保费金额在10元（含10元）/亩以下的占86.67%，在10元/亩以上的占13.33%；吉林省农户可接受的水稻保费金额最低为4元/亩，最高为13.4元/亩，平均为7.21元/亩，其中可接受保费金额在5元（含5元）/亩以下的占15.39%，在5~10元（含10元）/亩的占76.92%，在10元/亩以上的占7.69%。而2008年南京六合区农户实际承担的水稻保费金额为5元/亩，扬州江都市农户实际承担的水稻保费金额为6元/亩，吉林省农户实际承担的水稻保费金额为4.3元/亩，如图5-2和表5-19所示。

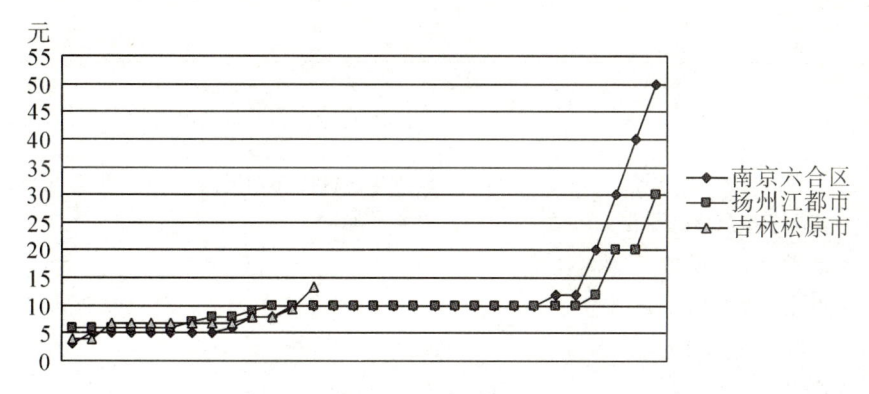

图 5-2 样本农户对水稻的支付意愿

资料来源：根据笔者实地调研数据整理与计算。

在吉林省所有种植玉米的农户当中，农户可接受的玉米保费金额最低为 2.7 元/亩，最高为 13.4 元/亩，平均为 5.34 元/亩，其中可接受保费金额在 4 元（含 4 元）/亩以下的占 55.26%，在 4~10 元（含 10 元）/亩的占 39.48%，在 10 元/亩以上的占 5.26%。而 2008 年吉林省农户实际承担的玉米保费金额为 4 元/亩。如图 5-3 和表 5-19 所示。

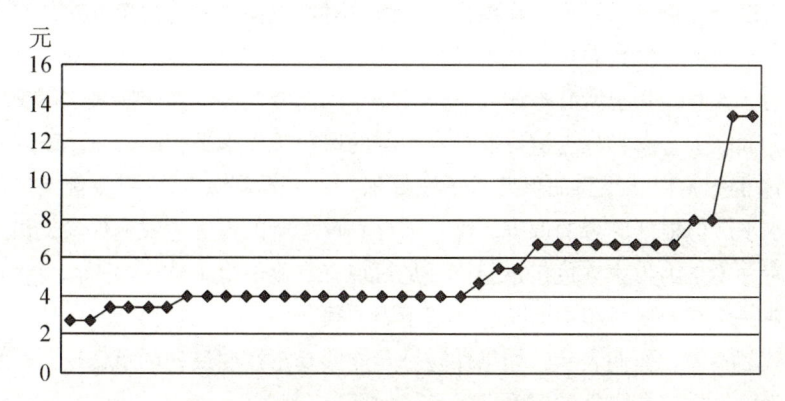

图 5-3 吉林省样本农户对玉米的支付意愿

资料来源：根据笔者实地调研数据整理与计算。

表 5-19 样本地区农户可接受的参保作物保费金额及在不同水平下的分布

单位:%

| 种类/地区 | 小麦 | | 水稻 | | | 玉米 |
|---|---|---|---|---|---|---|
| | 六合区 | 江都市 | 六合区 | 江都市 | 吉林省 | 吉林省 |
| 最低金额(元/亩) | 3 | 5 | 3 | 6 | 4 | 2.7 |
| 最高金额(元/亩) | 20 | 20 | 50 | 30 | 13.4 | 13.4 |

5 农业保险需求主体行为分析 | 91

表5-19(续)

| 种类/地区 | 小麦 |  | 水稻 |  | 玉米 |  |
|---|---|---|---|---|---|---|
|  | 六合区 | 江都市 | 六合区 | 江都市 | 吉林省 | 吉林省 |
| 平均金额(元/亩) | 9.44 | 9.29 | 11.8 | 10.33 | 7.21 | 5.34 |
| 实际承担金额(元/亩) | 3 | 5.4 | 5 | 6 | 4.3 | 4 |
| 4元(含4元)/亩以下(%) | — | — | — | — | — | 55.26 |
| 4-10元(含10元)/亩(%) | — | — | — | — | — | 39.48 |
| 10元/亩以上(%) | — | — | — | — | — | 5.26 |
| 5元(含5元)/亩以下(%) | 31.25 | 3.33 | 26.67 | 0 | 15.39 | — |
| 5-10元(含10元)/亩(%) | 50 | 86.67 | 53.33 | 86.67 | 76.92 | — |
| 10元/亩以上(%) | 18.75 | 10 | 20 | 13.33 | 7.69 | — |

注：由于江苏省两个样本地区（六合区、江都市）对于同一作物品种所缴纳的保费标准不一，所以在上表中将这两个地区的情况分别列出；而吉林省各样本地区同一品种缴纳保费标准一样，所以合计列出。

资料来源：根据笔者实地调研数据整理与计算。

由以上分析可以看出，在国家各级财政对农业保险实行保费补贴的政策之下，调研地区大多数农户完全可以接受现在所承担的保费金额，特别在经济较发达的江苏省，几乎所有被访农户愿意支付的保费金额都在现阶段实际交纳的保费金额之上；而吉林省被访农户对水稻的保费接受水平较高，对于玉米仍有55.26%的农户愿意支付的保费水平刚好保持在现阶段实际承担数额或还要低于此水平。但根据笔者的调查，这一部分农户之所以不愿为农业保险支付更高的保费并不是因为家庭负担不起，而是对现有农业保险条款内容不满意，或是对农业保险在开展过程中的某些环节不满。很大一部分农户对上一年所获得的赔款数额不满，他们表示，如果保险公司能够真正按照最初的承诺赔付，仍然愿意为此支付较高水平的保险费。

### 5.4.8 农户对政府保费补贴的了解程度与评价

在所有的调研农户当中，有66.67%知道政府对农户交纳的农业保险保费进行部分补贴，33.33%不知道政府的补贴。其中江苏省农户有85%知道政府补贴政策，仅有15%不知道政府的补贴；而吉林省农户知道政府补贴的占总数的48.33%，不知道的占51.67%。在知道政府对保费进行补贴的农户当中，只有37人知道补贴的具体金额或比例，占样本总数的30.8%，不知道补贴比例的农户占样本总数的69.2%；其中江苏省有45%的农户知道补贴比例，而吉林省只有 16.7% 的农户知道；如表 5-20 所示。可见江苏省农户对政府保费补贴的了解程度要高于吉林省农户，这可能跟两个地区农业保险的宣传内容侧重点不同有关，江苏省对政府实行农业保险保费补贴政策的宣传力度较大，所以农户的了解程度要高一些。

表 5-20　　　　　农户对政府保费补贴的了解程度　　　　　单位:%

| 项目 | 选项 | 两省合计 | 江苏 | 吉林 |
| --- | --- | --- | --- | --- |
| 是否知道政府补贴 | 知道 | 66.67 | 85 | 48.33 |
|  | 不知道 | 33.33 | 15 | 51.67 |
| 是否知道补贴比例 | 知道 | 30.8 | 45 | 16.7 |
|  | 不知道 | 69.2 | 55 | 83.3 |

资料来源：根据笔者实地调研数据统计所得。

在农户对政府保费补贴水平的评价方面，知道政府保费补贴比例的 37 户农户中有 40.54% 认为补贴水平非常合理，59.46% 的农户认为补贴水平基本合理，没有任何农户选择补贴水平不合理的选项；并且吉林省认为政府补贴比例非常合理的农户比例要高于江苏省。如表 5-21 所示。笔者还向所有知道政府对保费进行补贴的农户询问了其期望的补贴水平，得到的平均期望补贴比例为 77.22%；其中南京六合区农户的期望补贴比例为 76.5%，扬州江都市农户的期望补贴比例为 74.83%，吉林省农户的期望补贴比例为 82.11%。而目前南京六合区各级财政实际补贴比例为 80%，扬州江都市政府实际补贴比例为 70%，吉林省各级财政实际补贴比例为 80%。由此可见除南京六合区各级政府实际补贴比例要高于农户期望值以外，扬州江都市和吉林省农户的期望值要略高于实际补贴水平，但从农户对保费补贴水平的评价中可以看出，即使是在现有补贴水平下，农户仍然对这项惠农政策表示满意。

表 5-21　　　　　农户对政府保费补贴水平的评价　　　　　单位:%

| 补贴比例是否合理 | 两省合计 | 江苏 | 吉林 |
| --- | --- | --- | --- |
| 非常合理 | 40.54 | 25.93 | 80 |
| 基本合理 | 59.46 | 74.07 | 20 |

资料来源：根据笔者实地调研数据统计所得。

### 5.4.9　农户对防灾防损措施的评价

在所有调研的农户当中，只有 27.5% 表示自从村里开展农业保险以来，保险公司或有关部门在村里采取过防灾防损的措施，68.33%表示没有采取过防灾防损措施，还有4.17%的农户对此表示不知道；并且表示采取过防灾防损措施的以江苏省农户居多，如表5-22所示。根据农户反映，江苏省调研地区采取的防灾防损措施主要包括：向农户提供参保作物的良种、优质化肥等生产要素；对农户进行参保作物的种植培训；向农户传授防灾防损的知识或技术；喷洒预防病虫害的农药；提前对农户进行灾害预警等。在以上措施中，除了向农户提供良种、优质化肥等生产要素和喷洒预防病虫害的农药需要农户支付费用以外，其他措施全部免费提供。吉林省调研地区采取的防灾防损措施主要包括：向农户传授防灾防损的知识或技术；人工防雹、降雨；打井抗旱；注射防治动物疫病的疫苗等；其中人工防雹、降雨和注射防治动物疫病的疫苗是需要农户支付费用的。由以上分析可以看出，保险公司或有关部门平时还是积极进行防灾防损工作的，但是工作力度和覆盖面可能仍有不足；因为防灾防损工作的开展至少是以一个村为单位进行的，即便是只针对参保农户提供防灾防损服务，一个村内所有的参保农户也应该对此知晓或接受过相关服务。但根据我们的调查，只有27.5%的农户知道村里采取过相关措施，另外72.5%的农户不是表示没有采取过防灾防损措施，就是对此表示不知道。另外一个可能的原因就是多数农户对平时的防灾防损工作并不关注和重视，甚至是由于"道德风险"的存在使其参保后更加疏于对风险的防范，从而导致不同农户之间产生信息不对称的现象。

表5-22　　　　　　　调研地区采取防灾防损措施情况　　　　　　单位：%

| 是否采取防灾防损措施 | 两省合计 | 江苏 | 吉林 |
| --- | --- | --- | --- |
| 是 | 27.5 | 33.33 | 21.67 |
| 否 | 68.33 | 65 | 71.67 |
| 不知道 | 4.17 | 1.67 | 6.67 |

资料来源：根据笔者实地调研数据统计所得。

在回答村里采取过防灾防损措施的33户农户当中，有9.09%表示对这些防灾防损服务很满意，66.67%表示对这些防灾防损服务比较满意，24.24%表示对这些服务不满意。其中江苏省农户大多数都表示满意或比较满意，不满意的农户仅占其省份的10%；而吉林省农户没有表示对这些服务很满意的，比较满意的也只有53.85%，其余46.15%的农户表示不满意；如表5-23中所示。

在农户对防灾防损措施的效果评价方面，仅有9.09%的农户认为这些措施对抗灾减灾具有很大的作用，63.64%的农户认为具有一定的作用，21.21%的农户认为只有很小的作用,还有6.06%的农户认为根本没用。其中江苏省农户中认为有很大作用的占5%,认为有一定作用的占80%,认为只有很小作用的占15%,没有农户认为这些措施根本没用;而吉林省农户中认为有很大作用的占15.38%,认为有一定作用的占38.47%,认为只有很小作用的占30.77%,认为根本没用的占15.38%;如表5-23中所示。可见在农户心目中,江苏省调研地区防灾防损工作的开展要优于吉林省调研地区。

表5-23　　　　农户对防灾防损措施的满意程度与效果评价　　　　单位:%

| 项目 | 选项 | 两省合计 | 江苏 | 吉林 |
| --- | --- | --- | --- | --- |
| 对防灾防损措施的满意程度 | 很满意 | 9.09 | 15 | 0 |
|  | 比较满意 | 66.67 | 75 | 53.85 |
|  | 不满意 | 24.24 | 10 | 46.15 |
| 对防灾防损措施的效果评价 | 有很大作用 | 9.09 | 5 | 15.38 |
|  | 有一定作用 | 63.64 | 80 | 38.47 |
|  | 只有很小作用 | 21.21 | 15 | 30.77 |
|  | 根本没用 | 6.06 | 0 | 15.38 |

资料来源:根据笔者实地调研数据统计所得。

## 5.5　农户对农业保险开展的总体评价

在对农业保险开展情况的满意程度方面,有30.83%的农户感到很满意,45%感到比较满意,24.17%感到不满意。其中认为很满意的农户当中有89.19%都是吉林省农户;而两省比较满意的农户比例分别为68.52%和31.48%;不满意的农户比例分别为65.52%和34.48%。就每个省份的情况而言,江苏省农户对农业保险的开展很满意的比例很小,仅占6.67%;比较满意和不满意的农户比例分别为61.67%和31.67%;而吉林省农户对农业保险的开展很满意的比例占到了总数的55%;比较满意和不满意的农户比例分别为28.33%和16.67%。如表5-24所示。以上数据显示,吉林省农户对农业保险开展情况的满意程度要高于江苏省农户,原因如下:在笔者与吉林省农户进行交谈时发现,大多数农户虽然对获得的保险赔款数额不满意,但对于国家政策性农业保险这项支农惠农新政策的实行感到非常满意,纷纷表示农业保险的开展确实是为农户的利益着想,在一定程度上满足了广大农户亟须分散农业生产风险的需求；至于较低的赔款额和具体运作中的问题，农户们认为是保险公司的问题，而不是农业保险政策本身的问题，所以绝大多数农户表示对农业保险的开展是满意的。江苏省部分农户表示不满意是因为在2007年对农业保险还不太了解的情况下，村里就以统一组织投保方式对农户实行了近似强制性的投保，反而增加了农户的抵制情绪，产生了相反的效果，使农户误认为是国家强行收取保费，所以对此感到不满。但总体来看，对开展情况持肯定态度的农户占到75.83%，说明政策性农业保险的开展还是得到了大多数农户的认可。

表 5-24　　　　　农户对农业保险开展情况的满意程度　　　　　单位:%

| 对开展情况是否满意 | 两省合计 | 江苏 | 吉林 |
| --- | --- | --- | --- |
| 很满意 | 30.83 | 6.67 | 55 |
| 比较满意 | 45 | 61.67 | 28.33 |
| 不满意 | 24.17 | 31.67 | 16.67 |

资料来源：根据笔者实地调研数据统计所得。

为了衡量参保与未参保农户对农业保险开展情况满意程度的差异，在此对农户2007年参保情况与对保险开展的满意程度作交叉分析，结果显示在购买了农业保险的94户农户中，对农业保险开展情况很满意的占26.6%，比较满意的占48.94%，不满意的占24.47%；未购买农业保险的26户农户中很满意的占46.15%，比较满意的占30.77%，不满意的占23.08%；如表5-25所示。可见未参保农户对农业保险开展情况的满意程度反而要高于参保农户，原因正如前面所分析，多数农户对农业保险政策的实施给予了极大的肯定，而将具体运作中产生的问题归咎于保险公司，并且未参保农户不受较低的保险赔款数额的影响，所以仅从政策的实施上对农业保险的开展做出了较高的评价。

表 5-25　农户2007年参保情况与对保险开展满意程度的交叉分布　单位:%

| 对开展情况是否满意 | 总数百分比 | 2007年参保情况 购买 | 2007年参保情况 未购买 |
| --- | --- | --- | --- |
| 很满意 | 30.83 | 26.60 | 46.15 |
| 比较满意 | 45 | 48.94 | 30.77 |
| 不满意 | 24.17 | 24.47 | 23.08 |

资料来源：根据笔者实地调研数据统计所得。

## 5.6 农户对农业保险的参保意愿分析

### 5.6.1 未参保农户没有购买农业保险的原因分析

调研地区的未参保农户可以分为从未购买过农业保险、以前买过而今年未买、以前没买而今年买了三种情况。在对从未购买过农业保险的农户进行的原因分析中，有56.25%的农户是因为遇到风险的可能性比较小；25%是因为种养农产品的成本低，即使损失了也无所谓；31.25%是因为认为农业保险作用不大，没必要投保；12.5%因为不相信农业保险，对保险公司承诺的赔偿没有信心；31.25%因为没有听说过或对农业保险不了解。如表5-26中所示。

对以前曾经购买过农业保险而今年没有再买的农户进行的原因分析中，笔者发现原因是多方面的：其中有农户自身对农业保险的主观认识问题，有农户的保费支付能力问题，还有不再种养以前投保品种等客观原因，但最主要的原因就是对以前获得的赔款不满意，这一部分农户占66.67%；其次就是认为农业保险作用不大，没必要再继续投保，这一部分农户占23.33%。如表5-26中所示。

对以前没买过农业保险而今年购买了的农户进行的原因分析中，主要原因只有两个：一是以前没听说过或不了解，今年才知道或了解了农业保险这回事，选择此原因的农户占40%；二是看村里其他人因购买了农业保险而得到灾害损失补偿，自己也想买了，选择此原因的农户占50%。此外还有个别农户选择了以前想购买但错过了投保时间而没买上；以前以为不会遭到灾害却发生了损失，所以今年选择了参保等原因。由以上几种情况的原因分析可以反映出以下几个问题：第一，农业保险在农村基层的宣传环节和具体操作仍有薄弱之处；第二，保险公司无力承担巨额损失，不能按照合同规定履行对受灾农户的赔偿责任，极大影响了保险公司的信誉和农户对农业保险开展的信心；第三，农户对农业保险有一个较长的接受过程，相当一部分农户对农业保险持观望态度；第四，农户风险意识不足，对灾害风险的发生仍存在一定的侥幸心理。

表 5-26　　　未参保农户没有购买农业保险的原因（多选）

| 项目 | 选项 | 百分比（%） |
| --- | --- | --- |
| 从未购买过农业保险的原因 | 遇到风险的可能性较小 | 56.25 |
| | 种养农产品的成本低，损失了也没关系 | 25 |
| | 认为农业保险作用不大 | 31.25 |
| | 不相信农业保险，对保险公司赔偿没信心 | 12.5 |
| | 没听说过或对保险不了解 | 31.25 |
| 以前买过农业保险而今年未买的原因 | 近几年遇到风险的可能性较小 | 3.33 |
| | 认为农业保险作用不大，没必要再投保 | 23.33 |
| | 保险费太贵，支付不起 | 6.67 |
| | 对保险公司的赔偿没信心或不满意 | 66.67 |
| | 不再种养以前投保品种了 | 3.33 |
| | 错过了投保时间 | 3.33 |
| | 其他 | 6.67 |
| 以前没买今年买了的原因 | 以前没听说过或不了解 | 40 |
| | 看其他人购买农业保险后得到了赔偿 | 50 |
| | 其他 | 10 |

资料来源：根据笔者实地调研数据统计所得。

### 5.6.2　今后的投保意愿

在所调研的农户当中，有 68.33% 明确表示以后会考虑（或继续）购买农业保险，3.33% 表示以后不会考虑（或继续）购买农业保险，28.33% 表示需要看情况而定，要根据风险发生情况、保险公司的赔偿情况和需支付保费情况等来决定；两省农户在今后是否购买农业保险问题上的选择基本一致，如表 5-27 中所示。

为了衡量农户是否具有较长远的目光来看待农业保险，问卷中设置了这样的问题："若购买农业保险后当年没有发生灾害，交了保费却没有得到赔付，是否觉得吃亏？"有 87.5% 的农户回答不"吃亏"，12.5% 回答吃亏；其中江苏省农户觉得吃亏的比例只有 5%，而吉林省农户觉得吃亏的比例为 20%，明显要高于江苏省农户。再询问"如果这样，下一年还会不会继续购买农业保险"，有 74.2% 回答"会继续购买"，5.8% 回答"不会再继续购买"，20% 回答"需要看情况而定"；其中吉林省农户明确答复"不会继续购买"的比例为 10%，高于江苏省的 1.67%，这与前一个问题的回答是一致的。如表 5-27 中所示。由此可见，尽管吉林省农户在对农业保险的认识方面要比江苏省农户略低一些，但大多数农户还是能够考虑到长远利益的，并不仅仅是既得利益者，农户是否选择继续参保的关键仍然是农业保险条款的设计能否满足其需要和保险机制的运行是否完善。

表 5-27　　　　　农户对农业保险的未来投保意愿　　　　　单位:%

| 项目 | 选项 | 两省合计 | 江苏 | 吉林 |
| --- | --- | --- | --- | --- |
| 以后是否会购买农业保险 | 会 | 68.33 | 66.67 | 70 |
|  | 不会 | 3.33 | 3.33 | 3.33 |
|  | 看情况而定 | 28.33 | 30 | 26.67 |
| 未获赔是否觉得吃亏 | 吃亏 | 12.5 | 5 | 20 |
|  | 不吃亏 | 87.5 | 95 | 80 |
| 下一年是否会继续购买 | 会 | 74.17 | 71.67 | 76.67 |
|  | 不会 | 5.83 | 1.67 | 10 |
|  | 看情况而定 | 20 | 26.67 | 13.33 |

资料来源：根据笔者实地调研数据统计所得。

### 5.6.3 农户对政策性农业保险险种的需求

为了找出农户对政策性农业保险有哪些险种的需求，笔者向农户询问了其最想投保的三种农作物或畜禽的保险。其中江苏省农户最想投保的种植业险种主要有水稻、小麦、油菜和水芹，养殖业险种主要有能繁母猪、育肥猪、鸭和水产类（主要是鱼）；吉林省农户最想投保的种植业险种主要有玉米、水稻、高粱、小麦、辣椒和西瓜，养殖业险种主要有能繁母猪、育肥猪、牛、羊、鸡和鸭。而江苏省调研地区目前开展的政策性农业保险险种只有其中的水稻、小麦、油菜和能繁母猪，吉林省调研地区开展的政策性农业保险险种只有其中的玉米、水稻和能繁母猪，不能满足农户所有的需求。因此有 19.47% 的农户反映自己不能顺利买到所有想购买的农业保险险种，原因就是保险公司没有相关的保险业务。由此可见，由于我国开展政策性农业保险的时间还不长，现在仍处在实验阶段，加上国家的财力有限，所以只能先选择部分关系国计民生的和比较重要的大宗农产品进行试点，还不能满足农户多样化的投保需求；随着我国政策性农业保险机制的不断完善与发展，各地区要进一步开发多样化的农险险种，以满足不同农户的实际需要。

表 5-28　　　　　　农户对政策性农业保险险种的需求

| 种类 | 产业 | 江苏 | 吉林 |
| --- | --- | --- | --- |
| 农户需求险种 | 种植业 | 水稻、小麦、油菜、水芹 | 玉米、水稻、高粱、小麦、辣椒、西瓜 |
|  | 养殖业 | 能繁母猪、育肥猪、鸭、水产类（主要是鱼） | 能繁母猪、育肥猪、牛、羊、鸡、鸭 |
| 目前已开办险种 | 种植业 | 水稻、小麦、油菜 | 玉米、水稻 |
|  | 养殖业 | 能繁母猪 | 能繁母猪 |

资料来源：根据笔者实地调研数据整理所得。

## 5.7　农户参保意愿的主要影响因素分析

### 5.7.1　农户参保决策的理论基础

保险需求理论主要是在冯·诺依曼和摩根斯坦（Von Neumann and Morgenstern）的期望效用最大化框架下发展起来的。农业保险作为农户分散自然风险的一个工具，可以视为农户在日常生活中的一种消费品。假定农户符合经济学中"经济理性人"的假设，则是否购买农业保险取决于在一定的预算约束条件下，如何在保险商品和其他生活消费品之间达到一种平衡，从而使农户的期望效用最大化。农业保险为农户带来的期望效用是通过增加其收入来实现的，并且这种效用是农户收入的严格递增函数。当农户面临购买和不购买农业保险两种选择时，他会对两种行为带来的期望效用进行比较，只有购买农业保险的期望效用大于不购买农业保险的期望效用时，购买行为才会发生。虽然这种期望效用无法直接观测得到，但可以通过影响农户做出投保选择的各种因素来衡量此显示偏好。

不购买农业保险的期望效用可以表示为：

$$EU_0(I) = \int_{Y_{min}}^{Y_{max}} U[I_0 + I_m(Y) A] g(Y) dY$$

购买农业保险的期望效用可以表示为：

$$EU_1(I) = \int_{Y_{min}}^{Y^*} U[I_0 + I_m(Y) A + I_c(Y) A - PA] g(Y) dY$$
$$+ \int_{Y^*}^{Y_{max}} U[I_0 + I_m(Y) A - PA] g(Y) dY$$

其中各个符号的代表含义如下：

$EU_0(I)$、$EU_1(I)$——不购买和购买农业保险两种行为选择带来的期望效用；

$I_0$——农户的初始净收入；

$I_m(Y)$——平均每亩参保作物带来的纯收入；

$I_c(Y)$——平均每亩参保作物的保险赔款额；

$A$——参保作物的播种面积；

$Y$——每亩参保作物的实际产量；

$Y^*$——参保作物获赔的临界产量；

$P$——每亩参保作物的平均保费额；

$g(Y)$——产量分布概率密度。

当 $EU_1(I) > EU_0(I)$ 即 $EU_1(I) - EU_0(I) > 0$ 时，农户才会选择购买农业保险。从上式中可以看出，影响农户个体产量分布的因素会影响到保险购买决策下的收入分布，进而影响到购买保险的期望效用[①]。因此，这些因素的存在及大小对农户的参保意愿起着重要的作用。

### 5.7.2 农户参保决策影响因素的实证分析

（一）模型的界定

基于以上理论分析，本研究选择 Probit 模型来进行分析。Probit 模型是由麦克法登（D. Mcfadden）提出的以效用理论或行为选择理论为依据进行估计的。

$$Y^* = \beta_0 + \beta X + e$$

其中 $Y^*$ 是一个不可直接观测的潜变量，表示农户购买和未购买农业保险的效用水平之差，由某些解释变量 $X$ 决定，则第 $i$ 个农户决定是否购买农业保险，由此效用指数 $Y^*$ 决定。假定 $e$ 是独立于 $x$ 且服从标准正态分布的误差项。令 $Y$ 代表一个虚拟变量，并作如下假设：

$$Y_i = \begin{cases} 1 & （当 Y^* > 0），第 i 个农户购买农业保险 \\ 0 & （当 Y^* \leq 0），第 i 个农户不购买农业保险 \end{cases}$$

根据以上假设，影响农户购买农业保险决策的二元离散选择模型可以表示为：

---

[①] 宁满秀，邢郦，钟甫宁. 影响农户购买农业保险决策因素的实证分析——以新疆玛纳斯河流域为例 [J]. 农业经济问题，2005（6）.

$Prob(Y=1|X=x) = Prob(Y^* > 0|x) = Prob(\beta_0 + \beta X + e > 0|x)$

$= Prob\{[e > -(\beta_0 + \beta X)]\,|x\} = 1 - \Phi[-(\beta_0 + \beta X)] = \Phi(\beta_0 + \beta X)$

其中，$\Phi$ 为 $e$ 的标准正态累积分布函数。

(二) 变量选择

农户是否决定购买农业保险会受到很多相关因素的影响。根据以上对农户参保意愿影响因素的初步分析，在此选择了农户年龄、农户受教育程度、户主务农年限、家庭耕地面积、家庭耕地质量、家庭总收入、参保作物收入占家庭总收入的比重、农户对农业保险重要性的认知程度和近三年自然灾害造成的农业生产平均损失等几个指标，作为农户对农业保险购买意愿影响因素的分析变量。各变量的定义及对农户参保决策的预期作用方向如表 5-29 所示。另外，为了排除样本中 2007 年江苏省江都市组织农户进行统一投保从而影响农户真实投保意愿的可能性干扰，在此以 2008 年农户参保情况为准进行分析。在调查 2008 年农户参保情况时，我们专门对农户进行了是否是自愿购买保险的询问，在进行样本的初步筛选时，已确保选择的 120 户样本中农户的参保情况真实反映了其参保意愿，保证了分析结果的真实性与合理性。

表 5-29　各变量的定义及对农户参保决策的预期作用方向

| 变量名称 | 定义 | 预期作用方向 |
| --- | --- | --- |
| Y | 2008 年是否参保，1=自愿参保，0=未参保 | |
| Age | 农户年龄（年） | 未知 |
| Edu | 农户受教育程度，1=没上过学，2=小学，3=初中，4=高中，5=大学及以上 | + |
| Fmy | 农户务农年限（年） | 未知 |
| Arc | 家庭耕地面积（亩） | 未知 |
| Lqu | 家庭耕地质量，1=质量较差，2=质量一般，3=质量较高 | 未知 |
| Inc | 2007 年家庭总收入（千元） | 未知 |
| Spe | 参保作物收入占家庭总收入的比重（%） | + |
| Imp | 农户对农业保险重要性的认知程度，1=根本不重要，2=不怎么重要，3=比较重要，4=十分重要 | + |
| Los | 近三年自然灾害造成的农业生产平均损失（千元） | + |
| D | 地区虚变量，1=江苏省，0=吉林省 | 未知 |

(1) 农户年龄（Age）。

农户年龄对农业保险需求来说是一个双向因素。年龄对农业保险需求的负向影响有两个方面：第一，一般来说，年龄较小的人接受新鲜事物的能力强，而年龄较大的人思想比较保守，不容易接受新事物。通过我们的调研，试点地区大多数农户都是2007年才开始听说与接触农业保险的，所以对农户来讲农业保险还是一种新生事物，往往不容易被老年人所接受；第二，年龄大的人有比较多的社会关系，在遇到风险时他们往往更偏爱选择求助于亲戚朋友，而不倾向于购买保险。年龄对农业保险需求的正向影响为：农户年龄越大，对风险种类认识越全面，对自然灾害的损失后果认识与感受越深刻，通过购买农业保险规避风险的积极性越高。综上所述，年龄是影响农业保险需求的一个重要因素，其方向取决于以上两个反向作用力的大小。

（2）农户受教育程度（$Edu$）。

农户不同的文化程度可能会影响到对农业保险的理解程度，对其参保意愿有正向的影响。农户受教育程度越高，对农业保险弥补生产损失、分摊生产风险功能的认知水平也越高，就越容易接受农业保险政策，相应的购买意愿也越高。本书将农户受教育程度分为"没上过学、小学、初中、高中、大学及以上学历"5个等级，分别用1、2、3、4、5来表示。

（3）农户务农年限（$Fmy$）。

农户从事农业劳动的年限决定了其生产经验的多少，进而影响着其抵御风险能力的高低。一方面，农户务农时间越长，对农业生产规律把握得越好，抵抗风险的能力相对越强，从而对农业保险的购买意愿越低；但是另一方面，也有可能农户务农时间越长，对农业灾害损失的感受也越深，更希望能通过购买农业保险分散风险。

（4）家庭耕地面积（$Arc$）。

耕地面积是代表农户经营规模的一个变量，它对农户参保意愿具有正反两个方面的影响。一方面，家庭耕地规模越大的农户面临的风险越大，一旦遭受自然灾害，损失也越严重，因此对农业保险的购买意愿相对较高。另一方面，耕地规模大的农户可以通过多样化种植来分散风险，从而降低投保的可能性，并且耕地规模大的农户更加注重于种植经验的积累，农业生产的技能与经验比较丰富，从而抵抗风险的能力相对增强，对农业保险的购买意愿也就越低；另外，耕地规模比较小的农户往往都不以农业生产为家庭收入的主要来源，而在外务工或兼业的比较多，这部分农户接触外界知识较多，对农业保险的认识与了解也比较深刻，同时由于收入提高，从而更倾向于购买农业保险。在我们的调研当中发现，很多农户不愿参保的原因是不了解农业保险或对保险公司不信任，这也证实了在外务工农户在对农业保险有比较深刻认识的条件下更加倾向于投保。

(5) 家庭耕地质量（Lqu）。

土地质量是影响农作物产量的重要因素之一，也是农户决定是否购买农业保险的考虑因素之一。土地质量对农户参保意愿的影响有正反两个方面：一方面，土地质量越差说明农业生产的风险越大，对农业保险的购买意愿也就越高；另一方面，土地质量较高的农户种植农作物的产量较高，收益较大，因此也更愿意为之支付保费参加保险；而土地质量较差的农户在投入同样成本的情况下产量较低，收益也较少，因此更不愿意为之再支付保费参加保险。本书将农户家庭土地质量划分为"质量较差、质量一般、质量较高"3个等级，分别用1、2、3表示。

(6) 家庭总收入（Inc）。

农户家庭收入水平是决定其参保意愿的一个重要因素，对参保意愿的影响可能为正也可能为负。一方面，农户家庭总收入的高低决定了农户对农业保险的购买能力。农业保险不同于生活中的必需品，相对来说是一种奢侈品，在农户满足基本的生活需要之后，如果收入还有剩余，才会考虑购买农业保险。因此，随着农户收入的增加，其购买力也越高，相应对农业保险的购买意愿也会增加。而另一方面，家庭总收入越高的农户，其通过其他方式分散风险的能力也越高，从而可能降低了对农业保险的需求。

(7) 参保作物收入占家庭总收入的比重（Spe）。

农户家庭参保作物收入占家庭总收入的比重对其参保意愿有正向的影响。相对于多样化生产的农户来说，专门从事农业生产的农户更愿意购买农业保险，因为他们没有其他收入来源来分担农业生产的风险。本书以2007年参保作物总收入占家庭总收入的比重来反映农户的专业化程度，其值越高，说明农户从事农业生产的专业化程度越高，通过多样化生产来分散风险的能力越低，因此对农业保险的购买意愿也越高。

(8) 对农业保险重要性的认知程度（Imp）。

对农业保险重要性的认知程度反映了农户对待风险的态度。如果农户对农业保险的认识程度不够，不了解农业保险的作用，必然会降低对农业保险的需求；相反，随着农户对农业保险认识程度的加深，农户就越能增强风险规避意识，对农业保险的购买意愿也越高。因此农户对农业保险的了解程度对其参保意愿有正向的影响。本书通过询问被调查者认为"农业保险对分摊农业生产损失是否重要"来确定其对农业保险重要性的认知程度，答案为"根本不重要、不怎么重要、比较重要、十分重要"4个等级，分别用1、2、3、4表示。

(9) 近三年自然灾害造成的平均损失金额（Los）。

自然灾害造成农业生产的平均损失金额越大，表明农业生产的风险性越高，相应农户对农业保险的购买意愿也就越高。本书采用近三年自然灾害对农户种植业造成的平均损失金额，来衡量农业生产风险的高低。

(10) 地区虚变量（D）。

地区虚变量的设置是为了检验江苏和吉林两省农户的参保意愿是否存在明显的差异。本书假设 $D=1$ 时代表江苏省样本，$D=0$ 时为吉林省样本。如表5-30 所示：

**表 5-30　　　　　各变量的描述性统计**

| 变量 | 均值 | 标准差 |
| --- | --- | --- |
| 户主年龄（Age） | 49.092 | 9.944 |
| 户主受教育程度（Edu） | 2.750 | 0.882 |
| 户主务农年限（Fmy） | 28.225 | 11.468 |
| 家庭耕地面积（Arc） | 15.796 | 16.337 |
| 家庭耕地质量（Lqu） | 2.167 | 0.585 |
| 家庭总收入（Inc） | 26.795 | 19.092 |
| 参保作物收入占家庭总收入的比重（Spe） | 38.946 | 34.165 |
| 户主对农业保险重要性认知程度（Imp） | 3.117 | 0.769 |
| 近三年自然灾害造成的平均损失额（Los） | 6.211 | 9.385 |

### （三）实证结果

本书采用 Probit 回归模型，以是否自愿购买了农业保险（Y）为模型的被解释变量，表示农业保险的参保意愿状况；以 Age、Edu、Fmy、Arc、Lqu、Inc、Spe、Imp、Los、D 10 个变量为解释变量，则所建立的计量模型如下：

$$Prob(Y=1|X=x) = Prob(Y^* > 0|x) = \Phi(\beta_0 + \beta_1 Age + \beta_2 Edu + \beta_3 Fmy + \beta_4 Arc + \beta_5 Lqu + \beta_6 Inc + \beta_7 Spe + \beta_8 Imp + \beta_9 Los + \beta_{10} D)$$

根据以上各变量的数据，运用 Eviews 统计软件对模型进行 Probit 回归分析，结果如表 5-31 所示：

**表 5-31　　　　　Probit 模型估计结果**

| Variable | Coefficient | Std. Error | z-Statistic | Prob. |
| --- | --- | --- | --- | --- |
| 常数项(C) | -15.7560 | 3.4089 | -4.6221 | 0.0000 |
| 户主年龄(Age) | 0.0385 | 0.0587 | 0.6556 | 0.5121 |

表5-31(续)

| Variable | Coefficient | Std. Error | z-Statistic | Prob. |
|---|---|---|---|---|
| 户主受教育程度($Edu$) | 0.684 6 | 0.268 8 | 2.546 5 | 0.010 9** |
| 户主务农年限($Fmy$) | 0.021 2 | 0.050 0 | 0.424 5 | 0.671 2 |
| 家庭耕地面积($Arc$) | -0.132 8 | 0.045 5 | -2.917 1 | 0.003 5* |
| 家庭耕地质量($Lqu$) | 1.195 4 | 0.435 1 | 2.747 6 | 0.006 0* |
| 家庭总收入($Inc$) | 0.014 4 | 0.012 2 | 1.176 2 | 0.239 5 |
| 参保作物收入占家庭总收入的比重($Spe$) | 0.074 7 | 0.021 7 | 3.446 3 | 0.000 6* |
| 户主对农业保险重要性认知程度($Imp$) | 1.098 9 | 0.344 2 | 3.192 9 | 0.001 4* |
| 近三年自然灾害造成的平均损失额($Los$) | 0.468 5 | 0.121 2 | 3.844 5 | 0.000 1* |
| 地区虚变量($D$) | 4.777 1 | 1.484 1 | 3.218 9 | 0.001 3* |
| Log likelihood = -28.879 4 | | | McFadden R-squared = 0.638 5 | |
| LR statistic (9 df) = 102.002 5 | | | Probability(LR stat) = 0.000 0 | |
| Obs with Dep=0 | 46 | | Total obs | 120 |
| Obs with Dep=1 | 74 | | | |

注：* 在1%显著水平下显著，** 在5%显著水平下显著。

从表5-31中可以看出，拟合优度 $R^2$ 为0.638 5，说明该模型总体模拟效果较好；对数似然值为-28.879 4，LR检验统计量为102.002 5，且在1%的水平上显著，说明模型的整体显著性较强。其中家庭耕地面积、耕地质量、参保作物收入占家庭总收入的比重、农户对农业保险重要性的认知程度、近三年自然灾害造成的平均损失金额等几个变量在1%的置信水平上具有统计显著性，农户受教育程度在5%的置信水平上具有统计显著性，说明对农户的参保意愿都具有很强的影响。

(1) 农户受教育程度对其参保意愿具有正向的影响，说明农户的受教育程度越高，对农业保险的作用和重要性的认知水平越高，所以购买意愿也越强，这跟我们的预期是相符合的。

(2) 农户家庭耕地面积对其参保意愿具有反向的影响，说明农户的农业经营规模越大，对农业保险的购买意愿反而越弱。可能的原因有以下几个方面：一是经营规模大的农户可以通过多样化种植来分散单种作物的生产风险，从而降低了投保的可能性；二是经营规模大的农户更加注重于种植经验的积累，农业生产技能与经验比较丰富，从而抵抗风险的能力相对增强，也会降低对农业保险的购买意愿；三是经营规模较大的农户多数都是单纯从事农业生产，在外打工和兼业的较少，所以接触外界知识和接受新事物都比较少，对农业保险的认识与了解尚浅，所以影响了对农业保险的购买意愿；四是经营规模大的农户所缴纳的保费总额也较大，相应保费支出较多，从而降低了对农业保险的需求（调研地区目前对参保作物做出不可选择性投保的规定，即投保面积必须与种植面积一致）。

（3）农户参保意愿与家庭耕地质量之间成正向相关的关系，即土地质量越高的农户对农业保险的参保意愿反而越强烈，这说明土地质量对农户的参保意愿具有正向影响。产生这种结果的原因可能与我国现阶段实施的成本保险有关。在实施产量保险的情况下，保险公司对参保作物的赔付是以某个地区的平均产量为基础，当发生灾害导致农户种植作物产量低于合同规定的临界值时，才会给予农户赔偿。这样土地质量较差的农户正常年景下的平均产量也会在合同规定地区平均产量之下，这些农户受经济利益的驱动，往往更愿意将自己的土地投保；而土地质量较高的农户正常年景的平均产量在地区平均产量之上，若遭受了较轻的灾害损失未必能达到赔付标准，对他们来说获得赔付相对是比较困难的，所以认为自己投保是吃亏的，因此不愿意投保，即发生了"逆向选择"行为，在我们的假设条件中也是以此行为为基础的。而现实情况是，现阶段在我国试点地区实行的都是低保障的成本保险，不管参保作物的产量如何，是否低于以往平均产量，都必须在保险合同中规定的灾害范围内遭受了损失并达到一定的损失率才能够获赔，获得的赔偿也仅限于每亩作物投入的物化成本，而投入成本对于不同土地质量的农户是基本相同的，因此两者的获赔几率不存在明显的差别，这就大大降低了土地质量较差农户参保的动力。

（4）参保作物收入占家庭总收入的比重对农户参保意愿具有正向的影响，说明农户家庭收入对参保农作物的依赖性越强，通过其他收入来源分散风险的能力越低，对农业保险的购买意愿就越强，这跟我们的预期也是相符的。

（5）农户对农业保险重要性的认知程度对农户参保意愿具有正向的影响，说明农户对农业保险重要性的认识越深，风险规避意识就越强，因此对农业保险的购买意愿也越强。

（6）农户参保意愿与近三年自然灾害造成的平均损失金额之间成正向相关的关系，说明平均损失金额越大，意味着农业生产的风险性越高，农户规避风险的愿望就越强烈，相应参保意愿也越强。

（7）地区虚变量 D 在 1% 的显著性水平下显著，说明江苏、吉林两个调研省份的地区差异对样本农户的参保意愿具有显著影响。D 的回归系数为正，说明江苏省农户的参保意愿更强一些，可能的原因如下：江苏省农户受教育程度相对较高，并且多数农户从事农业生产的同时还在外打工或兼业，接触外界知识和新事物较多,所以对农业保险的了解比较深刻,对农业保险分散自然风险的重要性认知程度也较高;同时由于收入较高,从而更有能力和意愿购买农业保险。而吉林省调研地区有相当一部分农户仍对灾害风险存在侥幸心理,并且对上一年度获得的赔款数额不满,这些都削弱了其对农业保险的购买意愿。

## 5.8 本章小结

通过以上对调研地区农户的投保现状和投保意愿分析,我们可以得出以下几点结论:

第一,试点地区政策性农业保险的开展在一定程度上满足了广大农户亟须分散农业生产风险的需求,得到了广大农户的认可,调研地区绝大多数农户对国家政策性农业保险这项支农惠农新政策的施行感到非常满意。

第二,国家现行的保费补贴政策大大减轻了农户的保费负担,调研地区的农户已从过去那种交不起高额保费的困境中解脱出来,并且在经济发达地区被访农户愿意支付的保费金额都在现阶段实际交纳水平之上,这无疑会进一步扩大农户对农业保险的需求。

第三,尽管目前国家规定政策性农业保险的参保方式为自愿保险,但很多试点地区在开展工作的过程中都以村为单位组织农户进行统一投保;采用这种方式能够保证一定的参保率,满足了在较大范围内分散风险的需要,便于保险公司业务的开展,但必须要在对农户进行大力宣传和指导、使其充分认识到农业保险重要性并自愿购买的前提下进行,不然很容易引发农户的抵触情绪,产生相反的效果,不利于今后农业保险工作的进一步开展。

第四,由于试点地区各级政府对农业保险十分重视,在广大农村对农业保险进行了有力的宣传,所以调研地区绝大多数农户都对其有一定的认识和了解;但仍有相当一部分农户对农业保险条款中的保障水平、保险责任等内容知之甚少,即使是对此十分了解的农户,也有很多对目前低保障的农业保险不能满足,保险条款的规定跟农户的期望值还有一定的差距,从而影响到农户对农业保险的需求。

第五,由于我国还未建立起有效的巨灾风险补偿机制,保险公司在大灾之年无力承担巨额亏损,对农户的赔偿能力有限,因此不能按照保险合同的规定进行赔付。调研地区大多数农户都对获得的赔款数额不满意,这严重影响了农户参保的积极性,并且损害到保险公司的信誉,不利于其保险工作的进一步开展。

第六，由于我国开展政策性农业保险的时间还不长，现在仍处在实验阶段，加上国家的财力有限，所以只能先选择部分关系国计民生的和比较重要的大宗农产品进行试点，还不能满足农户多样化的投保需求；随着我国政策性农业保险机制的不断完善与发展，各地区要进一步开发多样化的农险险种，以满足不同农户的实际需要，此时农业保险的重要作用也将会逐渐显现出来。

第七，调研地区的农户对农业保险的购买意愿主要受到其受教育程度、家庭耕地面积、耕地质量、参保作物收入占家庭总收入的比重、农户对农业保险重要性的认知程度、近三年自然灾害造成的平均损失金额等几个因素的影响。其中，作为生产风险更为集中的大经营规模农户，对农业保险的购买意愿反而更弱，这一点特别需要引起政府决策部门的重视。因此，保险公司和相关部门应加大农业保险的宣传力度，借助各种媒体大力宣传普及农业保险相关知识，让农户懂得平时用少量资金投入，灾时可以得到数倍资金补偿的道理，特别是要加深种养大户对农业保险分散风险重要性的认识，增强其主动规避风险的意识和保险观念；同时，各级政府机构也要在舆论导向、日常的政策指导中影响农户的思想，进而影响他们的保险选择。另外，国家还应努力改善农业生产条件，提高农户对农业的预期收益，从而增强农户对农业生产成本投入的意愿；要继续实行政府保费补贴等扶持政策，加大对农业保险的政策支持力度，这也将大大提高农户的参保能力，促进试点地区农业保险的发展。

就调查样本而言，本研究的结论是有价值的，但由于受到有限样本容量和调研地点的限制，一些研究结论还有待于在更加广阔的地区范围内和更大的样本数量下得到进一步证实，特别是要考虑加入西部地区调研数据，并区分试点地区和非试点地区进行分析，从而得到更加可信的结论。

# 6 试点地区政策性农业保险的绩效评价

试点地区政策性农业保险的实施效果如何,是政府决策者、专家学者非常关心的问题,也是进一步完善我国政策性农业保险措施选择的主要依据之一。关于政策效果评价的方法有多种,但由政策对象——农户进行评价,一直是一种非常重要的评价方法。本部分主要依据上文中提及的2008年9月笔者在吉林、江苏两省所做的农户问卷调查资料,从政策性农业保险对于稳定农户收入、稳定农作物产量、增强农业抵御自然灾害风险能力的作用以及对环境的影响等方面,对试点地区政策性农业保险的实施效果进行评价。

## 6.1 对试点地区政策性农业保险实施效果的具体评价

### 6.1.1 政策性农业保险对稳定农民收入的作用

(1) 40%的被访者认为农业保险对稳定农民收入具有很大和一定的作用。

为考察农业保险对稳定农民收入的作用,问卷中设计了"农业保险对稳定每年的家庭收入具有多大作用"的问题,并给出"有很大作用、有一定作用、只有很小作用、根本没用"四个答案。在吉林和江苏两省的120户样本农户中,有8.3%的农户认为农业保险对稳定农民收入有很大的作用,有31.7%的农户认为有一定的作用,二者合计为40%(表6-1);有50.8%的农户认为有很小的作用,9.2%的农户认为根本没有用。由此可见,政策性农业保险对于稳定农户家庭收入虽然起到了一定的作用,但农户对此的总体评价比较低,这与目前较低的保险赔款额有很大的关系。还有一部分认为农业保险对稳定家庭收入作用不大的农户,是那些认为生产资料价格波动对收入的影响比自然灾害影响更大的群体。

表6-1　不同类型农户对政策性农业保险稳定收入作用大小的选择比例

单位:%

| 地区/农户类型 | | 很大作用 | 一定作用 | 很小作用 | 根本没用 |
|---|---|---|---|---|---|
| 样本总体 | | 8.3 | 31.7 | 50.8 | 9.2 |
| 地区 | 吉林 | 16.7 | 43.3 | 33.3 | 6.7 |
| | 江苏 | 0 | 20.0 | 68.3 | 11.7 |
| 农户收入 | 最低收入组 | 5.9 | 29.4 | 64.7 | 0 |
| | 中等收入组 | 9.4 | 32.8 | 48.4 | 9.4 |
| | 最高收入组 | 7.7 | 30.8 | 48.7 | 12.8 |
| 农户耕地规模 | 小规模农户 | 0 | 22.7 | 68.2 | 9.1 |
| | 中等规模农户 | 9.8 | 31.7 | 43.9 | 14.6 |
| | 大规模农户 | 17.1 | 42.9 | 37.1 | 2.9 |
| 农户兼业程度 | 低兼业程度农户 | 10.5 | 63.2 | 21.1 | 5.3 |
| | 中兼业程度农户 | 17.9 | 25.6 | 46.2 | 10.3 |
| | 高兼业程度农户 | 1.6 | 25.8 | 62.9 | 9.7 |

资料来源：根据笔者实地调研数据统计所得。

（2）吉林省样本农户对政策性农业保险稳定收入作用的评价较高。

在吉林省的60个样本农户中，有16.7%的农户认为农业保险对稳定家庭收入有很大作用，而江苏省没有一户认为有很大作用；认为农业保险对稳定家庭收入有一定作用的农户在吉林省占43.3%，而在江苏省只有20%；认为只有很小作用的农户在吉林省为33.3%，而在江苏省则有68.3%；认为根本没有用的农户比例在江苏为11.7%，比吉林省高出了5个百分点。由此可以看出，吉林省样本农户对政策性农业保险稳定家庭收入的作用评价较高，其原因主要在于江苏省比吉林省经济发展水平高，大部分农户都不是纯粹意义上的单纯从事种植业和养殖业的农户，一般都有从事兼业活动，家庭收入来源广泛，所以认为农业保险对其收入稳定的作用不是很大；而吉林省是种粮大省，农户大多经营养殖业或种植业，收入较固定单一，况且地理位置的不同，导致其发生灾害的程度和频率也不相同，所以农业保险的实施从稳定农民收入的角度来说，在吉林省的作用效果比在江苏省更大。

（3）中等收入组农户对政策性农业保险稳定收入作用的评价最高。

根据农户收入的特征情况，在分析中将收入分为最低收入组、中等收入组、最高收入组三个组，其组别划分的标准分别为：10 000 元以下，10 001～30 000 元，30 000 元以上，不同组别占总户数的比重分别为14.2%、53.3%、32.5%。

在最低收入组中，有64.7%的农户认为农业保险对稳定收入的作用很小，是三组中认为有很小作用比重最高的一组，认为有一定作用的农户比重为29.4%，认为有很大作用的比重为5.9%，是三组中这一比重最小的一组，没有人认为农业保险根本没用。而中等收入组认为有一定作用的农户比例为32.8%，认为有很小作用的为48.4%，很大作用的为9.4%，是三组中这一比重最大的一组，还有9.4%的农户认为根本没用。最高收入组中，48.7%和30.8%的农户都集中在认为农业保险有很小作用和一定作用上，但仍然有12.8%的农户认为农业保险根本没有作用，是三组中这一比重最高的一组。通过以上分析可以看出，收入越低的农户越认为农业保险对稳定收入的作用较小，而中等收入农户对农业保险稳定收入作用的评价最高，高收入组农户可能因为兼业程度也较高，其收入来源对农业保险的依赖较小，所以这组农户中有12.8%认为农业保险根本没用。

（4）耕地规模越大的农户对政策性农业保险稳定收入作用的评价也越高。

根据样本农户耕地规模的大小，将样本总体分为大、中、小规模三个组别，耕地面积20亩以上的农户为大规模农户，占样本总量的29.1%，耕地面积在5～20亩之间的农户为中等规模农户，占样本总量的34.2%，耕地面积5亩及以下的农户为小规模农户，占样本总量的36.7%。

在小规模农户组中，68.2%的农户认为农业保险对稳定收入的作用很小，是三组中比重最大的一组，没有人认为农业保险对稳定收入的作用很大；中等规模农户组对于各种评价都比较平均，其中认为有很大作用、一定作用、很小作用、没有作用的比重分别为9.4%、32.8%、48.4%、9.4%；大规模农户组中认为有很大作用和一定作用的农户是三组中比重最大的一组，其比重分别为17.1%、42.9%，认为根本没有用的比重2.9%，是三组中最小的。由此可见，农户对于农业保险稳定收入作用的评价与耕地规模成正相关关系，耕地规模越大的农户越认为农业保险稳定收入的作用较大，规模越小的农户越觉得作用较小，这主要是因为耕地规模大的农户需要承担更大的农业生产风险，最直观的表现就是收入风险，而农业保险可以保证他们在受灾的情况下也能够有一定的收入来源。

（5）兼业程度越低的农户对政策性农业保险稳定收入作用的评价越高。

根据农业收入占农户总收入的比重，将样本农户划分为低兼业程度农户（农业总收入占家庭生产性总收入的95%以上）、中兼业程度农户（农业总收入占家庭生产性总收入的50%~95%)和高兼业程度农户(农业总收入占家庭生产性总收入的50%以下),其占样本总量的比重分别为15.8%、32.5%、51.7%。

从表6-1可以看出,在低兼业程度农户一组中,认为有一定作用的农户比重为63.2%,是三组中最高的,认为根本没有用的比重为5.3%,是三组中最低的;中等兼业程度的农户认为农业保险对稳定收入作用很大的比重为17.9%,是三组中比重最大的一组,认为根本没用的比重为10.3%,也是三组中比重最大的一组;高兼业程度的农户认为有很大作用的比重很小,仅为1.6%,是三组中最小的,认为有很小作用的农户比重为62.9%,是三组中这一评价比重最大的一组。由此可见,农户的兼业程度与对农业保险稳定收入作用的评价是成负相关关系的,农户的兼业程度越低,即农业收入占总收入的比重越大,其对农业保险稳定收入作用的评价越高;反之则越低。这主要是因为对低兼业程度农户而言,农业收入是主要来源,一旦遭受自然灾害家庭收入的波动很大,农业保险无疑对稳定家庭收入水平发挥了较大的作用;而兼业程度高的农户收入主要来源于农业以外,农业生产风险对于收入的影响较小,所以他们对农业保险稳定收入作用的评价较低。

(6)案例表明,农业保险减轻了灾后农民的收入损失。

农业保险在一定程度上稳定了农民的基本生活水平,保障了农民收入,改变了农民"一次受灾,即刻致贫"的状态。以黑龙江农垦区大西江农场为例,2004年9月,大西江农场3个生产队29户农民种植的1.7万亩粮食作物遭受特大雹灾,即将丰收的粮食转眼化为乌有,但由于参加了农业保险,共获得保险赔款96.6万元,既保证了农民偿还30多万元的生产借款,也解决了100多口人的生活资金问题[①]。

经济作物种植和畜牧养殖利润较高,但是其投入也相对较高,受灾后损失较大。比如,2004年吉林省梨树县生猪养殖业遭遇较大疫情,70%的养殖户亏本,特别是一些养殖大户损失惨重,生活水平由原本的小康变为负债状态。通过农业保险,就可以免除农户的后顾之忧,保障其稳步、持续增收。这在参加了吉林省安华农业保险公司开办的生猪养殖、烟叶、草莓种植保险的农户身上就有很好的证明。另一个保障农民收入的事例是黑龙江农垦区八五三农场一分场第九生产队,近几年人均收入达4 500元,2004年遭遇雹灾,造成直接经济损失近百万元;由于参加了农业保险,保险公司共支付赔款54.7万元,当年

---

① 孟春.中国农业保险试点模式研究[M].北京:中国财政经济出版社,2006:98-99.

生产队的人均收入仍达 4 000 元,既减轻了雹灾对于农户收入的不利影响,又提高了农户参加农业保险的积极性。

### 6.1.2 政策性农业保险对稳定农作物产量的作用

(1) 农业保险对稳定农作物产量的作用有限。

为考察农业保险对稳定农作物产量的作用,问卷中设计了"农业保险对稳定每年农作物的产量具有多大作用"这一问题,并给出"有很大作用、有一定作用、只有很小作用、根本没用"四个答案。在吉林和江苏两省120户样本农户中,有1.7%的农户认为农业保险对稳定农作物产量有很大的作用,33.3%的农户认为有一定的作用,41.7%的农户认为只有很小的作用,23.3%的农户认为根本没用。由此可以看出,超过三分之一的样本农户认为农业保险对于稳定农作物产量还是有一定作用的,这些农户大多参加过保险公司或村里的防灾防损和种植培训,对培训服务满意,并且从培训中学到了相关知识;以前曾经因遭受自然灾害而从农业保险中获益,目前参保品种种植面积较大;而认为农业保险根本没用的农户大多是没有采取过防灾防损措施,由于近几年遇到风险的可能性较小而从来没有够买过农业保险,或者是以前曾经买过但今年没有购买的农户。

表6-2 不同类型农户对农业保险对稳定农作物产量作用大小评价的选择比例　　　　　　　　　　　　　　单位:%

| 地区/农户类型 | | 很大作用 | 一定作用 | 很小作用 | 根本没用 |
| --- | --- | --- | --- | --- | --- |
| 样本总体 | | 1.7 | 33.3 | 41.7 | 23.3 |
| 地区 | 吉林 | 1.7 | 23.3 | 45.0 | 30.0 |
| | 江苏 | 1.7 | 43.3 | 38.3 | 16.7 |
| 农户收入 | 最低收入组 | 0 | 23.5 | 47.1 | 29.4 |
| | 中等收入组 | 1.6 | 29.7 | 42.2 | 26.6 |
| | 最高收入组 | 2.6 | 43.6 | 38.5 | 15.4 |
| 农户耕地规模 | 小规模农户 | 0 | 50.0 | 31.8 | 18.2 |
| | 中等规模农户 | 2.4 | 22.0 | 46.3 | 29.3 |
| | 大规模农户 | 2.9 | 25.7 | 48.6 | 22.9 |
| 农户兼业程度 | 低兼业程度农户 | 10.5 | 15.8 | 42.1 | 31.6 |
| | 中兼业程度农户 | 0 | 23.1 | 56.4 | 20.5 |
| | 高兼业程度农户 | 0 | 45.2 | 32.3 | 22.6 |

资料来源:根据笔者实地调研数据统计所得。

(2) 江苏省样本农户对农业保险稳定农作物产量作用的评价高于吉林省。

通过对吉林和江苏两省调查数据的分析可以看出，两个省份的农户对于农业保险稳定农作物产量的看法具有一定程度的差别，主要体现在认为有一定作用和只有很小作用的回答比例上。在认为"有一定作用"的农户中，江苏省的比重为43.3%，而吉林省为23.3%，比江苏省少了20个百分点；在回答"只有很小作用"的农户中，江苏省的农户比重为38.3%，而吉林省为45%，比江苏省又高出6.7个百分点；认为根本没用的农户比重吉林省也比江苏省高出13.3个百分点。由此可以看出，江苏省样本农户对于农业保险稳定农作物产量作用的评价比吉林省样本农户高，原因可能在于江苏省调研地区农作物是一年两熟制，受灾后保险赔款可能对下一轮作物的成本投入非常重要，所以对稳定农作物产量具有较大的作用；而吉林省农作物是一年一熟制，两次生产周期的间隔较长，即使当年受灾后农户也有相对充裕的时间去筹备下一年种植作物的投入成本，这使本来数量就有限的赔款变得不太重要，所以对稳定农作物产量的作用也相对大打折扣。

(3) 收入较高的农户对农业保险稳定农作物产量的评价也较高。

从表6-2中可以看出，最低收入组中没有人认为农业保险对稳定农作物产量的作用很大，而有29.4%的农户认为根本没用；中等收入组的评价居于最低收入组和最高收入组之间，有1.6%的农户认为有很大作用，29.7%的农户认为有一定作用，42.2%的农户认为有很小作用；在最高收入组中，2.6%的农户认为有很大作用，43.6%的农户认为有一定作用，这两项比重都是三组中最高的，认为根本没用的比重15.4%也是三组中最小的。这说明收入越低的农户越认为农业保险对稳定农作物产量的作用较小，而收入越高的农户则认为对农业保险对稳定农作物产量的作用较大，这与理论上对农业保险稳定农作物产量作用的评价与农户收入成正相关关系是一致的。

(4) 小耕地规模农户对农业保险稳定农作物产量作用的评价相对较高。

从表6-2中可以看出，认为农业保险对稳定农作物产量有很大作用的农户中，大规模组的比例最高，占2.9%，而小规模农户组为0%；小规模农户中有50%认为有一定作用，比中等规模组高出28个百分点，比大规模组高出24.3个百分点。综合来看，小规模农户对农业保险稳定农作物产量方面作用的评价相对较高，因为耕地规模较大的农户受灾后农作物产量的波动会很大，在现阶段较低的保障水平下，保险赔款难以对所有农作物的产量损失进行补偿，所以大规模农户认为农业保险稳定农作物产量的作用比较小；而耕地规模较小的农户种植农作物规模相对较小，受灾后产量波动也不会太大，只要得到一定的保险赔偿就相对能够较大程度地稳定农作物产量。

(5) 兼业程度较低的农户对农业保险稳定农作物产量作用的评价两极分化。

从表6-2中可以看出,在不同兼业程度组中,低兼业程度农户中认为农业保险对稳定农作物产量有很大作用的占10.5%,认为根本没用的占31.6%,这两项指标都是三组中最高的。可见兼业程度较低的农户对农业保险稳定农作物产量的作用最为敏感,褒贬不一。原因是低兼业户收入来源主要依靠农业生产,所以对农业保险稳定农作物产量的作用比较敏感,而中等和高兼业户收入来源广泛,对农业保险的依赖性不强。

(6) 案例表明,农业保险稳定了农业的再生产能力。

农业保险使农户摆脱了"一年受灾,三年难以翻身"的局面,稳定了农业的再生产能力。以黑龙江北安分局为例,2004年6月,北安分局11个农场120个生产队6 131户农民种植的62.2万亩大豆遭受到历史上罕见的冻灾,其中绝产面积高达42.7%。当时农时允许毁种和补种,但农民已无法再筹集到生产资金。由于参加了农业保险,阳光相互农业保险公司迅速支付赔款1 040万元,使受灾农作物及时得到毁种和补种,当年仍获得丰收,挽回生产资金损失8 300万元①。

### 6.1.3 政策性农业保险对增强农业抵御自然风险能力的作用

(1) 农业保险仅在一定程度上增强了农户的风险防御能力。

为了降低农业风险的发生概率和赔付率,保险公司一般会联系当地相关部门在承保地区开展一些防灾防损措施,以增强农业抵御自然风险的能力。农户反映调研地区采取过的防灾防损措施有:向农户提供参保作物良种、优质化肥等生产要素;对农户进行参保作物种植培训;向农户传授防灾防损的知识或技术;人工防雹、降雨;打井抗旱;喷洒预防病虫害的农药;注射防治动物疫病的疫苗;提前对农户进行灾害预警等。可见保险公司或有关部门平时还是积极进行防灾防损工作的,但工作力度和覆盖面可能仍有不足,因为防灾防损工作的开展至少是以一个村为单位进行的,即便是只针对参保农户提供防灾防损服务,一个村内所有的参保农户也应该对此知晓或接受过相关服务。但调查显示,样本农户中只有27.5%知道村里采取过相关措施,68.33%表示没有采取过防灾防损措施,4.17%对此表示不知道。另外一个可能的原因是多数农户对

---

① 孟春. 中国农业保险试点模式研究 [M]. 北京:中国财政经济出版社,2006:99.

平时的防灾防损工作并不关注和重视,甚至是由于"道德风险"的存在使其参保后更加疏于对风险的防范,从而导致不同农户之间产生信息不对称的现象。

为考察农业保险对增强农业抵御自然风险能力的作用,问卷中设计了"农业保险对增强农业抵御风险的能力具有多大作用"这一问题,并给出"有很大作用、有一定作用、只有很小作用、根本没用"四个答案选择。在吉林和江苏两省的120户样本农户中,有2.5%的农户认为农业保险对增强农业抵御自然风险能力有很大作用,32.5%的农户认为有一定作用,29.2%的农户认为只有很小的作用,35.8%的农户认为根本没用。可见样本农户对农业保险增强农业抵御自然风险能力作用的评价并不高,可能的原因是现阶段农业保险的能保范围有限,受灾后要获得赔偿的条件苛刻,况且自然灾害事先难以防御,农户作为单个主体抵御自然灾害风险的能力较差。

表6-3 不同类型农户对农业保险提高农户风险防御能力作用大小评价的选择

单位:%

| 地区/农户类型 | | 很大作用 | 一定作用 | 很小作用 | 根本没用 |
|---|---|---|---|---|---|
| 样本总体 | | 2.5 | 32.5 | 29.2 | 35.8 |
| 地区 | 吉林 | 0 | 18.3 | 16.7 | 65 |
| | 江苏 | 5 | 46.7 | 41.7 | 6.7 |
| 农户收入 | 最低收入组 | 0 | 29.4 | 35.3 | 35.3 |
| | 中等收入组 | 1.6 | 32.8 | 23.4 | 42.2 |
| | 最高收入组 | 5.1 | 33.3 | 35.9 | 25.6 |
| 农户耕地规模 | 小规模农户 | 4.5 | 50.0 | 38.6 | 6.8 |
| | 中等规模农户 | 2.4 | 22.0 | 26.8 | 48.8 |
| | 大规模农户 | 0 | 22.9 | 20.0 | 57.1 |
| 农户兼业程度 | 低兼业程度农户 | 0 | 10.5 | 21.1 | 68.4 |
| | 中兼业程度农户 | 0 | 28.2 | 20.5 | 51.3 |
| | 高兼业程度农户 | 4.8 | 41.9 | 37.1 | 16.1 |

资料来源:根据笔者实地调研数据统计所得。

(2)江苏省样本农户对农业保险增强风险防御能力作用的评价高于吉林省。

在调查的江苏和吉林省农户当中,江苏省仅有5%的农户认为农业保险对于增强风险防御能力有很大的作用,而吉林没有一个农户这样认为;认为有一定作用的农户在江苏省样本中占46.7%，而在吉林省仅占18.3%；认为只有很小作用的农户在江苏省样本中占41.7%，而在吉林占16.7%；吉林省有65.0%的农户认为农业保险对增强风险防御能力根本没用，而这一选择在江苏省只有6.7%。由此可见，江苏省样本农户对农业保险增强风险防御能力作用的评价高于吉林省样本农户，原因可能在于：吉林省农户种植面积较大，受灾后损失也相对较大，即便购买了保险也会对农业生产造成很大的影响，因此认为农业保险增强风险防御能力的作用较小；此外，这也跟不同调研地区平时采取防灾防损措施的情况和农户对这些措施的知晓程度与受益程度有关。

（3）最高收入组对农业保险增强风险防御能力作用的评价最高。

在最高收入组中，认为有很大作用的农户比重为5.1%，有一定作用的占33.3%，很小作用的占35.9%，都是三组中比重最高的，认为没有用的占25.6%，是三组中最低的。从对农业保险增强风险防御能力作用的评价来看，大部分农户都选择了有一定作用和很小作用，说明农户对于农业保险增强农业风险防御能力的作用还是认可的。但在中等收入组中，仍然有42.2%的农户认为根本没用，这也说明农业保险在增强农户风险防御能力方面还有很长的路需要走，需要对目前不合理的条款、赔偿方式等规定进行进一步修正。

（4）小规模农户对于农业保险增强风险防御能力的评价最高。

在小规模样本农户中，认为有很大作用的占4.5%，认为有一定作用的占50%，认为有很小作用的占38.6%，这三项都是三组中比例最高的，而认为没有用的只占6.8%，比中等规模组和大规模组分别低了42和50.3个百分点；中等规模户和高等规模户分别有48.8%和57.1%的农户认为根本没用。究其原因，可能在于大规模户大部分都是吉林省农户，这与吉林省65%的农户认为农业保险在增强风险防御能力方面根本没用是相一致的，也从另一个方面揭示了大规模农户很容易遭受巨灾风险，应该引起有关部门的重视和对保险条款的改进。

（5）高兼业程度的农户对于农业保险增强农业风险防御能力作用的评价较高。

在高兼业程度的样本农户中，认为有很大作用的占4.8%，其他两组均没有农户认为有很大作用，而对于认为有一定作用的农户，高兼业程度农户也比中等和低等兼业程度农户的比重高出13.7和31.4个百分点；低兼业程度农户是对农业保险增强风险防御能力作用评价最低的一组，其中认为根本没有用的农户所占比重为68.4%。究其原因，可能在于大部分高兼业程度农户都是江苏省农户，这与江苏省有5%的农户认为有很大作用相一致；这部分农户的文化程度一般较高，并且经常在外打工，对于新知识的接纳和运用能力比较强，所以对于农业保险在农业中的运用和风险防御作用的评价要高于低兼业程度者。

（6）案例表明，农业保险增强了农户的风险防御能力。

吉林省安华农业保险公司自开办农业保险业务以来，就非常重视平时的防灾防损工作。四平市生猪养殖保险在确定条款和费率时就充分考虑了防疫的环节，公司在每头猪的保费中提取3元钱，为承保农户免费提供8种疫苗、防治10种疫病。2005年，安华公司承保生猪的地区周边发生口蹄疫情，但注射了安华公司提供疫苗的生猪无一头感染。此举既使公司避免了可能出现的大额赔付，又提高了养殖户抵御疫病风险的能力，保障了农民的切身利益①。

### 6.1.4 政策性农业保险对环境的影响

从理论上来说，农业保险制度是通过刺激农户增加或减少化学要素施用而对生态环境产生负面或正面的影响。如果保险制度刺激农户施用更多的农用化学要素，从而引起生态环境的恶化，进而影响整个农业的进一步发展和增长，那么长期来看，对农业保险进行财政补贴所带来的结果将有悖于保险本身的政策目标。而从现实来看，农业保险制度的环境效果取决于既定的社会、经济与环境条件以及特定的农业保险条款下农户对农用化学要素的使用决策。

根据本项目研究小组对于江苏和吉林两个省份120户农户的调研，有93.3%的农户对于购买过农业保险的农作物，参保前后农用要素（化肥、农药、灌溉水、地膜、除草剂）使用量没有变化；仅有6.7%的农户农用要素使用量增加，具体情况为：1户灌溉水的增加，5户地膜使用量的增加，1户农药施用量的增加。由此可见，在吉林和江苏省调研地区，现阶段农业保险政策的实施几乎没有引起农户化学要素施用量的变化，因而农业保险对于生态环境也没有带来显著的影响。在其他试点地区农业保险对环境作用的研究方面，钟甫宁在《农业保险与农用化学品施用关系研究——对新疆玛纳斯河流域农户的经验分析》中，运用联立方程组对现行农业保险制度与农户农用化学要素施用行为之间的关系进行实证分析，得出在我国新疆地区现行"低保费、低理赔"的农作物保险制度下，除了增加残膜碎片在土壤中的积累以外，农业保险制度对环境并没有带来显著的负面影响：与目前平均施用水平相比，化肥使用量增加相对较少且在统计上并不显著，而农药的喷施却是显著地减少。这说明农业保险对于新疆地区的环境还是有微弱影响的，主要体现在地膜使用后

---

① 孟春. 中国农业保险试点模式研究［M］. 北京：中国财政经济出版社，2006：123.

的回收清理上。因而，应该鼓励新疆地区易回收农膜产品的开发与使用以及鼓励对残膜进行机械清理；将参与农业保险与保险补贴政策相联系，通过这种利益诱导机制，减少甚至消除农业保险制度下因农膜施用增加而引起的环境恶化问题[①]。

通过对以上三个试点地区的分析可以看出，不同试点地区的种植情况、气候条件等因素的不同，会致使农户使用各要素的行为不同，最终会导致农业保险政策对环境的影响也不同。但总体而言，在我国政策性农业保险的试点阶段，农业保险还未普及和被农户普遍接受的情况下，对环境并没有显著的负面影响。

## 6.2 对试点地区政策性农业保险实施效果的总体评价

### 6.2.1 不同类型农户对于农业保险实施的总体满意程度

为考察试点地区农户对于开展农业保险的总体满意度，问卷中设计了"您对农业保险的总体满意程度如何"这个问题，并给出"很满意、比较满意、不满意"三个选择答案。在吉林和江苏两省的120户样本农户中，有30.8%的农户对农业保险的开展很满意，有45%的农户感觉比较满意，24.2%的农户感觉不满意。由此可见，对农业保险开展情况持肯定态度的农户占到75.8%，说明政策性农业保险的开展还是得到了大多数农户的认可，只有小部分的农户不满意目前农业保险的现状。这些回答"不满意"的农户大多参加过农业保险并得到过保险公司的赔款，他们或是认为赔款的发放不及时、得到的赔款数额不合理，或是认为补偿的条件太过苛刻，这些赔款对家里恢复生产和挽回损失的作用不大等。

就地区差异性而言，吉林省农户对开展农业保险的满意度要高于江苏省，其很满意的比重为55%，比江苏高出48.3个百分点，而不满意的比重比江苏低了15个百分点。原因如下：大多数吉林省农户对于国家政策性农业保险这项支农惠农新政策的施行感到非常满意，纷纷表示农业保险的开展确实是为农户利益着想，在一定程度上满足了广大农户亟须分散农业生产风险的需求；至于较低的赔款额和具体运作中的问题，农户们认为是保险公司的问题，而不是

---

① 钟甫宁，宁满秀，邢鹂等．农业保险与农用化学品施用关系研究——对新疆玛纳斯河流域农户的经验分析 [J]．经济学（季刊），2006（10）．

农业保险政策本身的问题,所以仅从政策的实施上对农业保险的开展做出了较高的评价。江苏省部分农户表示不满意是因为在2007年对农业保险还不太了解的情况下,村里就以统一组织投保方式对农户实行了近似强制性投保,增加了农户的抵制情绪,产生了相反效果,使农户误认为是国家强行收取保费,因此感到不满。

就不同收入组的农户而言,中等收入组的农户对于农业保险的满意程度最高,其很满意的比重为32.8%,比低收入组和高收入组分别高了3.4和4.6个百分点,而不满意的比重比低收入组和高收入组分别低了9.1和7.9个百分点;最低收入组农户大多集中在比较满意的评价组中,其比重为41.2%;最高收入组的农户也大多集中在比较满意组中,其比重为43.6%。由此可见,绝大部分农户对农业保险实施的满意程度较高,中等收入组的评价最高。

就不同耕地规模的农户而言,大规模农户对于农业保险的满意度最高,其很满意的比重为54.3%,比小规模组和中等规模组分别高了45.2和20.1个百分点,其不满意的比重为11.4%,比小规模组和中等规模组少了9.1和27.6个百分点;而小规模农户组的评价大部分集中在比较满意一项,其比重为70.5%;中等规模组的评价大部分集中在不满意一项,其比重为39%;可见种植大户对于政策性农业保险的开展更为满意。

就不同兼业程度的农户而言,低兼业程度的农户对于农业保险的满意度最高,其很满意一项的农户比重为57.9%,比中等兼业户和高等兼业户的比重多了1.7和45个百分点,而其不满意的比重为10.5%,比中等兼业户和高等兼业户的比重少了17.7和15.3个百分点;中等兼业程度的农户也大多数集中于很满意的评价这一项,其所占农户的比重为46.2%;高兼业程度农户大部分集中于比较满意这一项;这说明农业保险对于单纯从事农业生产的农户来说具有更大的意义。

表 6-4　　　　不同类型农户对农业保险满意程度选择比例　　　　单位:%

| 地区/农户类型 | | 很满意 | 比较满意 | 不满意 |
|---|---|---|---|---|
| 样本总体 | | 30.8 | 45.0 | 24.2 |
| 地区 | 吉林 | 55.0 | 28.3 | 16.7 |
| | 江苏 | 6.7 | 61.7 | 31.6 |
| 农户收入 | 最低收入组 | 29.4 | 41.2 | 29.4 |
| | 中等收入组 | 32.8 | 46.9 | 20.3 |
| | 最高收入组 | 28.2 | 43.6 | 28.2 |

表6-4(续)

| 地区/农户类型 | | 很满意 | 比较满意 | 不满意 |
|---|---|---|---|---|
| 农户耕地规模 | 小规模农户 | 9.1 | 70.5 | 20.5 |
| | 中等规模农户 | 34.1 | 26.8 | 39.0 |
| | 大规模农户 | 54.3 | 34.3 | 11.4 |
| 农户兼业程度 | 低兼业程度农户 | 57.9 | 31.6 | 10.5 |
| | 中兼业程度农户 | 46.2 | 25.6 | 28.2 |
| | 高兼业程度农户 | 12.9 | 61.3 | 25.8 |

资料来源：根据笔者实地调研数据统计所得。

### 6.2.2 农业保险实施后的其他作用

通过以上几个方面的分析可以看出，我国政策性农业保险的实施对稳定农民收入、稳定农作物产量和提高农业抵御自然灾害风险的能力等方面都起到了一定的作用。除此之外，我国政策性农业保险的实施还具有以下几个方面的作用[①]：

(1) 农业保险推动了扶贫开发，减轻政府的救济压力。

同富裕地区相比较，贫困地区往往自然灾害更为严重、频繁，农民的生产积累薄弱，简单农业再生产都难以维持，根本谈不上扩大再生产。而有了农业保险的保障，农民就可以保证在受灾之年通过保险补偿收回大部分成本，从而不影响下一年的生产。同时，由于保险为参保农户提供的赔付标准一般高于政府救济的标准，使参保户能够得到恢复农业生产和正常生活的基本保障，不再单纯依靠政府和社会的救济，也使政府部门从繁杂的救济工作中解脱出来。如吉林省安华农业保险公司在延边州几个国家级贫困县开办的烟叶种植保险中，对扶贫开发的贡献十分突出。烟叶种植农户在每公顷300元的烟叶保费中只需缴纳50元，但是受灾后最高却能得到每公顷5 800元的赔偿，远远高于政府救济水平。试想一下，如果没有农业保险的保障，在2005年重灾之年，这部分农户就不仅是因灾致贫、返贫的问题了，而会变为贫上加贫。

(2) 农业保险促进了农村养老保险、医疗事业的发展，提高农民受保障水平。

我国现阶段农村土地保障功能和农户家庭养老基础不断削弱，使农民的养老问题日益突出；同时，先富裕起来的农户、独生子女家庭、在企业长期工作

---

① 孟春.中国农业保险试点模式研究 [M].北京：中国财政经济出版社，2006：117-119.

的农民工对养老保险的需求较大；在农村，因为支付高昂医疗费用而致贫、返贫的现象始终存在，农民对医疗保障的需求同样十分迫切；这些都是新农村建设中需要解决的重点问题。在农村社会保障体系还不健全的情况下，"三农"保险通过参与农村合作医疗保险和开办、代办农民养老保险，可以充分发挥保险公司在管理、产品、理赔方面的专业优势和服务优势，有效提高了农户的养老保险和医疗保障水平。

（3）农业保险助推了农村劳动力的就地转移。

随着农业保险在农村的开展，保险品种逐渐增多，保险市场会迅速发展，这会带动农业保险就业空间的增加，给农村劳动力的就地转移带来了广阔的前景。以黑龙江农垦区八五三农场为例，八五三农场现有保险从业人员38人，占全场职工人数的0.4%。如果保险业务能进一步扩展的话，从业人员可以达到70多人，将占全场职工人数的0.8%。

（4）农业保险促进了农业结构调整。

调整优化农业结构是新农村建设的重要内容，也是解决农业产业链条过短、产品附加值低、农民增收难问题的有效途径。农业保险制度的建立，在一定程度上解除了农民惧怕自然风险的后顾之忧，使他们敢于调整种植结构，扩大种植规模，提高科技含量，增加基础建设投入。农民是农业生产的主体，他们对种植结构的调整可以促进整个农业结构的调整。

（5）农业保险推动了农业产业化经营，促进农业可持续发展。

农业产业化经营对农业经济发展起到了极大的促进作用，农业保险通过对订单农户提供保险服务，可以保障产业化生产基地的可持续发展，延伸和稳定产业化链条。由于参加农业保险，农业产业化龙头企业在扩大再生产、出口等方面上得到了有效的保障。如吉林省肉鸡养殖保险主要是基于德大公司"公司+农户"产业化贴补农民模式的完善，安华农业保险公司通过对订单农户提供保险服务，保障了德大公司的可持续发展，同时德大公司也积极带动农户参保，在这一过程中，保险公司和德大公司的产业化经营是双赢的过程。

（6）农业保险加快了农村新型合作经济组织的发展壮大。

发展农村新型合作经济组织，提高农民的组织化程度，是解决传统农业小生产、小流通、小资本与大市场矛盾的根本出路。而由合作组织和保险公司共同开展业务，共同进行防灾防损、协助查勘现场、协助对农民进行理赔，将直接减少开办业务的成本，使对农民的服务更直接、更高效。在调研的吉林和江苏两个省份中，保险公司都是通过服务现有农村合作经济组织，以其作为开展农业保险的平台，赋予其保险组织和服务功能。这样既降低了组织成员的生产风险，促进其生产规模的扩大，同时也延伸、强化、完善了合作组织的功能。

(7) 农业保险可以加快农村金融体系建设，防范农村金融风险。

农民贷款难的问题一直是困扰农业经济发展的难题。一方面，农村大量资金闲置或大量流入城市，另一方面，农民想要发展再生产却苦于借贷无门。主要原因在于金融机构在权衡农业生产的风险后，为了信贷资金的安全而不敢贸然进入。农民参加农业保险后，一方面增强了抵御自然灾害风险的能力，敢于借贷扩大再生产；另一方面，由于农民还贷能力得到提高，也保证了农业贷款的信贷资产安全。

## 6.3 本章小结

通过以上分析可以得出，在调研样本总体中，不同地区、收入水平、耕地规模和兼业程度特征的农户对我国实施政策性农业保险的各项评价具有较大的差异。总体而言，我国政策性农业保险的实施对稳定农户收入、减少农业灾害损失、稳定农作物产量、保证农业再生产能力等方面都起到了一定的作用，同时对环境也没有负面影响。此外，政策性农业保险的实施对推动扶贫开发、促进农村养老保险和医疗事业的发展、助推农业劳动力的就地转移、促进农业结构调整、推动农业产业化经营、加快农村新型合作经济组织发展壮大、加快农村金融体系建设等方面也起到一定的积极作用。然而，由于我国政策性农业保险开展时间不长，仍然处于试点与探索阶段，因此对各方面的作用只有在局部地区比较显著，还未能达到明显的长效作用与广泛的认可。特别是通过对两省的实地调研，笔者发现仍有相当一部分农户对开展农业保险的效果评价不高，从而参保积极性受到一定影响。因此，对实施政策性农业保险的不足之处进行深入的分析，寻求解决途径，是真正发挥农业保险各项作用、达到政策实施目的的关键所在。

# 7 BSC 框架下农业保险保费补贴资金绩效评价体系的构建

在政府的有力支持下，我国政策性农业保险的试点范围不断扩大，中央财政对农业保险保费补贴力度也越来越强。自 2007 年中央财政农业保险保费补贴政策正式实施以来，截至 2013 年末，中央财政累计投入农业保险保费补贴资金达 487.88 亿元；各级财政对主要农作物的保费补贴合计占应收保费的比例高达 80%。2014 年，国家进一步提高了中央、省级财政对主要粮食作物保险的保费补贴比例。那么，几年来农业保险保费补贴政策实施的效果如何？补贴资金的利用效率和资金撬动效应有多少？在政策执行过程中还存在什么问题？该补贴政策能否持续稳定地长期发展下去？对这些问题的正确回答，对于进一步完善我国农业保险保费补贴政策、健全政策性农业保险制度具有非常重要的意义。

## 7.1 问题的提出

从前文的文献综述部分可以得出，目前国内对农业保险保费补贴资金绩效评价的研究与实践刚刚起步。尽管各地正在积极开展农业保险保费补贴资金绩效评价的研究与实践工作，并建立起一些细化的绩效评价体系，但总体来讲仍处于起步和试点阶段，评价人员的思想认识还未统一，全过程的绩效观念不十分牢固，评价的广度和深度还不够，全面有效的绩效评价体系尚未建立。目前制定出的绩效评价体系主要是针对地方性绩效评价工作的指导性文件，覆盖面偏小，各地工作进展不平衡，绩效评价结果的应用也有待加强。

随着可持续发展与环境保护意识的普及和深入，政府财政支出项目绩效评价正在由单一的财务评价向包括财务、经济、技术、环境、社会和可持续发展等多方面的绩效评价转变，不断增加评价内容和对象、评价指标、评价标准和评价方法都需要考虑项目的可持续性，以及项目实施与发展过程中的经济资本、自然资本、人力资本社会资本等多方面的可持续协调发展[①]。而作为财政支出项目的农业保险保费补贴资金，其绩效评价也必将是一个多层次、多目标、多指标、多因素构成的复杂系统工程，涉及财政、经济、社会、环境等诸多领域，需要不断地吸收其他理论的优秀研究成果，以充实、发展和完善自身的方法论以及应用实践。因此，本书正是借鉴了平衡计分卡这种战略管理业绩评价工具，探讨了在平衡计分卡框架下农业保险保费补贴资金绩效评价指标的设计与体系构建问题。

## 7.2 平衡计分卡原理及其优势

随着人类社会由工业经济向知识经济的转变，20世纪90年代开始出现了战略管理业绩评价模式，其基本特征是引入非财务指标，并将评价指标与战略目标联系在一起。其中，平衡计分卡（The Balanced Score Card）是这一模式中最具有广泛影响力的典型代表。平衡计分卡简称 BSC，是美国著名学者罗伯特·卡普兰和复兴方案国际咨询企业总裁戴维·诺顿于1922年提出的战略管理业绩评价工具。BSC 的基本思想是将包括企业内部条件和外部环境、表面现象和深层实质、短期成果和长远发展等在内的影响企业运营的各种因素划分为几个主要的方面，即财务、客户、内部业务流程和学习与成长四个维度，并针对这四个纬度设计出相应的评价指标，以便系统、全面、迅速地反映企业的整体运营状况，为企业的平衡管理和战略实现服务。因此，BSC 是以企业战略为导向，以管理为核心，以各个方面相互影响、相互渗透为原则，从而建立起来的网络式业绩评价系统。

与传统的业绩评价和战略分析模式相比，BSC 具有以下优势与创新之处[②]：

第一，BSC 将目标与战略做了更加具体的划分，加强了内部沟通。BSC 理

---

① 环境保护部环境保护对外合作中心环境金融咨询服务中心. 绩效评价国际经验与实践研究[M]. 北京：中国环境出版社，2014：120.

② 本部分主要参考：殷俊明，王平心，等. 平衡计分卡研究述评[J]. 财务与会计，2005（2）：44-49.

论将组织战略及远景目标通过分解转化到各事业部等下属各层组织中，并有效地将组织战略转化为组织各层的绩效指标和具体行动，有助于各级员工对组织目标和战略的沟通与理解，使整个组织的行动趋于一致。

第二，BSC 强调了指标之间的因果关系。BSC 的四个维度由因果关系链联系在一起，这条因果关系链贯穿了平衡记分卡的所有维度，而在每个维度内部的各级指标之间也都存在着一条这种因果链。因此，作为绩效指标选择的一项基本原则，表现在 BSC 各个方面的因果关系链被视作是该方法的理论核心和最具创新性的因子，同时也是 BSC 区别于其他业绩评价方法的理论精髓。

第三，BSC 注重各种利益关系之间的平衡。BSC 通过财务、客户、内部业务流程、学习与成长等四个纬度中包含的多种指标来揭示企业业绩产生的动因，是以公司战略为中心，同时兼顾股东、客户和员工等各利益相关主体的利益，维持了企业内部和外部利益的平衡，协调了短期利益的实现与长期发展能力的培养。这种基于利益相关者角度设计的业绩评价系统能够克服传统的股东价值观业绩评价系统的狭隘性。

第四，BSC 指标选择的多元化。BSC 在指标的选择上坚持将战略与战术指标、长期和短期指标、财务和非财务指标、滞后和先行指标，以及外部和内部指标相协调的观点，把企业的战略和实施目标同一整套财务和非财务性评估手段联系在一起。特别是 BSC 兼顾非财务业绩计量，增强了过程控制和结果考核的联系。BSC 通过四个方面来研究企业战略和业绩评价，与主要关注财务方面的传统业绩评价系统相比，为组织提供了更为平衡的视点。

## 7.3 农业保险保费补贴资金绩效评价的 BSC 法适用性分析[①]

对关系国计民生的重要政府运作基金开展绩效评价，需要同时关注发展和稳定、公平和效率、短期政绩和长远目标、资金的经济效益和所承担的社会责任等多个方面。而农业保险保费补贴资金正是属于该类资金的范畴，因此对其开展绩效评价必然是一个充分体现多因素平衡的综合评价过程。平衡计分卡的特点决定了它在农业保险保费补贴资金的绩效评价上也具有适用性，具体分析

---

① 本部分主要参考：彭磊. 基于平衡计分卡下的财政扶贫资金绩效审计评价指标体系的构建研究 [J]. 中国证券期货, 2012 (7): 168-169.

如下：

### 7.3.1　BSC 强调了各种关系之间的均衡性

BSC 强调组织内部具有一系列的因果关系，在评价组织业绩时，要关注各利益主体的利益、内外部利益、长短期利益之间的均衡。农业保险保费补贴资金绩效评价属于政府业绩评价和财政支出业绩评价的范畴，而 BSC 中所强调的"平衡"在此正是代表了政府及其财政支出业绩评价所强调的和谐、可持续发展的理念，它反映了政府公平与效率、发展与稳定、短期政绩与长期业绩等之间的平衡。

### 7.3.2　BSC 丰富了评价指标的非财务性和可操作性

财务指标具有滞后性、片面性、短期性等缺陷，因此偏重于单一财务指标的传统绩效评价方法不能全面正确地反映农业保险保费补贴资金的绩效内容和各层面之间的因果关系。此外，农业保险保费补贴资金具有公益性，有些绩效难以用财务数据来衡量，因为其带来的社会效益远大于财务效益，如果仅以财务指标作为政策性农业保险实施成功与否的评价标准，只会使基层人员一味追求经济效益，违背了其设立的初衷。并且由于投资时间和运行周期较长，某些效益的发挥也具有明显的滞后性，需要站在长远发展的角度才能正确衡量。而 BSC 有效弥补了这一缺陷，在吸收原有传统绩效评价方法优点的基础上，增加了客户、内部业务流程、学习与成长等非财务指标，在把发展置于中心地位的前提下，从组织愿景和战略出发，将实施政策性农业保险的长期战略目标与绩效影响因素相结合，并通过因果关系链将长期战略目标层层分解为更具有可操作性的短期目标[1]，通过四个维度下的指标进行全方面考量，在财务与非财务指标、长期与短期指标的平衡中达到了既重视短期绩效又培养其可持续发展能力的目的。

### 7.3.3　BSC 实现了定性分析和定量分析两种方法的有机结合

在政府及其财政支出业绩评价工作中，定性分析与定量分析的综合运用是最常用和最有效的方法之一。开展农业保险保费补贴资金绩效评价的关键和难点是设定恰当的评价标准和评价指标，从而构建一个全面有效的绩效评价指标

---

[1] 蒋瑜超，周娜，等. 基于平衡计分卡理论的农业科技专项资金绩效评价方法初探 [J]. 江苏农业科学，2013 (9): 401-402.

体系。从具体技术层面上看，BSC恰好能显示出其在评价农业保险保费补贴资金绩效时的优势：以定量分析为主，定性分析为辅；定量分析建立在政策性农业保险相关财务数据的采集分析基础之上，而定性分析通过对实施政策性农业保险的全面、综合因素分析，结合以往经验和相关专家的意见做出主观评判，与定量分析共同评价补贴资金的效果，以更加全面、合理、准确地反映保费补贴资金的实际绩效。

## 7.4 对 BSC 指标体系的修正[①]

BSC只是一个业绩评价和管理控制的基本框架，并不是一个完整的系统。因此，不同使用主体应该依据这个基本框架，结合组织自身所追求的战略目标来具体实施。对于农业保险保费补贴资金而言，是由政府进行管理和使用的，因此在设计和应用平衡计分卡时必须充分考虑公共部门与企业的差异，不能照抄照搬，应根据政府组织的特点进行修订和调整。

### 7.4.1 使命、愿景与战略

这些因素是组织各项工作的基本依据，决定了平衡计分卡目标设计的方向。与企业所不同的是，政府的战略选择在平衡计分卡中体现为战略主题的形式，代表了其在一定时期内所面临的重要挑战或亟须解决的关键问题。政府在确定使命、愿景和战略时，需要兼顾组织管理和社会发展两方面的需求。具体到农业保险保费补贴政策上，政府的使命与愿景是调动农户参保积极性，促使农户用现代风险管理方法管理农业（创新政府救灾方式）、提高财政资金使用效益；而农业的健康可持续发展正是国家宏观战略的基础之一，因此从宏观上来讲，政府用农业保险保费补贴启动农业保险市场是国家宏观战略的组成部分，也是政府维持国家稳定与和谐发展的重要政策工具。

### 7.4.2 财务层面

财务指标历来是绩效评价系统中必不可少的公认指标，自然也是BSC的一个重要维度。企业的营利性特征决定了财务层面处于四个层面中最重要的位

---

[①] 本部分主要参考：邱思琴．平衡计分卡在财政支农资金绩效审计中的运用 [J]．现代商业，201×：87-88．

置。而与企业不同，政府的职责是为公众提供服务，所以政府首要考虑的不是如何增加收益，而是优化资源配置、控制节约成本、提高投入效率、提高公共产品质量和公共服务水平等问题。由于农业保险保费补贴的公益性质及其特殊性，保费补贴资金的财务绩效评价指标应该从实施补贴政策的经济性、效果性和效率性等方面综合进行测评。

### 7.4.3 客户层面

在平衡计分卡的基本模式中，客户是实现企业财务目标永不枯竭的源泉，保持老客户和赢得新客户是企业价值创造和战略目标实现的重要保证。但对客户需求的满足终归是为了保证企业自身利益的实现，因此财务层面是企业最重要的评价维度。而政府追求的是公共利益最大化，因此客户的诉求才是其最应关注的内容，应该处于四个层面中最重要的位置，这也是与企业的差异所在。就农业保险保费补贴而言，它的最终目的是解决"三农"问题，农民才是其最大的客户，是农险保费补贴资金绩效评价最直接的反映。

### 7.4.4 内部业务流程层面

企业为了提高客户满意度、追求股东价值和实现自身财务业绩，各部门需要不断完善内部控制和业务流程，提高管理效率。而作为政府来讲，主要应关注各部门行为的合规性、办事和服务的效率、部门间沟通和协调的能力等。具体到农业保险保费补贴资金而言，则表现在项目决策、资金管理、组织实施等方面。

### 7.4.5 学习与成长层面

针对组织的长远发展，企业往往关注于如何做大做强企业，实现企业收益最大化，培养其可持续性发展能力。而政府更关注于社会经济的发展、建设公共服务型政府及构建和谐社会。针对农业保险保费补贴的投入来讲，则表现在农业保险及其补贴政策是否能实现长远、持续的发展，政策参与的各方是否有动力、有能力共同推动该制度的良好运行。

## 7.5 BSC框架下农业保险保费补贴资金绩效评价指标的具体设计

作为一个完整的绩效评价管理体系，应包括绩效评价的内容规范、组织安排、技术体系、制度框架四个方面,其中内容规范是绩效评价的基础需求,组织安排和制度机制是评价顺利实施的保障,技术体系是获取评价结果的关键[①]。在此,本书主要从技术体系角度来进行指标的设计。

农业保险保费补贴资金绩效评价是指对保费补贴资金的使用管理过程及其效果进行的综合性考核与评价。基于平衡计分卡的绩效评价原理,正是从经济效益的持续性、社会效益的持续性、组织管理和未来发展的持续性等多个层次来评价的,并在此基础上进一步进行改善。结合 2013 年 4 月 21 日财政部发布的《预算绩效评价共性指标框架》和农业保险保费补贴资金绩效评价的特点,本书设计了如下四个层面的维度:经济绩效、社会绩效、组织管理绩效和发展潜能。四个类别分别和平衡计分卡的财务维度、客户维度、内部业务流程维度和学习与成长维度相互结合,如图 7-1 所示。经济绩效和财务绩效相结合,都从财务成果即成本效益方面来评价;社会绩效和客户绩效相结合,都从社会公众(即客户)层面来评价;组织管理绩效和内部业务流程绩效相结合,都从内部管理和业务流程方面来评价;发展潜能和学习与成长绩效相结合,都从可持续发展方面来评价[②]。农业保险保费补贴资金绩效评价体系中包含的具体指标与相应的评价方法如表 7-1 所示。

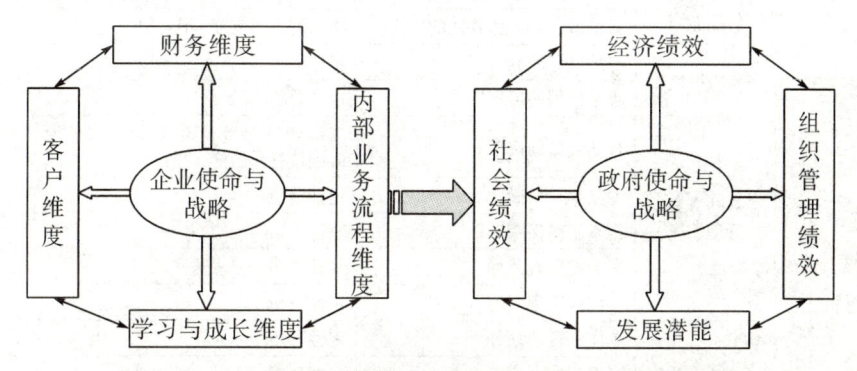

图 7-1 基于 BSC 的农业保险保费补贴资金绩效评价体系框架

---

[①] 环境保护部环境保护对外合作中心环境金融咨询服务中心. 绩效评价国际经验与实践研究[M]. 北京:中国环境出版社,2014:99.

[②] 彭磊. 基于平衡计分卡下的财政扶贫资金绩效审计评价指标体系的构建研究[J]. 中国证券期货,2012(7):168-169.

表 7-1　　农业保险保费补贴资金绩效评价体系明细表

| 一级指标 | 二级指标 | 三级指标 | 评价方法 |
|---|---|---|---|
| 经济绩效 | 经济性 | 保险保障水平 | 各补贴品种保险金额之和/各补贴品种直接物化成本之和 |
| | | 灾害损失平均补偿率 | 保险赔款金额/灾后直接物化成本损失 |
| | | 农业生产风险防御水平 | 农业保险保障金额/第一产业GDP |
| | 效果性 | 单位投入补贴品种单产增量 | （本年度各补贴品种单产之和-上年度各补贴品种单产之和）/费补贴总投入 |
| | | 单位投入补贴品种规模增量 | （本年度各补贴品种播种面积或养殖数量之和-上年度各补贴品种播种面积或养殖数量之和）/保费补贴总投入 |
| | | 单位投入农户人均收入增量 | （本年度农户人均收入-上年度农户人均收入）/保费补贴总投入 |
| | | 单位投入涉农信贷投放额增量 | 政策实施前后试点地区年均涉农信贷额增量/保费补贴总投入 |
| | 效率性 | 资金放大倍数 | 农业保险保障金额/各级财政保费补贴总投入 |
| 社会绩效 | 农户参保意愿 | 农户受保障程度 | 参保农户数/农户总数 |
| | | 农户自主参保率 | 实际参保率×参保农户中的自愿参加率 |
| | 农户满意度 | 参保农户对政策实施的满意率 | 满意农户数/调查总农户数 |
| | 农户的保费负担能力 | 农户承担的保费比例 | 根据试点地区政策的规定 |
| | | 保费占农户家庭收入的比重 | 年人均自缴保费/年人均收入 |
| 组织管理绩效 | 项目决策情况 | 补贴目标的制定 | 定性分析 |
| | | 决策依据的可靠性 | 定性分析 |
| | 补贴资金管理情况 | 补贴资金到位率 | 实际到位保费补贴资金/按照承保计划应到位补贴资金 |
| | | 专款专户情况 | 定性分析 |
| | | 规章制度保障 | 定性分析 |
| | | 资金使用规范性 | 定性分析 |
| | | 会计核算规范性 | 定性分析 |
| | 组织实施情况 | 工作职责的划分 | 定性分析 |
| | | 各部门的合作 | 定性分析 |
| | | 基层服务网络建设 | 已建农业保险服务站点个数/文件要求应建服务站点个数 |
| | | 展业承保的规范性 | 定性分析 |
| | | 查勘定损的及时性 | 出险后所有案件的查勘定损平均完成天数 |
| | | 理赔兑现的及时性 | 已结案理赔金额/已报案金额 |

表7-1(续)

| 一级指标 | 二级指标 | 三级指标 | 评价方法 |
| --- | --- | --- | --- |
| 发展潜能 | 政策本身的成长性 | 保险覆盖成长率 | (本年度农业保险覆盖率-上年度农业保险覆盖率)/上年度农业保险覆盖率 |
| | | 农业保险产品创新增长率 | (本年度农险产品数量-上一年度农险产品数量)/上年度的农险产品数量 |
| | | 单位投入巨灾风险准备金提取额 | 本年度巨灾风险准备金提取额/保费补贴总投入 |
| | | 灾前预防资金的比重 | 灾前预防资金/总保费收入 |
| | 政策参与方的积极性 | 农户自主需求增长率 | (本年度的自主参保率-上年度的自主参保率)/上年度的自主参保率 |
| | | 保险综合赔付率 | 农业保险总赔付支出/总保费收入 |
| | | 巨灾封顶赔付率 | 根据试点地区政策的规定 |
| | | 地方政府财政补贴比例 | 根据试点地区政策的规定 |
| | 政策运行的制度保障 | 宣传推广体系建设 | 定性分析 |
| | | 基层保险机构建设 | 基层保险机构的数量 |
| | | 专业保险人才培养 | 保险人员每年进行专业培训的次数 |
| | | 农业保险基层监管机制建设 | 定性分析 |
| | | 绩效评价结果的反馈 | 定性分析 |
| | 对环境的影响 | 单位投入农用化学要素增量 | 政策实施前后农用化学要素使用量增量/保费补贴总投入额 |

### 7.5.1 经济绩效

经济绩效衡量的是保费补贴资金对经济发展所带来的直接或间接的影响，主要考察资金使用的经济性、效果性及效率性3个二级指标，并设置保险保障水平、灾害损失平均补偿率、农业生产风险防御水平、单位投入补贴品种单产增量、单位投入补贴品种规模增量、单位投入农户人均收入增量、单位投入涉农信贷投放额增量、资金放大倍数8个三级指标来进行评价。

#### 7.5.1.1 经济性

(1) 保险保障水平：保险保障水平在一定程度上反映了农户享受到的政策性农业保险的相对保障程度，用各补贴品种保险金额之和与各补贴品种直接物化成本投入额之比来表示。

(2) 灾害损失平均补偿率：即农业保险减少灾害损失的程度，该指标用农业保险赔款和灾后直接物化成本损失之比来表示，反映受灾地区农户直接物化成本损失的实际补偿情况。

(3) 农业生产风险防御水平：该指标用来衡量农业保险及其补贴政策对整体农业生产风险的保障作用。该指标越高，说明农业生产风险的防御能力越强,用农业保险保障金额占第一产业 GDP 的比重来表示。

#### 7.5.1.2 效果性

(1) 单位投入补贴品种单产增量:该指标衡量的是农业保险及其补贴政策稳定和提高参保品种产量、保障农业再生产能力的作用,可区分种养两业分别用试点地区本年度比上年度各补贴品种单产增量之和与各级财政保费补贴总投入之比来表示。

(2) 单位投入补贴品种规模增量:专业化、大规模的生产方式是现代农业的重要特征,但专业化程度越高、生产规模越大,农业风险也会相应集中,而农业保险及其补贴政策可以降低或化解农户进行专业化生产的后顾之忧。该指标衡量的是政策实施是否促进了农业产业结构的调整、提高了生产专业化程度,可区分种养两业分别用试点地区本年度比上年度各补贴品种播种面积(养殖数量)增量之和与各级财政保费补贴总投入之比来表示。

(3) 单位投入农户人均收入增量:收入是农户生活资金的主要来源,是维持农户基本生活水平的根本所在。该指标衡量的是农业保险及其补贴政策对稳定和提高农户收入的作用,用试点地区农户本年度比上年度人均收入增量与各级财政保费补贴总投入之比来表示。

(4) 单位投入涉农信贷投放额增量:导致农户贷款难的一个重要原因在于金融机构在权衡农业生产的风险后,为了信贷资金的安全而不敢贸然进入;而农业保险一方面增强了农户抵御自然灾害风险的能力,使其敢于借贷扩大再生产;另一方面提高了农户的还贷能力,保证了农业贷款的信贷资产安全。该指标衡量的是农业保险及其补贴政策对涉农信贷投放的影响,用政策实施前后试点地区年均涉农信贷额增量与各级财政保费补贴总投入之比来表示。

#### 7.5.1.3 效率性

资金放大倍数:该指标衡量了财政资金的放大效应或撬动效应,即每单位财政补贴可以化解的农业风险金额,用农业保险保障金额与各级财政保费补贴投入总额之比来表示。

### 7.5.2 社会绩效

社会绩效衡量的是保费补贴资金对社会发展所带来的直接或间接影响。由于农业保险带来了组合的经济效益与社会效益,即在带动经济发展的同时也有利于社会的和谐稳定,因此很难将经济绩效和社会绩效严格进行区分。基于该点考虑,在 BSC 框架下的农业保险保费补贴资金绩效评价体系当中,社会绩效层面主要从社会公众的角度来评价;而在农业保险保费补贴政策中,农户是其最大的客户，也是农险保费补贴资金最直接的受益者和绩效评价最直接的反映，故在此重点考察农户参保意愿、农户满意度和农户的保费负担能力3个二级指标，并设置农户受保障程度、自主参保率、参保农户对政策实施的满意率、农户承担保费比例和保费占农户家庭收入比重等5个三级指标来进行评价。

#### 7.5.2.1 农户参保意愿

（1）农户受保障程度：该指标在一定程度上反映了受益农户的范围，用参保农户数占农户总数的比重来表示。

（2）农户自主参保率：自主参保率与实际参保率不同，实际参保率是指已参保农户数与应参保农户总数的比率，而自主参保率是在无行政干预下，农户自愿参保标的人数与应参保标的人数的比率。如前文所述，由于政策性农业保险开办初期，保险宣传还不充分，农户的保险意识还比较弱，因此行政干预下的参保成分比较严重，实际参保人数中有一部分人是非自愿参保的，实际参保率与自主参保率有一定差距。因此，可以分别统计实际参保率和参保农户中的自愿参加率，以两者的乘积来表示自主参保率①。

#### 7.5.2.2 农户满意度

参保农户对政策实施的满意率：该指标衡量的是参保农户对补贴政策实施的满意程度，可通过随机抽取一定数量的参保农户，调查其对农业保险补贴政策的实施是否满意，然后用满意人数占调查总人数的比重进行计算。

#### 7.5.2.3 农户的保费负担能力

（1）农户承担的保费比例：该指标是从政府补贴和农户自缴保费的比例分配情况来衡量农户整体保费负担程度的，农户承担的保费比重越高，其经济负担相对就越大。

（2）保费在家庭收入中的负担比例：该指标衡量了农户个体对保费的负担程度，用试点地区农户年人均自缴保费与年人均可支配收入之比来表示。

### 7.5.3 组织管理绩效

农业保险保费补贴作为重要的政府运作资金，对其进行绩效评价应重点关注项目的决策、资金使用和管理、组织实施等情况，因此该层面可分为以下3

---

① 张旭升. 政策性农业保险试点绩效评估与实证研究——以湖南省为例 [J]. 安徽农业科学，2013，41（18）：7992-7995.

个二级指标和 13 个三级指标①。

#### 7.5.3.1 项目决策情况

（1）补贴目标的制定：该指标定性判断试点地区政府是否制定了本年度农业保险工作的目标，目标是否明确、细化和量化。

（2）决策依据的可靠性：该指标定性判断项目决策是否贯彻了"政府引导、市场运作、自主自愿、协同推进"原则和工作要求，是否结合了当地的实际情况。

#### 7.5.3.2 补贴资金管理情况

（1）补贴资金到位率：按照政策要求，中央、省、市、县级财政都要对政策性农业保险实施保费补贴。该指标是指各级财政应承担的保费补贴资金是否按照相关文件规定足额到位，可以反映出各级政府对政策性农业保险的重视程度与组织管理情况，用实际已到位保费补贴资金占按照承保计划应到位补贴资金的比重来衡量。

（2）专款专户情况：该指标定性判断试点地区各级财政应承担保费补贴资金是否列入年初预算，并按要求及时划转市财政中央特设专户。

（3）规章制度保障：该指标定性判断试点地区各级政府是否制定了完善的农业保险保费补贴管理办法和相关规章制度。

（4）资金使用规范性：该指标定性判断试点地区各级政府是否建立了保费补贴备查账，及时反映补贴资金收支余情况；补贴资金的申请、审核、使用环节是否符合相关资金管理办法规定；是否存在截留、挤占、挪用保费补贴等违规违纪现象。

（5）会计核算规范性：该指标定性判断保险经办机构财务制度是否健全、收支是否规范；会计核算是否符合相关文件规定，做到专户储存、单独建账、分险种核算。

#### 7.5.3.3 组织实施情况

（1）工作职责的划分：该指标定性判断试点地区地方政府与保险经办机构职责分工是否明确、履职是否基本到位。

（2）各部门的合作：该指标定性判断各相关部门之间的合作是否融洽，有无发生推诿扯皮等严重影响农业保险工作的事件。

（3）基层服务网络建设：该指标是指保险经办机构是否按照相关文件要

---

① 本部分参考了安徽省《关于印发 2012 年度农业保险保费补贴绩效评价方案的通知》中的指标体系。

求，在经办地区建立了基层农业保险服务体系。可用经办地区基层农业保险站点覆盖率来衡量，即已建农业保险服务站点个数与相关文件要求应建农业保险服务站点个数之比。

（4）展业承保的规范性：该指标定性判断保险经办机构的展业承保是否规范，有无执行"见费出单"和投保公示制度，是否做到了先收费、后出单，投保情况是否在行政村张榜公示。

（5）查勘定损的及时性：该指标是指养出险后保险经办机构有无及时查勘定损，可用出险后所有案件的查勘定损平均完成天数来衡量。

（6）理赔兑现的及时性：该指标是指保险经办机构是否及时足额理赔，可用在规定时间内保险机构理赔结案率来衡量，即已结案理赔金额与已报案金额之比。

### 7.5.4 发展潜能

发展潜能是指农业保险保费补贴政策后续运行及成效发挥的可持续性，包括政策本身的成长性、政策参与各方的积极性、政策运行的制度保障、对环境的影响4个二级指标和14个三级指标。

#### 7.5.4.1 政策本身的成长性

（1）保险覆盖成长率：该指标可直观反映出农业保险政策本身的成长性，用（本年度保险覆盖率-上年度保险覆盖率）/上年度保险覆盖率来计算。

（2）农业保险产品创新增长率：如果农业保险产品单一，则无法满足农户需求；而农户对不同农险产品的需求反过来也促进了相关产品的创新。只有农户有需求，保险机构才会有动力进行创新。因此，通过农业保险产品创新增长率，可在一定程度上反映出政策运行的可持续性，可用（本年度农险产品数量-上年度农险产品数量）/上年度农险产品数量来计算。

（3）单位投入巨灾风险准备金提取额：按财政部保费补贴管理办法规定，保险经办机构应按补贴险种当年保费收入25%的比例计提巨灾风险准备金，逐年滚存，逐步建立应付巨灾风险的长效机制，其功能设计是放大了财政补贴资金的调控作用，在保证及时性的基础上兼顾了长远性。该指标衡量了每单位财政补贴可以积累的巨灾风险准备金额，用本年度巨灾风险准备金提取额与各级财政保费补贴总投入之比来计算。

（4）灾前预防资金的比重：农业保险的保费不只是简单用来进行灾后赔偿。与灾后补偿相比，灾前预防更加重要。为了降低农业风险的发生概率和赔付率，保险公司一般会联系当地相关部门在承保地区开展一些防灾防损措施，以增强农业灾前的抵御风险能力，如购置抗灾设备（灾前预防性的打井、喷药、病虫害防治、动物疫病防控、人工降雨、驱云等）、进行灾前培训、灾害预警等。该指标衡量保险公司或有关部门平时是否积极进行了防灾防损工作和相关服务，用试点地区灾前预防资金占总保费收入的比重来计算。

7.5.4.2 政策参与方的积极性

(1) 农户自主需求增长率：从农户的角度来看，试点地区农户自主需求增长率指标可以体现出其参与农业保险政策的积极性，用（本年度自主参保率－上年度自主参保率）/上年度自主参保率来计算。

(2) 保险综合赔付率：从保险机构的角度来看，保险机构的展业意愿与其风险承受能力和持续经营能力密切相关。保险综合赔付率体现了保险资金的盈亏状况，既揭示了保险机构经营农业保险业务的财务状况，又反映出其保险经营是否具有可持续性，是否具有长效发展能力，用农业保险赔付支出与总保费收入之比来计算。

(3) 巨灾封顶赔付率：该指标是指政策规定的最高赔付比率。巨灾损失一般都是由保险公司直接承担，政府兜底。巨灾封顶赔付率越高，保险公司承担的赔付额就越大，其展业意愿和可持续经营能力就会越低。

(4) 地方政府财政补贴比例：从基层政府角度来看，由于地方财政补贴资金筹措难度较大，若地方政府保费补贴负担过重，资金不能及时到位，则政策的后续运行便难以持续。因此，其参与农业保险政策的积极性受到各级政府财政补贴负担程度的重要影响，可用地方政府财政补贴比例来衡量。

7.5.4.3 政策运行的制度保障

(1) 宣传推广体系建设：各级政府的宣传推广工作对农业保险的开展很重要，只有通过有效的宣传推广，才能让农户真正认识保险、自愿参加保险、提高保险意识，保证农业保险政策的持续运行。该指标为定性分析指标，衡量试点地区各级政府是否建立了多层次、多渠道的宣传推广体系。

(2) 基层保险机构建设：现阶段很多试点地区基层保险机构少，专业农险人员不足，经营能力差，制约了农业保险业务的持续开展。该指标可用基层保险机构的数量来衡量。

(3) 专业保险人才培养：专业保险人员的素质是影响农业保险政策运行可持续性的重要因素，可用保险人员每年进行专业培训的次数来衡量专业保险人才的培养情况。

(4) 农业保险基层监管机制建设：要保证农业保险业务规范有序的持续开展，完善的监督与管理机制必不可少。目前，保监会只在省级设有分支机构,还无法完全设立到地市以下的保险市场,因此,地市以下的监管机制是否健全,对政策的持续性有着重要的影响。该指标为定性分析指标,衡量试点地区是否建立了健全的基层监管机制。

(5) 绩效评价结果反馈:绩效评价是对绩效目标实现程度的评价,更是对实现绩效目标过程的一次回顾和反思,根本目的是找出资金使用和管理中的薄弱环节和存在的问题,提出改进措施,进一步完善绩效管理水平,不断寻找以达到预期绩效目标的更优途径。该指标为定性分析指标,衡量了相关部门本期制定的绩效目标是否参照了上一期的绩效评价结果,是否根据上期绩效评价结果的反馈进行了修正、调整和改善。

#### 7.5.4.4 对环境的影响

单位投入农用化学要素增量:如前文所述,理论上农业保险制度会通过刺激农户增加或减少化学要素施用而对生态环境产生负面或正面的影响。如果参加农业保险刺激农户施用更多的农用化学要素,从而引起生态环境的恶化,进而影响整个农业的进一步发展和增长,那么从长期来看,对农业保险进行财政补贴所带来的结果将有悖于保险本身的政策目标[①],不利于政策后续运行的可持续性。因此,应将农业保险保费补贴政策对环境的影响纳入到发展潜能的层面来进行评价,可采用单位投入农用化学要素增量指标来衡量,即政策实施前后农用化学要素(化肥、农药、灌溉水、地膜、除草剂等)使用量的增量与保费补贴总投入额之比。

通过以上指标的选取和设计,基于 BSC 框架的农业保险保费补贴资金绩效评价体系就建立起来了。该评价体系是一个有多项评价指标的系统,在这个多层次结构模型中既包括定性指标,也包括定量指标,并且各指标权重的确定非常关键。由于各主体评价指标与群体评价指标的作用程度不同,必须按层次结构关系分别确定其权重。而美国运筹学家、匹兹堡大学教授托马斯·塞蒂于 20 世纪 70 年代中期提出的层次分析法(AHP)正是将复杂问题分解为多个组成因素,并将这些因素按支配关系进一步分解,按目标层、准则层、指标层排列起来,形成一个多目标、多层次、有序的递阶层次结构,通过两两比较的方式确定层次中诸因素的相对重要性,然后综合评估主体的判断确定诸因素相对重要性的总顺序,最后确立各元素的权重。这种方法将定性分析与定量分析相结合,实用性较强,是确定保费补贴资金绩效评价指标权重的有效方法。因

---

① 钟甫宁,宁满秀,邢鹂,等.农业保险与农用化学品施用关系研究——对新疆玛纳斯河流域农户的经验分析 [J]. 经济学(季刊),2006 (10).

此，在实际应用时，可采用层次分析法来确定各个绩效指标的权重，同时需加强相应的制度和机制建设，对绩效评价的流程、结果与反馈等方面加以详细规定，使得该绩效评价体系真正成为实现战略目标的有效方法。

## 7.6  政府对农业保险提供支持的其他途径

由前面的分析可以看出，在政府对农户所交保费给予一定比例补贴的情况下，保费负担问题已基本解决，调研地区大多数农户对农业保险都具有较强烈的需求，并且一部分相对富裕的农户还表现出对更高保障水平保险业务的需求。然而，由于我国还未建立起有效的巨灾风险补偿机制，保险公司在大灾之年的巨额亏损找不到有效的分担途径，有限的赔偿能力无法满足农户需要，成为了目前影响农户参保意愿的重要因素之一。高赔付率与高经办费用也影响了保险公司开办农业保险业务的积极性，不利于保险工作的进一步开展。因此，政府除了对农业保险保费进行财政补贴之外，还可以考虑其他的支持途径。

### 7.6.1  政府对保险公司经营管理费用进行补贴

由于农业保险的特殊性，无论是商业性保险公司还是政策性保险机构，经营农业保险的成本都很高。原因是农村土地广袤，农户分散，公司的展业成本很高，营销人员的人均产能极低。即使在农业保险开展经验丰富的发达国家，尽管其农场规模较大，承保相对集中，单个农户的保费较多，其农业保险管理费用也要占到保险费收入的30%~35%，甚至超过50%；根据我们对吉林和江苏两家保险公司的调研，现阶段其对农业保险的经办费用也在保费收入的35%~40%之间，这与一般财产保险20%左右的费用率相比相差悬殊。因此，为了支持农业保险的发展，调动保险公司开办农业保险的积极性，政府确实有必要对其经营管理费用进行一定数量的补贴。然而，采取这种补贴方法减轻了公司市场生存压力，容易使保险公司放松管理，将利益预期从市场转向政府的财政补贴，也易导致保险公司只追求保险合同的数量而忽视项目风险的管理，极易带来效率低下的问题。考虑到目前我国还处于商业保险公司拓展农业保险业务的初期阶段，需要投入大量的宣传推广费用，此时政府确实应该对其进行一定的补贴，但是对补贴的比例必须进行慎重考虑，以免导致保险公司经营管理上的惰性。该政策可以在农业保险开展初期使用，在农业保险业务达到一定的规模、农民的参保意识提高、保险公司积累了一定的经营管理经验之后，再逐渐取消该项补贴，以免养成保险公司对财政补贴的依赖。为使保险公司承担起自身应付的经营责任，参照国际经验并结合我国实际，本书建议可对其给予20%的经营管理费用补贴。

### 7.6.2 政府对农业保险再保险费用进行补贴

为了减轻农业保险的巨额损失给保险经营机构带来的沉重压力，有效分散农业巨灾风险，保险公司应积极寻求多种分担途径，如在国内外再保险市场上购买再保险、在政府支持下建立巨灾风险基金等。我国今后也可借鉴国外发达国家的经验，考虑成立专门的中国政策性农业保险公司，为经营农业保险的机构提供再保险支持；政府则为中国再保险公司、中国政策性农业保险公司提供一定的经营管理费用补贴或承担一部分运营支出。关于农业保险的巨灾风险基金，可由中央财政每年拨付一定的预算资金，各级地方财政按照适当比例和规定提取资金，保险公司按照保费收入的一定比例提取资金，以及通过巨灾风险证券化在证券市场上筹集资金，共同构成巨灾保险基金的来源。当巨灾风险发生时，超赔部分即可由保险公司、国内外再保险市场、中国政策性农业保险公司和国家巨灾风险基金共同承担。

## 7.7 农业保险财政支持资金的运行框架

农业保险所承保的风险并不全部都是不可保风险，所以政府不可能也没必要对一切农业保险险种都提供补贴。只有那些关乎国计民生和对农业与农村经济社会的发展有重要意义，而商业性保险公司又不可能或不愿意从事经营的农业保险项目，才有可能纳入政策扶持范围，集中有限的财政资源予以支持；其他如某些单风险农作物保险，符合一般商业保险承保风险条件的，可由商业性保险公司自主经营。因此，各地要根据各个地区和各保险公司的实际情况，对哪些涉农险种应纳入政府财政补贴范围进行严格的界定，并上报国家政策性农业保险管理机构批准。在确定了补贴范围后，再进一步制定补贴标准，并保证补贴及时足额到位。

在国家对农业保险的财政支持资金来源上，可考虑从每年的财政收入增量中拿出一定比例，并整合部分农业直接补贴资金、农业灾害救济金、财政专项支农资金等，共同组成农业保险专项财政资金，为农业保险提供各项资金支持，如图7-2所示。

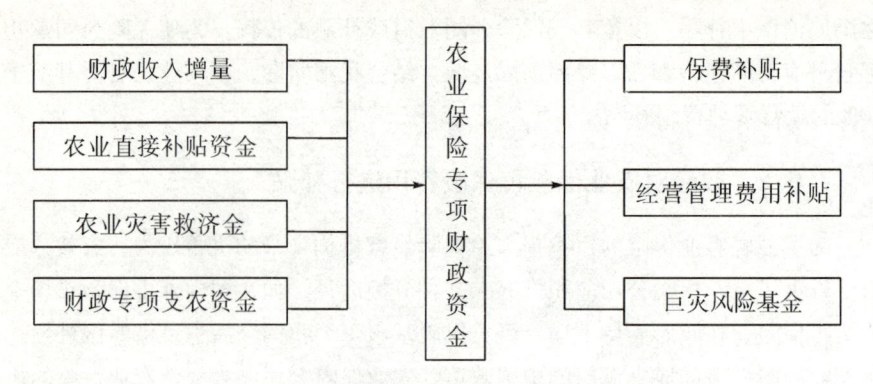

图 7-2  农业保险专项财政资金的来源与用途

### 7.7.1 保费补贴

首先，根据保险公司出具的农户保单数量，地方财政直接将相应保费补贴资金支付给保险公司；然后，各地方财政将补贴资金数量上报给省财政，省财政根据地方财政的补贴资金数量，给予相应的资金配套；最后，省财政再将本省补贴资金数量上报给中央财政，中央财政根据各省财政的补贴资金数量给予相应的补贴资金配套。在此过程中，一定要加强监管。在现阶段还未成立全国统一的政策性农业保险公司的情况下（政府成立专门的保险公司及其分支机构将导致固定投资和费用开支十分庞大，目前来看条件还不成熟），可先成立专门的政策性农业保险管理机构，隶属于农业部，对整个资金的划拨与使用进行严格的控制与监管，如图 7-3 所示。

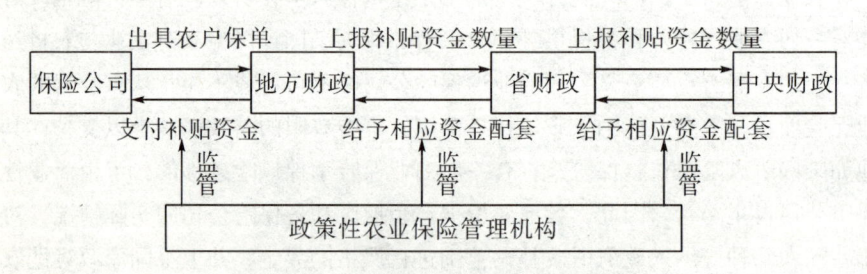

图 7-3  农业保险各项补贴资金的划拨

### 7.7.2 经营管理费用补贴

首先，原则上仅将国家规定的赔付率较高的政策性农业保险险种业务纳入补贴范围，以防止保险公司为获得经营管理费用补贴而刻意扩大补贴基数的投机行为；然后，根据保险公司当期的政策性农业保险保费收入，仍由地方财政先行将相应补贴资金支付给保险公司，以保证保险公司有足够的资金进行前期的承保工作（省财政和中央财政相应补贴资金的到位会有一定的滞后性），再由省财政根据地方财政上报的补贴资金数量、中央财政根据省财政上报的补贴资金数量分别给予相应的资金配套，如图 7-3 所示。

### 7.7.3　巨灾风险基金的提取

目前，按财政部保费补贴管理办法规定，保险经办机构要按补贴险种当年保费收入 25% 的比例计提巨灾风险准备金。为了明确各级政府与基层保险机构的责任，应对每一主体承担的金额或比重做出明确规定。首先，中央财政根据全国总保费收入数据，提取 10% 巨灾风险基金，并交由国家政策性农业保险管理机构对这一部分基金实行统一管理；其次，各个省财政根据本省每年总保费收入提取 10% 巨灾风险基金，地方财政根据各地区总保费收入提取各自财政实力能够负担的相应比例的巨灾风险基金，两部分风险积累基金都交由省政策性农业保险管理机构（国家农业保险管理部门在各省份的分支机构）统一管理；最后，经营农业保险的保险公司也要根据公司经营管理和赔付情况在保费收入中提取一定比例的风险积累资金，并设立专门的监管部门进行监管；特别是兼营商业性保险业务和政策性保险业务的保险公司，财务上更要实行政策险的分别管理、单独核算，建立专门的核算与监管部门。当年若发生超赔时，先启动保险公司的风险积累资金，不足时启动省风险积累基金，再不足时启动国家巨灾风险基金。当年盈余的基金滚动积累，进入下一年基金总存量，以备大灾之年。各级的巨灾风险基金都要进行严格的管理，保障资金的安全，实行专款专用，除了可以用此款在再保险市场上购买再保险外，不得挪作他用或进行风险投资。远期来看，在条件成熟之时，要成立专门的国家农业保险再保险机构，对巨灾风险基金实行统一的管理，并对农业保险提供再保险支持。

## 7.8　本章小结

本章的主要内容包括两大方面：一是借鉴平衡计分卡这种战略管理业绩评价工具，重点探讨在平衡计分卡框架下农业保险保费补贴资金绩效评价指标的设计与体系构建问题，至于如何保证该体系具有广泛的适用性和有效性，还需要通过广泛的实地调查和现实中的具体运用情况，结合实践效果对以上的指标体系进行进一步筛选和完善。在今后的研究中，笔者将努力解决这一问题。二是简要提出了政府除保费补贴之外对农业保险其他支持途径的设想，并构建了农业保险财政支持资金的运行框架。国家对政策性农业保险的大力支持是十分重要和迫切的，政府的支持方式也成为进一步发展农业保险业务的关键所在。国家农业保险专项财政资金由财政收入增量、农业直接补贴资金、农业灾害救济金、财政专项支农资金的一定比例组成；在确定了补贴险种范围后，应根据保险公司的保费收入逐级确定各级政府应承担的补贴资金数量；并成立专门的政策性农业保险管理机构，对整个资金的划拨与使用进行严格的控制与监管，同时承担国家巨灾风险基金的统一管理工作。

# 8 国外农业保险的开展情况及对我国的启示

世界上约有 40 个国家推行农业保险。一些发达国家发展农业保险的历史悠久,有着丰富的经营经验,也有一些发展中国家对农业保险的经营形成了自己的特色,取得了较大成功。总结与借鉴这些国家开展农业保险的成功经验,对于建立和完善我国的农业保险体系具有非常重要的意义。本项研究选取美国、加拿大、欧盟、日本和一些典型的发展中国家,对其国内农业保险的立法、加入方式、政府支持、组织形式和经营方式等情况进行分析。

## 8.1 美国农业保险的开展情况[①]

### 8.1.1 立法情况

美国从设立农作物保险之初,就建立了相应的法律法规,并在农业保险的发展过程中不断完善法律制度,从而保障了整个市场的规范运行。早在 1924 年,美国参议院就组织专门委员会进行论证,考虑为农业保险设立专门的法律体系。1938 年通过了《联邦农作物保险法》,在农业部设立了联邦农作物保险公司,对开办农作物保险的目的、性质、办法、经办机构、从业人员等作了具体的规定,该法随着美国农业及农业保险政策的发展变化而不断得以修改和完善。据不完全统计,美国农业保险法规进行过十九次较大的修改。1994 年,美国国会颁布了《联邦农作物保险改革法》,对农作物保险制度进行了重大改

---

① 本小节内容主要参考:陈钦. 浅析美国农业保险发展模式 [J]. 农村经济与科技,2008 (2);中国赴美农业保险考察团. 美国农业保险考察报告 [J]. 中国农村经济,2002 (1).

革，从而使农业保险进入一个新的发展阶段。1996 年又颁布了《联邦农业改善与改革法》，并规定有关农业保险的各项政策均须充分论证，听证后方可实施，使各有关利益人的意志得以充分表达，确保决策的公开、公平。1999 年通过最新修订法案《2000 年农业拨款法》，构筑了完善的农业保险法律制度体系。实践证明，这些法律法规的实施为联邦政府全面开展农业保险业务提供了法律依据和保障。

### 8.1.2 加入方式

美国的农业保险实行自愿保险与强制保险相结合的加入方式。美国的农业是建立在大型商业化经营基础之上，农场生产规模大，生产的风险也大，所以农户对保险的需求相对也较大，对于一般农作物损失的风险，农户可以根据自己的意愿选择投保。但对于农场中的主要农作物（水稻、小麦、大麦和果树等）和主要饲养动物（牛、马、猪和蚕等）可能遭受的大灾损失，则要求所有农户都必须为它们投保大灾保险，以得到最低水平的风险保障。

### 8.1.3 政府支持

美国农业保险在经营体制的制度变迁过程中，政府的主导作用一直处于首位，政府制定政策并提供大量补贴一直是美国农业保险业务得以持续稳定发展的重要保证。

目前美国政府对农作物保险的经济支持大致包括以下几个方面：①保费补贴。各险种的补贴比例不同，2005 年，美国农业保险保费总额为 39.5 亿美元，而联邦政府当年提供的保费补贴为 23.4 亿美元，约占保费总额的 59%；其中，多种风险农作物保险、收入保险等保费补贴率约为 40%，大规模天灾的农业保险赔偿则完全由政府补贴。②业务费用补贴，美国联邦政府向承办政府农作物保险的私营保险公司提供 20%~25%业务费用补贴，并鼓励各州政府根据自身情况对农业保险进行补贴。③政府承担联邦农作物保险公司的各项费用，以及农作物保险推广和教育费用。④联邦农作物保险法明确规定联邦政府、州政府及其他地方政府对农作物保险免征一切营业税和所得税。⑤政府通过联邦农作物保险公司，向私营保险公司提供一定比例的再保险和超额损失再保险保障。由此可见，政府的财政补贴和支持对保证美国农业保险的顺利开展起到了极大的推动作用。

### 8.1.4 组织形式与经营方式

美国的农业保险经营模式经历了"私营—公营—公私合营—私营+政府扶

持"的重大演变，除了最初的私营保险公司独营以失败告终以外，其余三个阶段政府始终起着主导作用。1996年以后，随着美国经济实力的不断增强与农业保险险种的不断丰富，美国政府逐渐退出直接业务经营，通过制定农业保险政策，对经营农业保险的业务均给予保费补贴、业务费用补贴、再保险支持和税赋优惠，以达到在全国范围内推广多个险种，诱导商业性组织介入的目的，有效提高了农户和私营保险公司参与农业保险的积极性。

目前，联邦农作物保险的运作主要分三个层次，第一层为联邦农作物保险公司，也称为风险管理局，作为政府对农业保险的监管机构而存在，负责全国农作物保险的监督管理，其主要任务是制定农业保险相关政策和规则、审核私营保险公司开展农业保险的业务资格、监督保险公司的经营，并向其提供经营费用补贴和从事再保险业务等。第二层为有经营农业保险资格的私营保险公司，他们承担全部农业保险的直接业务。第三层为保险代理人和农险查勘核损人，他们负责农作物保险的销售、定损和理赔；面对分散的农户，美国农作物保险主要是通过遍布全国各地的18 000多个代理人进行销售。目前，美国农业保险的经营模式可以概括为：私营保险公司经营原保险，政府提供再保险，逐渐形成了比较完善和稳定的农业保险组织体系。

经过长期的改革和发展，美国农作物保险的业务范围不断扩大，农业保险产品十分广泛，风险保障程度也很高。目前农作物保险几乎对所有的农作物都有效，并且可投保的农作物面积比例达到大约80%左右，责任非常宽泛。主要的产量保险险种包括多种风险农作物保险和平均产量保险；除了产量保险之外，还承保了投机风险——农产品价格风险的收入保险，如团体收益保险、作物收益保险、农场总收入保险、收益保证保险和收入保护保险等。由于私营保险公司的参与，新险种还在不断涌现，目前各州还试办了20多种针对不同作物开办的险种，如新苗圃保险、大白菜种植收入保险等。近年来，美国农业保险发展势头良好，各项指标不断攀升。1990年承保额和总保费收入分别为128亿美元和8.3亿美元，2000年为344亿美元和25.4亿美元，2007年升至663亿美元和65亿美元。参保面积也从2000年的5.1亿英亩（1亩＝6.072市亩）上升到2007年的6.6亿英亩。

## 8.2 加拿大农业保险的开展情况[①]

### 8.2.1 立法情况

早在 20 世纪 20 年代,加拿大就开始了农业保险方面的研究和实践。当时主要是一些私人保险公司在尝试农业保险业务的经营,但由于保险费率很低、道德风险严重和赔付率过高的原因纷纷退出农业保险市场。20 世纪 30 年代,加拿大中西部地区经常遭受旱灾,农场主们要求政府帮助,农业保险开始受到广泛关注。1933 年,政府制定了《草原农场援助法》。按照该法律规定,每个农场主被强制要求参与该计划,缴纳其农作物收入的 1% 作为保费,并根据农作物灾害损失的大小从该计划获得损失补偿。该计划实际上还不是规范的农作物保险计划。此后,加拿大联邦政府和各省州政府进行了长达二十几年的可行性研究,终于在 1959 年通过了联邦的农作物保险立法。加拿大为农作物保险计划所确定的目标是:在可靠的保险精算基础上,为农户因不可控制的自然风险造成的农作物损失提供保险保障。

由于加拿大政体和法律制度的特点,联邦农作物保险法只是一个原则性的制度框架。根据联邦农作物保险法,各省都是自行决定是否加入农作物保险计划和再保险计划,各省打算开展农作物保险时,要通过自己的立法和规划,并自行设计保险计划。1959 年,曼尼托巴省第一个通过了省的农作物保险试验立法,并与联邦政府签订了协议。1960 年,曼尼托巴省开始正式推行农作物保险,随后其他省份也相继开展农作物保险业务。

### 8.2.2 加入方式

加拿大的农作物保险计划建立时,尽管希望一个省内的所有农户都能参加,但仍然没有采取强制性的手段,农户是否加入农业保险是自愿的,但保障责任应该尽可能广泛,以便使农户对政府其他援助计划的需要减少到最低限度。

---

[①] 本小节内容主要参考:庹国柱,王国军.农业保险 [M]. 北京:中国人民大学出版社,2005.

### 8.2.3 政府支持

在加拿大地方政府主导的农业保险经营模式中，省政府的主导作用尤为明显。省政府不但可以决定是否开办农业保险，而且可以制订和实施适当的法律，担当本省农作物保险人的角色。加拿大的农业保险是由各省政府控制下的非营利性保险公司直接运营的，且每个省的农业保险公司都必须与加拿大联邦政府（农业部代表联邦政府）签订协议。给农户参保的保费补贴和经营农业保险的经营成本都是由联邦政府和各省政府共同承担。此外，各省政府还要承担部分项目的相关费用，包括保险费、管理费用和再保险费，或者采取其他方式筹集不足资金。而联邦政府则要负担各个省提供的农作物保险的部分保险费、管理费和再保险保费，以再保险的形式分担省级农业保险公司（或管理机构）的部分赔款支出。

在加拿大现行的农作物保险计划中，有两种费用分担办法。第一种是联邦和省政府各支付25%的总保费和50%的省级计划管理费用。魁北克和劳瓦斯科夏两省采用的就是这种办法。另一种是其余8个省所采用的，即联邦政府支付总保费的50%，而省政府支付全部管理费用。实践表明，政府补贴对于农业保险的成功运作十分重要，在北美洲农业保险的历史中，唯一成功的农业保险形式就是由政府帮助农场主支付一部分保费的农业保险。

### 8.2.4 组织形式与经营方式

加拿大农业保险的重点是农作物保险，主要是通过制定详细的农作物保险计划来实施的。加拿大的农作物保险计划不同于其他国家，它是一个全国性的三方缔约（联邦、省、农户）的计划。加拿大政府参与农作物保险计划的资金筹措和行政管理，为了使农作物保险能够被农户接受，政府补贴一部分保险费和管理费用。这一方式既能为农户提供稳定的保障，又能使政府分担的费用总额保持稳定。

在农作物保险计划中，联邦政府通过立法来管理农作物保险，决定联邦对地方各省是否支持以及有关的期限和条件等。联邦政府的主要职责是：①制定农作物保险发展政策，协调各省各种农作物保险保障水平的公平性和一致性；②承担纯保费的25%、管理费的50%和再保险保费；③从事保险保障水平的调查与研究以及保险费率的核算及审核工作；④协助修订、改进各省农作物保险计划，支持并协助各省开展保险业务；⑤以再保险的形式分担省级农业保险公司（或管理机构）的部分赔款支出；⑥对各省财务情况进行审计。

各省政府在农业厅下设本省的农作物保险公司或农业保险管理机构，担当本省农作物保险人的角色，负责制订和实施保险计划。省农作物保险公司的主要职责是：①研究和设计制订本省农业保险发展计划；②组织农作物保险各险种的营销；③与生产者共同评估承保标的的产量；④厘订费率，收取保费；⑤查勘、定损并支付赔款；⑥招聘和培训保险业务人员；⑦处理生产者的诉讼；⑧补贴纯保费的25%，管理费的50%和再保险保费；⑨负责与联邦政府签订农作物再保险协议。在建立农作物保险计划以前，各省必须向联邦农业部长申报其计划并得到部长的批准，然后联邦与省之间还要签订农作物保险的协议。必要时各省要向联邦农业部长报告有关统计资料及其他资料。

参加农作物保险的农户的主要职责是：①支付纯保费的50%；②遵守农作物保险合同中的各项规定，包括遵守有关终止保险合同的规定，发生灾害时，及时通知保险人，采取正常的耕作管理办法；③为董事会提供所需资料，据此董事会对农作物保险计划进行修改和完善。农作物保险董事会、代办处及调查团等的参与，促进了计划的有效管理．他们负责分析和评价计划的运行绩效，提出建议帮助省和联邦政府改进农作物保险政策。

### 8.2.5 各省间农业保险计划的差异性

从实践看，加拿大各省农作物保险计划不尽相同，曼尼托巴省是最早开办农作物保险也是最有代表性的省份，在1959年通过了本省农作物保险试验法后，次年便建立了三个试验区，并依法承保了2 472户农户的近30万英亩农作物。该省的农作物保险计划主要包括风险区划与土壤类型划分、法律法规框架、保险对象、保险作物、投保条件、保险金额的确定、费率厘定、理赔程序和上诉程序9个方面。最后加入联邦—省农业保险计划的省份是纽芬兰和纽布朗斯韦科，他们是1974年才开办农业保险的。但并不是所有的省都参加了农作物保险再保险计划。目前只有五个省与联邦政府签订了农作物保险再保险协议。

## 8.3 欧盟农业保险的开展情况[①]

虽然欧盟各国农业保险的特点不同，但概括起来可以分为公有化主导型体系、公有与私有合作型体系和私有化主导型体系三大类型。希腊是一个典型的公有化主导型体系国家，西班牙和葡萄牙则是公有和私有合作型体系的代表，而德国、法国、奥地利和意大利等国则是典型的私有化主导型农业保险体系。这里，我们分别对欧盟三种农业保险体系代表性国家的农业保险制度进行介绍。

### 8.3.1 公有化主导型体系

希腊政府通过国有保险公司在一定程度上对农业生产实行宏观调控，即强制开办农业基本保险，以保证农业生产的基本损失得到补偿。希腊的农业保险制度包括公共保险和特别保险两个部分，公共保险对由于冰雹、暴风、暴雨、洪水、干旱、雪灾等自然灾害及熊等动物对谷物践踏以及其他规定的自然灾害和家畜疾病给农民造成的损失提供强制性保险。保险费不是按相关风险大小进行计算，而是按照每一个"农业单位"（农作物产值的3%和家畜产值的0.5%）进行计算，特别保险则对公共保险没有涉及的险种如水产业以及公共保险险种中的补充保险需求提供保险，是对公共保险的补充。

公有化主导型体系的特点主要体现在以下两方面：一是国家利用其权力实行强制性保险制度，并且提供国家援助基金；二是在资金来源上，特别保险主要靠保费收入，而公共保险的资金来源则不仅包括保费收入，而且还包括公共基金、风险管理基金以及保险投资收入等。

### 8.3.2 公有与私有合作型体系

西班牙和葡萄牙采用公有和私有保险合作的形式，国家主要提供保险补贴和再保险保障，私人制保险公司是这个体系中不可或缺的一部分，通过它来规避基本农业风险及实现风险管理。下面主要对西班牙农业保险体系进行介绍。

---

[①] 本小节内容主要参考：舒高勇. 借鉴欧洲农业保险发展经验探索中国特色农业保险发展模式 [J]. 保险职业学院学报，2006（4）；唐汇龙，许闲. 欧盟农业保险制度及其借鉴意义 [J]. 上海保险，2005（1）.

(1) 立法情况。

西班牙发展农业保险有完善的农业保险法律体系,在发展农业保险方面有一系列的法律、法规和规定。1978年西班牙颁布了《综合农业保险法(87/1978)》,提出由农民自愿参加保险,政府对私人保险公司提供再保险,并对农民的保费给予补贴。同时提出农业保险的目标,就是要逐步将所有的农业领域都纳入农业保险的范围;1979年以皇家法令2329/1979号公布了《综合农业保险法(87/1978)》实施细则;为了将农业保险法和实施细则落到实处,西班牙农业、渔业及食品部还制定了三年农业保险计划和年度农业保险计划,确定参加保险的作物和险种,确定国家对参保农民的保费补贴,由国家农业保险机构与农业保险有限公司(农业共保体)协商后,提交设在农业部的农业保险机构委员会(由农业部、财政经济部、农业保险有限公司、农场主代表组成)讨论通过,然后提交国家部长会议审定通过,并公布实行。

(2) 加入方式。

西班牙立法规定,由农民自愿参加保险,但不参加农业保险的农民,遭灾后政府不给予任何援助,使得农业保险具有一定程度的条件性或强制性。西班牙的农业保险还有两个特点:第一,农户通过保险公司销售网络和中介机构购买保险之后,农业保险合同必须每年续签;第二,为了避免逆向选择风险,一个农户如果投保的话,必须投保其所有的土地。

(3) 政府支持。

西班牙中央政府每年通过农业部预算为购买农业保险的农户给予部分保费补贴,占保费收入的30%~45%。西班牙农业、渔业和食品部每年对划拨的保费补贴预算进行审批,每年还制定一个农业保险补贴规定,确定农业保险保费补贴的具体事项,保费补贴由农业部下属的国家农业保险机构直接拨给农业保险有限公司(农业保险共保体)。在中央政府提供补贴的同时,地方自治州政府通过自治州农业管理委员会对中央政府规定的应承担的补贴部分也进行补贴。中央政府和地方政府补贴总额占农业保险保费的50%~60%。2006年农渔食品部的保费补贴高达2.78亿欧元,大约有47万名农牧渔及林业生产者投保,总保额升至91亿欧元,保费高达6.54亿欧元,总赔付额约达4.41亿欧元。建立综合农业保险体系以来,西班牙农业生产者从国家农业保险机构共得到保费补贴13.86亿欧元,政府因此减少农业灾害补助39.1亿欧元,节省25.24亿欧元。农业保险有限公司为农业生产者提供赔偿19.55亿欧元,其中又有3.52亿欧元以税收形式流回国家财政。

(4) 组织形式与经营方式。

西班牙实行的是有关方面自愿参与的综合农业保险体系。主要特点有：①农业生产者以投保形式参与，从该体系确定的险种中选择需要的险种投保；②保险机构以加入农业保险有限公司的形式参与，形成农业保险共保体；③在预防农业灾害损失方面普遍使用保险技术；④国家的公立机构及商业保险公司一起参与；⑤中央及地方政府给予保费补贴。

参与该体系的中央政府部门包括农业、渔业和食品部及下属的国家农业保险机构。国家农业保险机构是直属于国家农业部的自治机构，它的主要职能是：作为该体系中所有不同机构的协调机构，以推动农业保险体系的发展；为农业生产者提供对抗不可控自然风险的保护体系；拟定国家农业保险政策，对新风险及新农业产品加入农业保险体系进行精确的技术研究及分析，为保险合同制定农业方面的内容（农产品价格、产量、技术条件等），为农业生产者提供信息及咨询；制定农业保险三年及年度计划并将其提交中央政府审批。提交农业部审批的草案内容包括：向农业生产者推广农业保险并提供保费补贴，确定与农业生产有关的农作物种植和农业生产活动的最低技术条件，每个区域或地区的可投保的最大收益及损失的价格；与承保有关的各个险种的承保期限；与保险范围有关的保单的保障期限；农渔食品部每年审批对农业生产者的保费补贴预算，确定对农业企业的保费补贴。

参加该体系的另一个中央政府部门是经济财政部及下属的保险和养老基金总局和保险赔偿集团。保险和养老基金总局的职能包括审批共保年度协议，参与制定事故（灾害）定损规定，负责向经济部提交关于保险赔偿集团再保规定的条例。

保险赔偿集团是强制再保险机构，主要职能包括：界定农业可保风险与试验型风险；对试验型险种提供再保险；对可保风险只参与部分再保险；对于商业保险机构未承保的部分，它作为直接保险机构进行承保；负责掌控事故（灾害）的定损。

商业保险机构是农业保险有限公司，是所有愿意从事农业保险的保险机构的组合（农业风险共保体）。公司的法律性质是股份有限公司，公司的股东是自愿加入的各商业保险公司，目前成员有31家保险机构以及保险赔偿集团。它是一家管理机构，职能是通过其保险商业网络进行承保；共同体各成员根据其在农业保险有限公司里的入股份额承担相同比例的风险，参股比例与所承担的风险责任比例相同。

### 8.2.3 私有化主导型体系

私有化主导型体系也被称为民办公助模式,实际上,欧盟内部大部分国家都采用这一农业保险制度,即主要由私有保险公司经营该国的农业保险。但是各个国家对农业保险的财政补贴政策则各不相同,比如德国政府基本不提供任何保险补贴,而意大利用于保险补贴的财政支出却占较大比重,下面主要介绍法国的农业保险制度,因为法国一方面是农业大国,另一方面是其农业保险制度不属于上述两个极端,比较具有代表性。法国采用的是互助农业保险经营模式,英国、德国、意大利等国的农业保险也是以合作制的相互保险社、相互保险公司为基础的。

#### 8.2.3.1 立法情况

法国是欧洲农业保险经营得比较成功和有特色的国家。法国的农业保险是建立在合作制基础上的,主要采取的是相互保险公司的形式。1900年,法国通过《农业互助保险法》,界定和划分了农业互助保险社应承担的风险范围。按照规定,火灾、冰雹、牲畜意外死亡险等由互助保险社承担,而诸如洪灾、旱灾等互助保险社无力承担的巨灾风险,则由政府和社会来承担。1960年,法国颁布的《农业指导法》对农业保险的经营与发展做出了较为明确的规定;1964年,法国制定了《农业灾害法》,建立国家农业灾害保证基金,对农业灾害进行补偿并对农业保险进行补贴;1982年,法国颁布《农业灾害救助法》,强制实行自然灾害保险;1984年制定了《农业保险法》,其中规定农业保险的项目由国家法律规定,保险责任、再保险、保险费率、理赔计算、投保方式及许多做法也用法律或法规进行确定,并对农业保险实行了对其资本、存款、收入和财产免征一切赋税的政策。法国农业保险法律、法规经过不断的调整、修改而臻于完善,为农业保险的健康发展奠定了坚实的基础。

#### 8.2.3.2 加入方式

法国政府通过立法,对一些关系到国计民生的大宗产品实行强制性保险,规定了对主要农作物(水稻、小麦、大麦、果树等)和主要饲养动物(牛、马、猪、蚕)实行强制保险。

#### 8.2.3.3 政府支持

法国政府非常重视农业保险的发展,并有相应的实施措施和办法。法国政府对农业保险的支持体现在以下几个方面:①对农业保险实行低费率高补贴政策。为了确保农业的快速发展,法国政府对农业保险实行了低费率和高补贴的政策,对农民所交保险费的补贴比例在50%~80%左右,即农民只需交保费的

20%~50%左右，其余部分由政府承担。由于政府通过农业保险制度的建立，保障了农业生产的稳定发展，农民在政府那里得到了高额的保费补贴，分散了风险，减轻了受灾损失，调动和保护了农民进行农业生产的积极性。②建立政策性的农业保险机构。农业保险不同于纯粹性的商业保险，其原因在于农业保险不以赢利为目的，所以法国的农业保险已经从商业保险中分离出来，在政府的支持下建立了专门的政策性农业保险机构——中央农业保险公司，并设立了66个地区级分公司，政府通过设立专门的农业风险基金的形式来保障国营保险公司业务的正常运转。农业保险作为一种政府行为，其行政经费、农险基金赤字等都由政府实行直接的财政补贴。国家每年要做一次保险预算，总额不少于保费的20%，不超过保费的50%，这部分基金是用于满足国营保险公司入不敷出时的急需，从而有力地保障了农业保险机构业务的开展。③法国的农业保险不管形式如何，由于它是非营利性的，所以法国对所有农业保险部门都实行了对其资本、存款、收入和财产免征一切赋税的政策。④实施两级再保险制度，中央农业保险公司是农业经营风险的最终承担者。⑤建立农业保险专项风险基金。法国政府于1964年就建立了全国农业灾害保障基金，1985年建立了重大自然灾害预防基金。农业风险基金的建立在很大程度上防范和化解了农业巨灾风险。

### 8.2.3.4 组织形式与经营方式

目前，法国的农业保险机制是一个金字塔形结构，塔的最高层为中央农业保险公司，中间是地区或省级保险公司，塔底为9 000多家农业保险社。在这个大集团内，三者职能分工为：中央保险公司负责集团政策的制定，对地区或省级保险公司提供再保险业务，并对农民所交保险费给予50%~80%的补贴。中央保险公司的董事会成员由地区或省级保险公司的代表构成；地区或省级保险公司在集团确定大方针政策框架内独立开展活动，确定自己的商务销售策略，拥有自己的营业网点和财务账目，并承担农业保险社的分保业务，在中央保险公司与农业保险社之间起到承上启下的作用；农业保险社是保险集团的最基层的单位，分布于广大乡村，直接面对农户开展具体业务，一般一个乡镇设立一家农业保险社。

法国是欧洲互助农业保险经营模式的典型代表，由政府牵头、吸引私人资本成立了政府和社会共同联办的农业相互保险集团。农业相互保险集团是以政府控股为主体、社会参股的形式建立起来的股份有限公司。集团按三级（出资者、董事会、经理）控制群体结构运行，并下设四个保险公司，即农业相互保险公司、非农业财产保险公司、农民寿险公司和农业再保险公司，建立了完善、健全的组织机构体系。农业相互保险公司承保全国农民的所有财产、疾病和意外伤害中断间的损失；非农业财产保险公司主要承保农村的屠宰商、面包商、手工业商、小商业者的财产、疾病和意外伤害保险；农民寿险公司承保农民和非农民的人寿保险和死亡保险业务；农业再保险公司负责对内对外的分保业务。

集团在开展农业保险险种前，首先进行可行性分析，然后通过试点，再逐步扩大。其中养殖业保险主要承担牲畜因火灾、暴风雨、雪灾等自然灾害所造成的死亡保险，而且部分险种只承保规模经营的养殖场，分散养殖户不予承保。集团公司在制定业务规划和公司发展战略上，重点考虑内外部环境，掌握保户的需求，不断完善保单要素。在发展策略上不断加强风险管理，提高管理水平，降低成本，进一步保持和发展优势业务。

## 8.4 日本农业保险的开展情况[①]

### 8.4.1 立法情况

日本通过立法建立农业保险制度始于 20 世纪 20 年代后期。1929 年政府颁布了《家畜保险法》，1938 年 4 月议会通过并颁布了第一部《农业保险法》（第 68 号法），1939 年开始正式实施农业保险计划，当时在全国范围内开办了水稻、小麦、大麦和桑树的保险，政府为其补贴 15% 的保险费。1947 年 12 月，日本政府将《家畜保险法》和《农业保险法》合并，重新颁布了包括农作物和家畜家禽风险保险在内的新的农业保险法，即《农业灾害补偿法》。从此，日本开辟了依法强制参加农业保险和以系统性合作组织为基本组织形式的农业保险制度的先河。该制度在日本被称为"农业共济"，基本涵盖了日本的主要农作物和牲畜，主要是为了突出农业灾害补偿制度的"互助"特性。二次大战和日本农业土地改革后，日本政府根据《农业灾害补偿法》重新组织农作物保险计划并实施。此后，随着农业保险实践的不断发展与变化，日本政府对农业保险项目进行了多次修正和改进。1971 年修改了单位面积保额计算方法，使保额与各个地块的生产率相联系，同时把被保险农作物的最高保额提高到整个农场正常产量的 72%，并不断增加新的被保农作物项目；1972 年开

---

[①] 本小节内容主要参考：龙文军. 日本农业保险经验 [J]. 中国保险，2006 (9)；庹国柱，王国军. 农业保险 [M]. 北京：中国人民大学出版社，2005.

展了水果保险计划；1979年开始实施旱田作物保险及园艺保险；1985年又修改了农作物保险等制度，放宽了水稻保险的当然加入基准，引进对肉牛的小牛保险，引进除病虫害事故以外的园艺设施保险方式等。2003年对农作物保险等制度做了进一步修改，扩大了农户对农作物保险承保方式的选择范围。

### 8.4.2 加入方式

日本的农业保险实行强制性保险和自愿保险相结合，立法明确规定了对关系国计民生的和对农民收入影响较大的主要农作物和饲养动物实行强制保险，其他可自愿投保，这样农民容易接受。实行强制性保险的农作物种类有水稻、早稻、麦类、桑蚕，饲养家畜种类有牛、马、种猪、肉猪及牛仔等；实行自愿保险的有农户的建筑物、农机、农房及家庭财产等。但农场主的稻谷和其他谷类作物或桑树必须超过一定的种植面积（最初是0.1公顷，1957年以后改为0.3公顷）才能获得强制性保险。

### 8.4.3 政府支持

日本是一个由非营利性互助组织经营农业保险的典型，其相关制度保障了农业保险的顺利实行。日本政府对农业保险的支持体现在以下几个方面：①对农业保险保费提供大量补贴并承担部分管理费用。无论强制保险还是自愿保险，农户都享受政府的补贴，如水稻补贴70%，小麦最高补贴达80%，补贴比例与费率正相关，从而减轻农民负担，提高其投保积极性；②共济组合经营原保险，共济组合联合会提供一级再保险，政府提供二级再保险。除农民家财险（属于任意共济）外，政府接受农业保险计划内的全部分保业务，并分担部分保险责任作为保障农业保险稳定发展的后盾，其中，共济组合承担10%~20%，联合会承担20%~30%，政府承担50%~70%。当遇有特大灾害时，政府承担80%~100%的保险赔款；③政府还承担各分保机构的部分办公费用；④由中央政府和联合会出资建成农业共济基金，在大灾之年可向联合会提供贷款。随着日本经济的发展，政府财力不断增强，日本政府对农业保险的扶持力度也越来越大。日本的农业灾害补偿制度已成为日本政府通过财政补贴稳定农户经营，进而达到支持和保护本国农业的一项重要的农业支持制度。

### 8.4.4 组织形式与经营方式

日本的农业保险制度由三级机构具体运营：最基层的农业共济组合设在各个村（镇、市），由参与农业共济组合的农户组成，直接面向农户承担收取保费、向农户支付保险金、办理投保、定损、开展预防灾害等业务活动,并接受都、道、府、县级政府的指导和监督。日本全国的农业共济组合几乎涵盖了日本所有的农业地区。同时,由于农业共济组合自身规模小,为了减少风险和平衡区域之间的风险,农业共济组合将其承担的保险责任向农业共济组合联合会投保。中层的农业共济组合联合会设在各个府(县),接受自己辖区内的农业共济组合保险业务的分保,对其进行监督,并提供防灾防损的指导工作,同时再将其中一定比例向中央政府的农业保险再保险专项财政进行再保险,其业务接受农林水产省的指导和监督。最高层的农业保险再保险专项财政设在农林省,接受联合会的分保,主要经营农业保险的再保险,最终承担了农业保险的风险并向农业共济组合及其联合会提供紧急援助资金、保费补贴和管理补贴,具体业务由农林水产省的相关部门承担。

## 8.5 发展中国家农业保险的开展情况[①]

发展中国家的农业保险以亚洲国家最具代表性。这些国家经济比较落后,农业经济占主导地位,农业生产条件差,农业保险的发展相对较为缓慢。其中,印度、菲律宾、泰国等国家的农业保险颇具特色,开展得也比较成功。

### 8.5.1 立法情况

在农业保险开办比较成功的发展中国家,都以专门的法律对其地位和运作规则进行了特别规定。例如,菲律宾政府于1978年6月制定并颁布了《农作物保险法》;同年9月,菲律宾总统马科斯签发了《关于成立菲律宾农作物保险公司的总统令(1467号)》,由政府组织成立了政策性的农业保险公司,并对农作物的保险费率作了具体规定,保险费由政府、银行和农民共同承担。从1981年到1990年10年间,菲律宾90%以上的主要农作物都参加了保险,为农业的发展建立了有效的保障体系。斯里兰卡试验农业保险始于1973年,这一年他们颁布了《斯里兰卡农业保险法》,并依法建立了农作物保险理事会,负责在全国试办以水稻为主的农作物保险。印度从1961年开始农作物保险试点;泰国从1977年开办了小范围的棉花保险,1980年开办了奶牛保险,1982年开

---

① 本小节内容主要参考:孙蓉,朱梁.世界各国农业保险发展模式的比较及启示[J].财经科学,2004(5);庹国柱,王国军.农业保险[M].北京:中国人民大学出版社,2005.

办了玉米保险试点；巴基斯坦从 1981 年由农作物保险委员会的主要成员——农业发展银行试办水稻、小麦保险；在此期间，各国都对农业保险的实施办法做了一系列的规定与改进。

### 8.5.2 加入方式

亚洲发展中国家对农户投保方式大多是有条件的强制性保险，只有孟加拉国采用自愿参加的方式。这种强制是将投保与生产贷款相联系。如斯里兰卡对水稻实行强制性保险；印度、菲律宾、泰国要求所有从政府农贷机构或别的商业银行得到短期贷款的农户必须参加保险，保额以贷款额为限，保费直接从贷款中扣除，赔款往往也直接支付给放贷机构；非贷款农户自愿参加农业保险。

### 8.5.3 政府支持

对亚洲发展中国家来说，出于对政府财力的考虑，政府对农业保险的支持政策主要体现在以下几个方面：①尽可能缩小保险标的范围，只承保对本国国计民生有重要影响的农作物和牲畜；②在可能的条件下实行法定保险，以扩大保险覆盖面，防止逆向选择，尽可能减少技术困难；③政府提供全部或部分资本金，适当给予管理费和保险费补贴，并承担部分赔偿责任。例如，菲律宾主要作物水稻、玉米的保险费率为 8%，政府、银行和农户各自负担的比例对借款者和非借款者有所不同：对于借款者，政府负担保险费率的 4.5%，银行负担 1.5%，农户自负 2.0%，而非借款者由政府承担保险费率的 6.0%，农户自负 2.0%；印度农业保险的赔偿责任由中央政府和地方政府两级共同分担，印度综合保险公司承担 75%，邦政府承担 25%；在斯里兰卡，所有赔付率超过 115%以上的赔偿额均由政府负担。④设立政策性农业保险的专业经营机构。菲律宾由国家组织设立了专业性农业保险公司，负责对农业保险的监管、宏观调控、发展规划和政策制订等。菲律宾农作物保险公司董事会由主席（由总统任命）、副主席（农险公司总经理兼任）、农业部长、劳动部长、土改部长、国防部长、预算管理部长、土地银行行长和私营保险代表组成，在全国 12 个省级单位都设有地区机构，地区公司设展业处、理赔处、财会处和办公室四个职能部门。农作物保险公司设有应收保费准备金（从所收保费中提取）、赔款准备金和总准备金三种准备金。

### 8.5.4 组织形式与经营方式

发展中国家的农业保险组织形式主要是联合共保或政府机构参与。如印度以综合保险公司为主，与邦、区级的银行进行联合共保；孟加拉国是以综合保险公司为主，与农业合作社合办。而政府机构参加农业保险的有斯里兰卡的农业保险理事会，该理事会为农业部所属政府机构，负责全国保险计划的执行与保险业务的经营，各地农业生产委员会和政府基层工作人员负责收取保费、进行查勘定损、处理赔案等具体业务工作；马来西亚由农业部和农业银行负责开办农业保险；巴基斯坦成立了农作物保险委员会，其中农业部为召集人，农业发展银行为主要成员，并有保险公司和银行集团的代表参加。

发展中国家农业保险的保险责任范围一般都较窄。这些国家对农业保险的责任范围均有一定的限制，一般不承担"一切险"，只有政府开办或有政府财政支持作后盾的保险公司才有能力承保"一切险"。如孟加拉国、巴基斯坦和泰国对农作物保险只负责气象灾害，不保病虫害。

发展中国家开展农业保险实行重点选择性扶持模式，保险险种少，涉及范围小。各国都是在小范围里进行少量险种的试点，所开办的险种也是根据政府农业政策的重点，选择在农业生产中占比重大的农作物进行保险，目的是保证农业经济的稳定。如印度主要是小麦保险、少量的水稻、棉花和牲畜保险；泰国是小规模的棉花和牲畜保险；只有斯里兰卡和菲律宾在全国范围内开办水稻保险。

## 8.6　国外开展农业保险的基本经验评述

经历了长时间的探索和尝试，以上国家农业保险计划的开展总体来说都是比较成功的，其成功的经验主要体现在以下几方面：

### 8.6.1　制定专门的农业保险法律，立法支持农业保险的发展

农业保险作为一种农业发展和保护制度，它对相关法律的依赖程度是相当强的。从国外农业保险立法的背景和农业保险制度变迁乃至农业经济发展的历史视角考察，其立法的意义远超出一般的商业规范性法律制度。开展农业保险的国家都先后制定了《农业保险法》，从制度上保障农业保险的稳定发展。如美国的《联邦农作物保险法》，加拿大的《联邦农作物保险法》，日本的《农业灾害补偿法》，菲律宾的《农作物保险法》等等，都是针对农业保险的专门法律，用法律法规形式把对农业保险的扶持规范化、制度化，为农业保险的持续、稳定发展提供了保障。

### 8.6.2 农业保险的发展具有一定程度的强制性

开展农业保险的国家大都通过有关法律法规，或对有关保险项目实行强制保险，或将参加农业保险和享受其他农业优惠政策联系起来，吸引足够大量的农户参加保险。如美国的农业保险原则上实行自愿保险，但由于1994年美国《农业保险修正案》明确规定，不参加政府农作物保险计划的农民不能得到政府其他福利计划，如农产品贷款计划、农产品价格补贴和保护计划等；必须购买巨灾保险，然后才能追加购买其他的保险，这就在一定程度上造成了事实上的强制保险。西班牙的法律规定不参加农业保险的农民，遭灾后政府不给予任何援助。法国对一些关系到国计民生的主要农作物和主要饲养动物实行强制性保险。日本通过法律明确规定，将对国计民生有重要意义的粮食作物、牲畜等列入法定保险范围，对具有一定经营规模的农民实行强制保险，对达不到规模的农户实行自愿保险。菲律宾、泰国、印度等国家也对那些种植被保险农作物并且申请到这种农作物生产贷款的农户依法强制投保。强制保险或引导农民参加保险，不仅能极大地提高农业经济的保障率，同时也能较好地促进保险公司的发展。

### 8.6.3 政府对农业保险实行全方位的支持

根据WTO规则的"绿箱政策"，以上国家普遍运用对农业保险实行补贴和优惠的办法加强对农业的支持，对农业保险的补贴和优惠贯穿于农业保险的全过程、各环节。

第一，在支持对象方面，既有参加农业保险的农户，又有开展农业保险的经营主体。几乎所有的国家都对参保农民给予一定比例的保费补贴，只是不同的国家补贴的标准不同，补贴的险种有所侧重，例如，有的国家是对不同的投保主体实行不同的保费补助标准，而有的是对不同农作物的保费实行不同的补贴标准。其中很多国家都对农业保险实行了低费率和高补贴的政策，这种政策调动了农民农业生产的积极性，保障了农业生产、农民收入的稳定。

第二，很多国家都通过调整保费补贴和保险费率的标准来调整农业种植结构。政府如不想鼓励发展某种产业或产品，就通过减少保费补贴或提高保费费率的办法进行调整。例如，最近西班牙大幅度地提高了下个农业生产年度冬小麦的农业保险费，最高增幅可达30%。农业部将南部小麦产区的农业保费最高提高到15%，同时把赔付金额降低10%；其他小麦产区的保费增幅最高为30%，但赔付金额并没有提高。

第三，在支持内容方面，既有对费率进行的补贴，又有对经营主体管理费用进行的补贴，还有对经营主体经营亏损进行的补贴。例如，美国政府承担联邦农作物保险公司的各项费用以及农作物保险推广和教育费用，向承办政府农作物保险的私营保险公司提供20%~25%的业务费用（包括定损费）补贴；日本政府承担共济组合联合会的全部费用和农业共济组织的部分费用。

第四，在支持方式方面，可以直接补贴农民，增加农民收入，也可以通过政府对农业保险提供再保险的形式支持农业保险发展。所有的国家都把发展再保险作为分散农业风险的重要环节，如美国通过联邦农作物保险公司对参与农业保险的各种私营保险公司、联营保险公司和再保险公司提供再保险支持；日本则由都、道、府、县的共济组合联合会和中央政府为市、町、村的农业共济组合提供两级再保险。

第五，为了调动农业保险经营者的积极性，很多国家都制订了支持农业保险经营和发展的税收优惠政策，并通过法律的形式予以保障。例如，美国通过立法规定联邦政府、州政府及其他地方政府对农作物保险免征一切税赋，经营农业保险的私营保险公司除缴纳1%~4%的营业税外，免征其他各种税收。

### 8.6.4　建立政策性的专业农业保险经营管理机构

基于农业保险的特性，上述国家都将农业保险从商业保险中分离出来，在政府的支持下成立专门的政策性农业保险机构进行经营管理，如美国的联邦农作物保险公司，加拿大联邦政府设立的农业部和省两级农作物保险局，西班牙的农业部农业保险局和农业保险总公司，法国的农业相互保险集团，日本的农业共济组合及其联合会，菲律宾的国家农业保险公司等都是政策性农业保险经营管理机构，它们或者指导农业保险经营，或者参与经营，或者为农业保险提供再保险服务。

### 8.6.5　坚持循序渐进原则

上述国家特别是经济发达国家对如何建立适合本国国情、行之有效的农业保险制度都进行了漫长的探索和不断创新，对本国的农业保险体系进行不断的调整与改进，经历了先立法、后实验，先试点、后推广，先农作物、后水产和牲畜，先产量保险、后收入保险的过程，循序渐进，逐步铺开，从而形成了现在较为完善、系统和先进的农业保险制度。

## 8.7 国外农业保险对我国的启示

以上国家的农业保险体系尽管也没有达到尽善尽美的程度，但在不断的探索与改进过程中，仍然有许多值得我们借鉴的地方，能够给我国农业保险的发展带来许多有益的启示，主要包括以下几个方面：

### 8.7.1 明确农业保险的重要作用与基础地位

无论是发达国家还是发展中国家都十分重视农业保险的发展。发达国家以此来保障农民收入稳定，调动农民的生产积极性，并将其作为国家发展现代农业的重要手段，例如美国、加拿大、日本、法国等国家；而发展中国家则将农业保险作为稳定粮食供给的重要手段，如印度、菲律宾、泰国等国家。对于我国这样一个农业大国来说，农业保险是国家农村发展政策的重要组成部分，是政府支持农业生产、稳定农民收入不可缺少的重要手段。农业保险的作用不容忽视，这是经营农业保险取得成功的基础。

### 8.7.2 农业保险的发展要以法律法规的完善为基础

国外发展农业保险的历史表明，完善的农业保险法规可以为农业保险的发展提供制度支持和法律保障，是农业保险顺利开展的先决条件。农业保险的政策性、操作性很强，存在的各种风险也很大，从一开始就必须加强法律制度建设，包括农业保险的业务性质、农业保险的承保范围、国家对农业保险的支持重点和措施、农业保险的经营组织架构、农业保险各参与方的权利和义务，以及政府有关部门在发展农业保险过程中的职责等，都需要以法律的形式加以明确，依法约束相关参与方的行为。无论是发达国家还是发展中国家，凡是农业保险业务开展比较好的，都有相关法律或法规做后盾，使农业保险在法制轨道上运行。《中华人民共和国保险法》第一百五十五条规定："国家支持发展为农业生产服务的保险事业，农业保险由法律、行政法规另行规定"。2012年11月，国务院发布了《农业保险条例》，其中明确了农业保险各参与方的权利和义务，提出了明确的行为规范，对保护农业保险相关各方利益，防范农业保险的金融与社会风险，促进农业保险事业的健康、可持续发展具有重大意义。然而，《农业保险条例》只是一个制度框架，若要保证该条例能够顺利实施，还需要相关部门及时出台配套措施，加强政府协同推进、财政保费补贴具体办法以及各地区农业保险经营方案等一系列具体层面上的微观设计。

### 8.7.3 政府的角色要实现从主办到扶持的转变

从国外农业保险的经营模式中可以看出，在开展农业保险的最初阶段，需要由政府通过成立或指定专门机构进行带动，对我国来说，可以设立中国农业保险公司，直接隶属于中央财政部或农业部，其经费由财政拨款；随着整个保险机制走向正轨，再逐步向政府政策支持商业化经营的方向转变，具体的农业保险业务由各地方政府或商业性保险公司根据实际情况进行运作，而中央政府下的中国农业保险公司只负责农业保险的宏观政策、法规的制定，并进行稽查、监督管理等工作。

### 8.7.4 政府对农业保险业务给予不同层次的财政支持

国外农业保险的前期探索经验表明，由于农业本身的特殊性和高风险性，实行农业保险必须要有政府的支持和扶持，单纯依靠商业性保险公司不可能取得成功。我国政府在意识到保险补贴的重要性和必要性的基础之上，应该尽快落实具体的配套支持政策，通过财政、税收、金融等综合配套措施来支持农业保险发展。在对农户的保费补贴方面，由于我国目前财力有限，不可能对所有的农业保险业务进行补贴，因此要选择在国民经济中作用重大的农作物和畜禽进行先期补贴，补贴比例也要因不同险种与不同地区而异，不能因支持农业保险的开展而使国家财政背上沉重的负担。此外，对商业保险公司开展农业保险业务提供税收减免、经营管理费用补贴等多项支持政策，补贴数额的确定也要找到适当的平衡点，既要能调动保险公司开展农业保险业务的积极性，又要能充分发挥保险公司自身的能动性，实现保险公司承担风险与获取收益的均衡性。此外，为了保持农业保险的稳定性与可持续性发展，我国政府应该发挥政策支持和资金支持的作用，提供包括税收政策、信贷政策的支持，加快建立巨灾保险机制。应尽快出台巨灾保险法，对国家巨灾保险基金的来源、管理权限、使用方式等做出明确规定，建立起一个整体性的巨灾风险补偿机制基本框架。

### 8.7.5 明确政府相关部门的职责

发展政策性农业保险涉及政府多个职能部门，尤其是农业、保险监管和财政部门职能作用发挥得如何对政策性农业保险发展的影响较大。农业行政部门负责政策性农业保险发展的政策设计和具体实施方案，国家补贴资金的使用和管理，灾后勘查定损并协调受损理赔等工作；保险监管部门主要对保险公司经营活动、偿付能力加以监管，设计农业保险的再保险制度，在更大范围内分散农业风险；财政部门主要为农业保险提供补贴资金，对补贴资金的使用依法监管。

### 8.7.6 对农业保险采取诱导型强制保险方式

我国目前还没有农业保险自愿投保的基础。我国农户保险意识薄弱，收入水平较低，除了面临高风险的农户，很少有人自愿投保，这就容易形成逆向选择问题，导致保险人风险组合的不均衡。而单纯采取强制性保险，又会引起农户的抵触情绪，在保险意识淡薄的农户中造成误解和不满，不利于农业保险的推广和发展。因此我们可以学习其他国家，对农业保险采用诱导型强制保险，利用经济手段诱导农户投保，赋予农户在投保和享受经济利益之间进行自由选择的权利，这样做农业保险的经营局面一定会有较大的改观。

### 8.7.7 整个保险计划的实施要在先试点、后推广的基础上进行

农业保险经营机制的完善与开展农业保险的实践是密不可分的。由于我国地域辽阔，地区间社会经济、自然条件等差异大，呈现出多样性，因此一开始就建立单一的农业保险发展模式是不合理的。在结合我国基本国情、总结国内外经验的基础上，构建一个适合我国国情的多元化、多层次的农业保险发展模式、组织体系，一定要遵循循序渐进的原则，从农户最需要和关系国计民生的、对各地农业和农村经济社会发展有重要意义的保险品种做起，确定各个地区不同的经营模式，积极进行试点，及时跟进研究，然后有序推广，进而在全国范围内形成趋于统一的农业保险经营体制。

## 8.8 本章小结

世界上许多国家发展农业保险的历史悠久，有着丰富的经营经验和本国特色，其中有许多值得我们借鉴的地方，能够给我国农业保险的发展带来许多有益的启示。纵观美国、加拿大、欧盟、日本和一些典型的发展中国家在农业保险的立法、加入方式、政府支持、组织形式和经营方式等方面的情况，可以总结出其农业保险的成功经营都离不开立法的支持、事实上强制保险的规定、政府的补贴和优惠政策、专业农业保险经营管理机构的建立和循序渐进原则的遵

循。因此,我国在开展农业保险的过程中,应该注重以下几个方面:第一,要明确农业保险的重要作用与基础地位;第二,农业保险的发展要以法律法规的完善为基础;第三,政府的角色要实现从主办到扶持的转变;第四,政府对农业保险业务要给予不同层次的财政支持;第五,明确政府相关部门的职责;第六,对农业保险适合采取诱导型强制保险方式;第七,整个保险计划的实施要坚持循序渐进的原则,在先试点、后推广的基础上进行。

# 9 主要结论及政策建议

## 9.1 主要研究结论

通过以上几部分的分析,我们可以得到以下几个方面的结论:

### 9.1.1 我国农业保险开展的总体情况

2004年以前我国农业保险的发展总体上一直处于小规模和萎靡不振的状态,特别是完全采用商业化运营的形式最终未能取得成功。直到2004年,中央明确确定了农业保险是政策性保险的性质并给予大力支持之后,农业保险工作才真正有所突破,进入了实质性的大力发展阶段。由此可见,实行政策性农业保险既满足了农业保险本身的特殊性要求,又符合我国国情,是我国在发展农业保险过程中的明智之举和必然选择。

### 9.1.2 试点地区政策性农业保险的开展情况与经营模式比较

自从我国2004年正式启动政策性农业保险试点工作以来,各个省市立足于当地实际,积极进行探索,至今已形成了几种颇具特色的农业保险经营模式,为当地农户稳定农业生产、增强农业抵御风险能力发挥了比较重要的作用,在一定程度上促进了试点地区农业的稳定发展。在这些不同的经营模式中,生产者、保险公司和政府三个行为主体的从属性与主动性地位有所不同。不同经营模式都具有一定的地区适应性、都以种养两业险为主要农险险种、并且都不同程度地享受国家的优惠政策;而几种模式在保险种类多寡、政府支持力度、保险公司承担的风险责任、克服道德风险与逆向选择的程度和发展潜力等五个方面具有差异性。由于我国不同地区的差异较大,决定了农业保险经营模式的选择也要根据不同地区自身的风险特点、农业经济发展水平和财政能力状况而区别对待。我国的农业保险不能走单一的经营模式,而是先在具备条件的地区开展试点,总结经验,逐步推广,最终建立多层次体系、多渠道支持、多主体经营的政策性农业保险制度。

### 9.1.3 保险公司的供给行为特征

保险公司是实施农业保险的主体。一般而言,保险公司愿意开办的险种具有以下特点:有国家保费补贴、农户缴纳保费积极性高、经济附加值高、属于高科技农产品、高效有地方特色,有利于保险公司预期效益提高的品种。而不愿意开办的险种的特点为:补贴较少、种植面积大且一旦发生灾害就容易形成巨灾、保险公司承受的风险和压力过大的品种;已经连续几年发生超额赔付、导致公司经营成本无法保证的险种;保费难以收取、赔付率还较高的品种;受灾标的难以确定的险种等。

目前影响保险公司开办农业保险的主要因素有以下几个方面:①农业保险的特殊经营技术:高额的经办费用、查勘定损费用和经营上的特殊技术障碍,影响到保险公司进一步开展农业保险的意愿;②保险业产权组织形式与经营体制:保险业产权、组织形式过于陈旧,经营体制不适应现代农村经济发展的需要;③各级财政保费补贴的分担比例:不合理的各级财政保费补贴承担比例,使很多财政穷县的补贴资金筹措困难、负担过重,资金不能及时到位,导致保险公司难以顺利开办业务;④保险公司的赔付能力:由于我国还未建立起有效的巨灾补偿机制,农业巨灾风险难以有效分散,保险公司在大灾之年无力承担巨额亏损;⑤基层保险人员的数量与素质:基层保险机构少,农业保险人员不足,经营能力差;⑥保险公司内部经营管理的调整:保险公司内部经营管理的调整为其造成很大的压力;⑦农业保险的监管机制:农业保险有效监管不足,导致基层保险公司之间产生无序竞争,影响了基层保险公司开展政策性农业保险业务的积极性;⑧农户参保意识:农户参保意识不强,保险公司对农户缺乏约束力,两者之间极易产生纠纷;⑨相关法律的健全程度:农业保险相关法律的缺失使保险公司对政府优惠政策的持久性存有顾虑,束缚了其开展农业保险业务的长远计划。

### 9.1.4 农户的需求行为特征

总体来看,由于试点地区各级政府对农业保险十分重视,在广大农村对农业保险进行了有力的宣传,所以调研地区绝大多数农户都对其有一定的认识和了解;这些地区政策性农业保险的开展在一定程度上满足了广大农户亟须分散农业生产风险的需求，得到了广大农户的认可，绝大多数被访农户对国家政策性农业保险这项支农惠农新政策的实行感到非常满意；国家现行的保费补贴政策大大减轻了农户的保费负担，调研地区的农户已从过去那种交不起高额保费的困境中解脱出来，并且在经济发达地区被访农户愿意支付的保费金额都在现阶段实际交纳水平之上，这无疑会进一步扩大农户对农业保险的需求；但是由于我国政策性农业保险仍处在实验阶段，加上国家的财力有限，目前只能先选择部分关系国计民生的和比较重要的大宗农产品进行试点，所以开办险种跟农户多样化的投保需求相比还存在一定的差距。

目前影响调研地区农户投保意愿的主要因素有以下几点：①农户受教育程度：农户的受教育程度影响到对农业保险的理解程度，进而影响其投保意愿，两者之间有着正向相关的关系。②可参保作物总收入占家庭总收入的比重：该比重的大小反映了农户通过其他收入渠道来分散农业生产风险能力的高低，对农户的投保意愿有着正向的影响。③农户对农业保险的了解程度：农户只有在充分了解农业保险的情况下才会认识到其重要性，并理解保险条款中的内容，从而做出正确的参保决策；它对农户的投保意愿有正向的影响。④农户对农业保险重要性的认知程度：农户对农业保险分摊生产损失重要性的认知程度反映着农户对待风险的态度，认知程度越高，说明农户规避风险的意识越强烈，因此对农户的投保意愿有正向的影响。⑤发生自然灾害风险的概率：仍有部分农户存在一定的侥幸心理，近几年发生自然灾害的概率较小，会降低农户对农业保险的需求，因此对农户的投保意愿有正向的影响。⑥家庭耕地面积：多样化种植、丰富的种植经验和对农业保险认识上的局限性使得农户的农业经营规模越大，对农业保险的购买意愿反而越弱。⑦土地质量：家庭耕地质量对农户参保意愿具有正向的影响，即土地质量越高的农户对农业保险的参保意愿越强烈。⑧保险公司赔款数额的多少：保险公司是否按规定履行赔偿责任影响到农户对灾后获赔的信心，进而影响其进一步的投保决策，因此对农户投保意愿具有正向的影响。由于我国还未建立起有效的巨灾风险补偿机制，保险公司在大灾之年对农户的赔偿能力有限，因此不能按照保险合同的规定进行赔付；大多数农户都对获得的赔款数额不满意，这严重影响了其参保积极性。⑨农业保险的保障水平：有很多农户对目前低保障的农业保险不能满足，保险条款的规定跟农户的期望值还有一定的差距，从而影响到农户对农业保险的需求。

### 9.1.5 政策性农业保险的实施效果评价

我国政策性农业保险的实施对稳定农户收入、减少农业灾害损失、稳定农作物产量、保证农业再生产能力等方面起到了一定的作用，同时对环境也没有负面影响。此外，政策性农业保险的实施对推动扶贫开发、促进农村养老保险和医疗事业的发展、助推农业劳动力的就地转移、促进农业结构调整、推动农业产业化经营、加快农村新型合作经济组织发展壮大、加快农村金融体系建设等方面都起到一定的积极作用。然而，由于我国政策性农业保险开展时间不长，仍然处于试点与探索阶段，因此对各方面的作用只有在局部地区比较显著，还未能达到明显的长效作用与广泛的认可。特别是通过笔者对江苏和吉林两省的实地调研，发现仍有相当一部分农户对农业保险开展的绩效评价不高，从而使其参保积极性受到一定影响。

### 9.1.6 构建 BSC 框架下的农业保险保费补贴资金绩效评价体系

借鉴平衡计分卡这种战略管理业绩评价工具，在对其指标体系进行修正的基础上，从多个层面构建一个多指标的农业保险保费补贴资金绩效评价系统，同时关注发展和稳定、公平和效率、短期政绩和长远目标、资金的经济利益和所负担的社会责任等多个因素的平衡性，可充分体现出对农业保险保费补贴资金绩效的综合评价过程。若要保证该体系具有广泛的适用性和有效性，还需要通过广泛的实地调查和现实中的具体运用情况，结合实践效果对该指标体系进行进一步的筛选和完善。

除保费补贴之外，政府还需不断探索对农业保险的其他支持途径，并构建农业保险财政支持资金的运行框架。国家对政策性农业保险的大力支持是十分重要和迫切的，政府的支持方式也成为进一步发展农业保险业务的关键所在。国家农业保险专项财政资金由财政收入增量、农业直接补贴资金、农业灾害救济金、财政专项支农资金的一定比例组成；在确定了补贴险种范围后，应根据保险公司的保费收入逐级确定各级政府应承担的补贴资金数量；并成立专门的政策性农业保险管理机构，对整个资金的划拨与使用进行严格的控制与监管，同时承担国家巨灾风险基金的统一管理工作。

### 9.1.7 国际成功经验的借鉴

世界上许多国家发展农业保险的历史悠久，有着丰富的经营经验和本国特色，其中有许多值得我们借鉴的地方，能够给我国农业保险的发展带来许多有益的启示。纵观美国、加拿大、欧盟、日本和一些典型的发展中国家在农业保险的立法、加入方式、政府支持、组织形式和经营方式等方面的情况，可以总结出其农业保险的成功经营都离不开立法的支持、事实上强制保险的规定、政府的补贴和优惠政策、专业农业保险经营管理机构的建立和循序渐进原则的遵循。因此,我国在开展农业保险的过程中,应该注重以下几个方面:第一,要明确农业保险的重要作用与基础地位;第二,农业保险的发展要以法律法规的完善为基础;第三,政府的角色要实现从主办到扶持的转变;第四,政府对农业保险业务要给予不同层次的财政支持;第五,明确政府相关部门的职责;第六,对农业保险适合采取诱导型强制保险方式;第七,整个保险计划的实施要坚持循序渐进的原则,在先试点、后推广的基础上进行。

## 9.2 完善我国政策性农业保险运行机制的政策建议

### 9.2.1 增加农户对农业保险有效需求的措施

#### 9.2.1.1 采取强制性保险和诱导型强制保险相结合的方式,促使农民参加农业保险

在经济较发达的东部地区,农户收入水平较高,能够承担较多的保费支出,但由于农业经济地位的下降,保险需求有弱化的倾向。在这种地区需要加大农业保险的宣传力度,让农户意识到农业保险的重要性,并对大宗农产品或重要的农作物实行强制保险,但一定要在加强与农户间沟通、做好农户思想工作的前提下进行,以避免引发其不满和抵触情绪。而中西部尤其是西部地区农户经济收入主要还是来自于农业,加之相对不利的自然环境条件,农户对保险服务的要求较为迫切,但由于收入水平较低,无力承担高额的农业保险保费支出。在这种地区就要对农户进行较高比例的保费补贴,并对农业保险采用诱导型强制保险,即将农业保险跟其他支农惠农政策相结合,利用经济手段诱导农户投保,赋予农户在投保和享受经济利益之间进行自由选择的权利,例如将国家对农业提供的补贴与优惠政策、农业信贷、保险附加服务等与农业保险相结合,规定只有购买了农业保险,才能享受国家补贴、申请农业信贷,并得到保险机构提供的病虫害防治与防灾防损等技术服务,以此鼓励农户自愿投保。

#### 9.2.1.2 增加农民收入,提高农户投保能力

农户的积极参与对农业保险业务的开展起着非常重要的作用。但是农户即使有风险防范意识,没有经济实力也无济于事。农业保险需要农户投入资金,如果农户连基本的温饱问题都难以保障,就根本谈不上投保。尽管在目前"低保障、低保费"的水平下政府可以对农户所交保费进行高比例的补贴,但从长远来看,随着农业保险的不断发展和农户需求的进一步扩大,"高保障、

高保费"的保险产品会逐渐成为主体，保险险种也会向多元化发展，到时仅仅依靠政府的有限经济支持是不现实的，必须要逐步增强农户自身的保费承担能力。因此，提高农户收入也是发展农业保险的重要任务之一。农民增收是一项综合任务，必须积极动用一切手段，增加农户收入，尤其是现金收入。只有农户富起来，才会有农业保险的兴旺，农业保险的自然需求增加与有效需求不足的矛盾才能得以缓解。

9.2.1.3 加强农业保险相关知识宣传力度，提高农户保险意识

农业保险要为全国亿万农户所理解与接受，并且成为自觉行动，还需要一个广泛宣传与组织引导的过程。现有各级保险经营机构要坚持广泛、持久、深入地宣传农业保险的必要性，借助各种媒体大力宣传普及农业保险相关知识，如通过广播、电视短片进行宣传、编写农业保险简易读本向农户免费发放、在农村开办农业保险知识讲座等，并借助一些自然灾害的真实事例，比较投保与未投保农户之间的利益得失，详细分析、耐心讲解，力求家喻户晓，直接生动地让广大农民群众对农业保险的性质、作用、好处以及投保和赔付方法等有比较深入和全面的了解，让农户懂得平时用少量资金投入，灾时可以得到数倍资金补偿的道理，增强其主动规避风险的意识和保险观念。同时，各级政府机构也要大力支持，在舆论导向、日常的政策指导中影响农户的思想，让农户真正接受这一利民利国的好政策，进而影响他们的保险选择。同时农牧业部门、气象部门、保险公司等要建立长效沟通机制，引导农户及时抗灾防虫，降低保险风险。

9.2.1.4 积极开发多元化险种与不同保障水平层次的保险产品，以满足不同农户的需求

在我国现阶段实行的"低保障、广覆盖"的农业保险基础之上，有条件的地方应积极探索更高保障水平的保险产品。保险公司应根据各地开展农业保险的实际情况，进一步完善保险条款和操作办法，根据发生灾害的频率与大小设定不同层次的保险金额与保障水平，以满足不同收入主体特别是一些经济承担能力较高的农户的需要。同时，各地区要鼓励保险公司定期针对农户进行投保意愿的调研工作，在国家规定的政策性险种之外，本着"收支平衡、略有结余"的经营原则，进一步开发多样化的种植业、养殖业和其他涉农险种，以满足不同需求主体的实际需要，这也将同时促进保险公司业务的长远发展，实现农业保险供求主体的"双赢"局面。

9.2.1.5 提高农业生产效率，增加农业比较收益

从我们实地调研的结果来看，兼业程度较高的农户通过其他收入渠道来分散农业生产风险能力也较高，农业经济地位的下降无形中降低了农户对农业保

险的需求。然而，在促进农业和农村经济的健康发展、全面建设小康社会的进程中，通过建立农业风险管理体系来降低农业风险，可以维持农户的生产积极性。从长远来看，提高农业综合生产能力，仍然需要增加投入，彻底改善农业生产基础，从而提高农业自身抵抗风险的能力，使农业由"弱质产业"变成"强质产业"。为此，必须进行制度创新，完善农业生产的经营组织形式，推动农业产业化经营，提高农业生产效率，促进农业现代化进程，农业保险将为这一切行动保驾护航。要从我国国情出发，力求使农业从自身的发展中提高比较效益，构建高效农业体系，从整体上提高农业生产效率。只有农业的比较效益提高了，农户才有能力并且愿意持续增加农业投入，这也将进一步促进对农业保险的需求。

### 9.2.2　增加政策性农业保险供给的措施

（1）以法律形式对农业保险在农业保护支持体系中的地位与作用做出明确规定。

立法先行是发展农业保险的基础。首先是关于农业保险法的基本内容。农业保险法应主要涵盖保险范围、运营主体、经营目标与原则、管理机构及其职责、保险组织形式、组织体系与业务范围、保险基金的筹集与管理、各险种的费率制定及其赔付标准、被保险人和保险人的权利义务等基本内容。其次是关于农业保险立法的配套政策支持，即在农业保险立法的同时提供财政、再保险等各项配套支持措施。包括制定配套的保险费和管理费分担机制、异常灾害条件下超过总准备金的赔款和处理方式、税收优惠规定、资金运用规范、农业保险再保险机构扶持等相关配套政策和措施，以保障农业保险的顺利运转，共同形成农业保险的立法基础。就目前来说，我国已于 2012 年 11 月发布了《农业保险条例》，其中明确了农业保险各参与方的权利和义务，提出了明确的行为规范，对保护农业保险相关各方利益，防范农业保险的金融与社会风险，促进农业保险事业的健康、可持续发展具有重大意义。然而，《农业保险条例》只是一个制度框架，若要保证该条例能够顺利实施，还需要相关部门及时出台配套措施，加强政府协同推进、财政保费补贴具体办法以及各地区农业保险经营方案等一系列具体层面上的微观设计。

（2）立足国情，建立合理的农业保险组织体系与经营发展模式。

由于我国地域辽阔，地区间社会经济、自然条件等差异很大，呈现出多样性，因此单一的农业保险发展模式是不完全符合我国基本国情的。在结合我国基本国情并总结国内外开展经验的基础之上，构建一个适合我国国情的多元化、多层次农业保险发展模式和组织体系。例如，在我国中西部地区推行各级政府给予资金补贴、由省一级相对有规模的商业保险公司代为运作或成立专业保险公司的经营模式；东南沿海经济发达地区推行以地方政府补贴为主，由多家保险公司实行共保或委托代办保险业务的经营模式；在垦区、大型国有农场或兵团推行"互助制保险"的经营模式等。此外，在市、县级保险公司设置专门负责农业保险的业务机构，具体开展农业保险业务；在中央设立相对独立的政策性农业保险监管机构，负责政策性农业保险的宏观调控、发展规划和政策制订等。

（3）发挥政府主导作用，积极提供税收优惠、财政补贴等农业保险的支持政策。

政府在意识到保险补贴的重要性和必要性基础之上，应尽快落实具体的配套支持政策。由于我国目前财力有限，不可能对所有的农业保险业务进行补贴，因此要选择在国民经济中作用重大的农作物和畜禽进行先期补贴，补贴比例也要因不同险种与不同地区而异，不能因支持农业保险的开展而使国家财政背上沉重的负担。在对农户的保费补贴方面，应从各地的实践情况出发，充分考虑到各地经济和社会发展水平的差异，适当调整地方不同层级财政投入比例，在贫困地区提高中央财政或省财政的补贴比例，而在富裕地区降低中央财政与省财政补贴比例，注重各地经济发展不平衡情况下政府补贴的公平性问题。此外，对商业保险公司开展农业保险业务提供税收减免、经营管理费用补贴等多项支持政策，补贴数额的确定也要找到适当的平衡点，既要能调动保险公司开展农业保险业务的积极性，又要能充分发挥保险公司自身的能动性，实现保险公司承担风险与获取收益的均衡性。

（4）发挥政府政策支持和资金支持的作用，加快建立巨灾保险机制。

我国政府应该发挥政策支持和资金支持的作用，提供包括税收政策、信贷政策的支持，尽快出台巨灾保险法，加快巨灾保险机制的建立。首先是国家巨灾保险基金的来源：由中央财政每年拨付一定的预算资金，各级地方财政按照适当比例和规定提取资金，保险公司按照巨灾保险保费收入的一定比例提取资金，以及通过巨灾风险证券化在证券市场上筹集的资金，共同构成巨灾保险基金的来源；巨灾保险基金可由国家再保险公司统一实施管理。其次，是对巨灾保险基金实施积极的财政政策：允许保险公司将巨灾风险准备金列入成本，缴纳巨灾保费可在税前列支，对巨灾保险经营减免营业税等。最后，要尽快建立起一个整体性的巨灾风险补偿机制基本框架：根据国际经验，承担风险的主体首先应是区域灾民、商业保险公司；其次是再保险公司、证券市场与国际再保险市场；最后是地方政府和中央政府的财政救助。这种多主体、多层次的巨灾风险保险体系可以有效地实现风险在个人、保险公司、再保险公司、资本市场、政府之间的转移，在很大程度上降低政府在巨灾风险管理中的压力和财政负担，并且充分利用了社会资源和资本市场在更大范围内分散风险的能力。

（5）加强对农业保险合同条款的设计，提高农业保险的经营管理技术。

农业保险合同的设计，尤其是保费的厘定十分重要，否则农业保险在实施过程中很容易出现逆向选择和道德风险问题，从而阻碍农业保险的发展。对保险公司来说，要使保险合同条款设计合理，积极防范逆向选择和道德风险的发生，就要建立科学合理的评估指标体系；政府应支持与协助保险公司，而保险公司本身也要积极寻求各相关部门的协作，努力提高农业保险的经营管理技术：如加强农业灾害及气象数据的收集整理、农业风险的识别及度量、农业风险预测、农业风险区划、农业风险预警、信息统计与管理等方面的技术创新等。

（6）构建适应政府参与型模式的农业保险监管体系，增设独立监管机构，加大监管力度。

对不同性质的保险业务，实施不同的监管规则，是国际惯例。目前以保监会为核心的保险监管体系是针对商业性保险而设计和运作的，其监管思想、监管重点和方法对农业保险不完全适用。可以考虑在保监会内设立专门监管农业保险政策性业务的部门，或者组建独立于保监会的监管机构，对农业保险进行监管。由于监管机制牵涉到各部门的利益，因此设立一个独立部门的监管机构显得更加公正。在独立监管机构下设立多个分机构，广泛渗入各地区，也弥补了保监会网点不广泛，监管心有余而力不足的局面。在此基础上，要扩大监管范围，加大监管力度，对商业性保险公司经营政策性农业保险过程中的合法合规性进行监管。打击那些打着政策性保险的旗号进行商业保险的经营，骗取财政补贴的不良行为。对商业性保险公司农业保险业务的数据真实性进行监管，监督那些虚增农业保险经营管理费用，以此要求更多财政补贴的行径。进一步提升政策性农业保险的服务质量和管理水平，加大对政策性农业保险的监管力度，切实维护广大农户利益，确保各地区农业保险持续健康发展。

（7）整个农业保险计划的实施要在先试点、后推广的基础上进行。

农业保险经营机制的完善与开展农业保险的实践是密不可分的。对于农业保险的开展，一定要遵循循序渐进的原则，从农户最需要和关系国计民生的、对各地农业和农村经济社会发展有重要意义的保险品种做起，确定各个地区不同的经营模式，积极进行试点，及时跟进研究，然后有序推广，进而在全国范围内形成统分结合的农业保险经营体制。

# 参考文献

[1] Ahsan, Syed, Ali N and John. Kurian. Toward a Theory of Agricultural Insurance [J]. American Journal of Agricultural Economics., 1982 (64): 502-529.

[2] Alan P Ker and Barry K. Goodwin. Nonparametric Estimation of Crop Insurance Rates Revisited [J]. American Journal of Agricultural Economics, 2000, 83 (May): 463-478.

[3] Anderson J. D., B. J. Barnett and K. H. Coble. Impacts of a Standing Disaster Payment Program on U. S. Crop Insurance [C]. Paper Prepared for Presentation at the 108th EAAE Seminar "Income Stabilization in a Changing Agricultural World: Policy and Tools", Warsaw. 2008 (February): 8-9.

[4] BabcockB. and Hart C. A Second Look at Subsidies and Supply [J]. Iowa Ag Review, 2000 (Winter): 3.

[5] Barry K. Goodwin. An Empirical Analysis of the Demand for Multiple Peril Crop Insurance [J]. American Journal of Agricultural Economics, 1993, 75 (May): 425-434.

[6] Barry K. Goodwin, Monte L. Vandeveer, and John L. Deal. An Empirical Analysis of Acreage Effects of Participation in the Federal Crop Insurance Program [J]. American Journal of Agricultural Economics, 2004, 86 (4): 1058-1077.

[7] Bharat Ramaswami and Terry L. Roe. Aggregation in Area-Yield Crop Insurance: The Linear Additive Model [J]. American Journal of Agricultural Economics, 2004, 86 (2): 420-431.

[8] Bruce A. Babcock, Chad E. Hart, and Dermot J. Hayes. Actuarial Fairness of Crop Insurance Rates With Constant Rate Relativities [J]. American Journal of Agricultural Economics, 2004, 86 (3): 563-575.

[9] Bruce A. Babcock, Nick D. Paulson. Crop Insurance: Inside or Outside the

Farm Bill? [J]. Iowa Ag Review, 2007, 13 (1): 1-3, 9.

[10] Bruce J. Sherrick, Peter J. Barry, Paul N. Ellinger, and Gary D. Schnitkey. Factors Influencing Farmers' Crop Insurance Decisions [J]. American Journal of Agricultural Economics, 2004, 86 (1): 103-114.

[11] C. Edwin Young, Monte L. Vandeveer, and Randall D. Schnepf. Production and Price Impacts of U. S. Crop Insurance Programs [J]. American Journal of Agricultural Economics, 2001, 83 (5): 1196-1203.

[12] Chambers. Insurability and Moral Hazard in Agricultural Insurance Markets [J]. American Journal of Agricultural Economics, 1989, 71 (August): 604-616.

[13] David Appel Ph. D and Philip S. Borba Ph. D. Historical Rate of Return Analysis [R]. United States Department of Agriculture. 2009.

[14] Deng Xiaohui J. B. Barnet, t and D. V. Vedenov. Is There a Viable Market for Area-Based Crop Insurance? [J]. American Journal of Agricultural Economics, 2007, 89 (2): 508-519.

[15] Enjolras, Geoffroy, Robert Kast, and Patric Sentis. Diversification in Area-Yield Crop Insurance: the Multilinear Additive Model [J]. European Group of Risk and Insurance Economist (EGRIE). Bergen, Norway, 2009 (11): 9-15.

[16] European Commission. Risk Management Tools for EU Agriculture with a Special Focus on Insurance [R]. European Commission. January 2001.

[17] Glauber J. W. and Collins r, K. J. Risk Management and the Role of the Federal Government [M]. USDA, Washington D. C: Springer US. 2001.

[18] Glauber J. W. Double Indemnity: Crop Insurance and the Failure of US Agricultural Disaster Policy [R]. AEI Agricultural Policy Series: AEI. ORG. 2007.

[19] Goodwin Barry K. Premium Rate Determination in the Federal Crop Insurance Program: What Do Averages Have to Say About Risk? [J]. Journal of Agricultural and Resource Economics, 1994, 19 (2): 382-395.

[20] Goodwin B K., and R. M. Rejesus. Safety Nets or Trampolines? Federal Crop Insurance, Disaster Assistance, and the Farm Bill [J]. Journal of Agricultural and Applied Economics, 2008, 40 (2): 415-429.

[21] Goodwin, Barry K, and Vincent H Smith. An Ex Post Evaluation of the Conservation Reserve, Federal Crop Insurance, and Other Government Programs: Program Participation and Soil Erosion [J]. Journal of Agricultural and Resource Economics, 2003, 28 (2): 201-216.

［22］Guinvarch and Coedier. A Private Management Strategy for the Crop Yield Insurance［J］. Insurance Mathematics and Economics, 2006（39）：35-46.

［23］Hazell P. Potential Role for Insurance in Managing Catas-trophic Risks in Developing Countries［R］. IFPRI. 2007.

［24］Hennessy D. A. Land Retirement Program Design in the Presence of Crop Insurance Subsides［R］. Working Paper 09-WP495. Center for Agricultural and Rural Development, Low a State University. 2009.

［25］James A. Vercammen. Constrained Efficient Contracts for Area Yield Crop Insurance［J］. American Journal of Agricultural Economic, 2000, 82（4）：856-864.

［26］James Vercammen and G. Cornelis van Kooten. Moral Hazard Cycles in Individual-Coverage Crop Insurance［J］. American Journal of Agricultural Economics, 1994（76）：250-261.

［27］Jean-Marc Bourgeon and Robert G. Chambers. Optimal Area-Yield Crop Insurance Reconsidered［J］. American Journal of Agricultural Economics, 2003, 85（3）：590-604.

［28］Jerry R. Skees, J. Roy Black, and Barry J. Barnett. Designing and Rating an Area Yield Crop Insurance Contract［J］. American Journal of Agricultural Economics, 1997（79）：430-438.

［29］Jeffery R. Williams. A Stochastic Dominance Analysis of Tillage and Crop Insurance Practices in a Semiarid Region［J］. American Journal of Agricultural Economics, 1988（76）：112-120.

［30］Jeffery R. Williams, Gordon L. Carriker, G. Art Barnaby, and Jayson K. Harper. Crop Insurance and Disaster Assistance Designs for Wheat and Grain Sorghum［J］. American Journal of Agricultural Economics, 1993（75）：435-447.

［31］John Duncan and Robert J. Myers. Crop Insurance Under Catastrophic Risk［J］. American Journal of Agricultural Economics, 2000, 82（4）：842-855.

［32］Joseph W. Glauber. Crop Insurance Reconsidered［J］. American Journal of Agricultural Economics. 2004, 86（5）：1179-1195.

［33］Keith H. Coble, Thomas O. Knight, Rulon D. Pope, and Jeffery R. Williams. Modeling Farm-level Crop Insurance Demand With Panel Data［J］. American Journal of Agricultural Economics, 1996（78）：439-447.

［34］Kimberly Z, Skees J. Managing Yield Risk Through a Cooperative［C］.

American Journal of Agricultural Economics Association 2001 Annual Meeting. 2001.

[35] Knight, T. O., and K. H. Coble. Survey of U. S. Multiple Peril Insurance Literature Since 1980 [J]. Review of Agricultural Economics. Spring summer, 1997 (19): 128-156.

[36] Mahul Oliver, Stutley Charles J. Government Support to Agricultural Insurance: Challenges and Options for Developing Countries [R]. Washington D C: The World Bank. May 2010.

[37] Markki and Somwaru. Crop Insurance in the United States: Basic Issues, Performance, and Lessons for Developing Countries [R]. Presentation at the Inter-American Development Bank on June 5, in Washington D. C. 2002.

[38] Mishra P K. Agriculture Risk, Insurance and Income: A Study of the Impact and Design of India's Comprehensive Crop Insurance Scheme [M]. Aldershot: Avebury. 1996.

[39] Monte L. Vandeveer and Edna T. Loehman. Farmer Response to Modified Crop Insurance: A Case Study of Corn in Indiana [J]. American Journal of Agricultural Economics, 1994 (76): 128-140.

[40] Nelson C. and Loehman E. Further Toward a Theory of Agricultural Insurance [J]. American Journal of Agricultural Economics, 69 (3) (1987): 523-531.

[41] Olivier Mahul. Optimum Area Yield Crop Insurance [J]. American Journal of Agricultural Economics, 1999 (81): 75-82.

[42] Richard E. Just, Linda Calvin, and John Quiggin. Adverse Selection in Crop Insurance: Actuarial and Asymmetric Information Incentives [J]. American Journal of Agricultural Economics, 1999 (81): 834-839.

[43] Robert G. Chambers and John Quiggin. Optimal Producer Behavior in the Presence of Area-Yield Crop Insurance [J]. American Journal of Agricultural Economics, 2002, 84 (2): 320-334.

[44] Robert Innes. Crop Insurance In a Economy: An Alternative Perspective on Agricultural Policy [J]. American Journal of Agricultural Economics, 2003, 85 (2): 318-335.

[45] Roderick M. Rejesus, Keith H. Coble, Thomas O. Knight, and Yufei Jin. Developing Experience - Based Premium Rate Discounts in Crop Insurance [J]. American Journal of Agricultural Economics, 2006, 88 (2): 409-419.

[46] Serra, T., B. K. Goodwin, and A. M. Featherstone. Modeling Changes in

the U. S. Demand for Crop Insurance During the 1990s [J]. Agricultural Finance Review, 2003, 63 (2): 109-125.

[47] Shiva S. Makki and Agapi Somwaru. Evidence of Adverse Selection in Crop Insurance Markets [J]. The Journal of Risk and Insurance, 2001, 68 (4): 685-708.

[48] Shiva S. Makki and Agapi Somwaru. Farmers' Participation in Crop Insurance Markets: Creating the Right Incentives [J]. American Journal of Agricultural Economics, 2001, 83 (3): 662-667.

[49] Siamwalla, Valdes. "Should Crop Insurance Be Subsidized?" [A]. In P. Hazell. Crop Insurance for Agricultural Development [C]. Baltimore: The Johns Hopkins University Press, 1986: 117-125.

[50] Skees J, Barnett B, Hartell J. Innovations in Government Responses to Catastrophic Risk Sharing for Agriculture Indeveloping Countries [C]. Paper prepared for workshop Inno-vations in Agricultural Production Risk Management in CentralAmerica: Challenges and Opportunities to Reach the RuralPoor, Antigua, Guatemala, 2005.

[51] Skees J, Barnett B, Hartell J. Innovations in Government Responses to Catastrophic Risk Sharing for Agriculture Indeveloping Countries [C]. Contributed paper prepared for presentation at the International Associate of Agricultural Economists Conference. Gold Coast, Australia. 2006: 12-18.

[52] Skees J. R. Innovations in Index Insurance for the Poor in Lower Income Countries [J]. Agricultural and Resource Economics Review, 2008, 37 (1): 1-15.

[53] Smith Vincent H. and Glauber, Joseph W.: Agricultural Insurance in Developed Countries: Where Have We Been and Where Are We Going? [J]. Applied Economic Perspectives and Policy, 2012, 34 (3): 363-390.

[54] Vincent H. Smith and Barry K. Goodwin. Crop Insurance, Moral Hazard, and Agricultural Chemical Use [J]. American Journal of Agricultural Economics, 1996 (78): 428-438.

[55] Vincent H. Smith and Alan E. Baquet. The Demand for Multiple Peril Crop Insurance: Evidence from Montana Wheat Farms [J]. American Journal of Agricultural Economics, 1996, 78: 189-201.

[56] Working Party on Agricultural Policies and Markets. The Impact of Crop Insurance Subsidies on Land Allocation and Production in Spain [J/OL]. http://

www. oecd-ilibrary. org/economics/oecd-papers_ 16812328. OECD Papers, 2006, 5 (43): 1-33.

[57] Wright B. D and Hewitt J A. All Risk Crop Insurance: Lessons From Theory and Experience [A]. In: Economics of Agricultural Crop Insurance: Theory and Evidence [C]. Edited by D. L. Hueth and W. H. Furtan. Boston, MA: Kluwer Academic Publishers, 1994.

[58] Yamauchi Toyoji. Evolution of the Crop Insurance Program in Japan [M]. Baltimore: The Johns Hopkins University Press. 1986.

[59] Yan Liang, and Keith H. Coble. A Cost Function Analysis of Crop Insurance Moral Hazard and Agricultural Chemical Use [C]. Agricultural & Applied Economics Association 2009 AAEA& ACCI Joint Annual Meeting. Milwaukee, Wisconsin, 2009: 26-29.

[60] Yang Jian, David J. Leatham. Impact of the 1996 FAIR Act on Major Agricultural Input Suppliers [J]. Agricultural Finance Review, 1997 (57): 53-66.

[61] 冯文丽. 中国农业保险制度变迁研究 [M]. 北京: 中国金融出版社, 2004.

[62] 和丽芬. ST 公司脱困路径研究: 基于重组选择视角 [M]. 北京: 中国社会科学出版社, 2015.

[63] 刘京生. 中国农业保险制度论纲 [M]. 北京: 中国社会科学出版社, 2000.

[64] 刘京生. 保险理论实务研究 [M]. 北京: 中国社会科学出版社, 2003.

[65] 龙文军. 谁来拯救农业保险 [M]. 北京: 中国农业出版社, 2004.

[66] 孟春. 中国农业保险试点模式研究 [M]. 北京: 中国财政经济出版社, 2006.

[67] 庹国柱, 王国军. 农业保险 [M]. 北京: 中国人民大学出版社, 2005.

[68] 庹国柱, 王国军. 中国农业保险与农村社会保障制度研究 [M]. 北京: 首都经济贸易大学出版社, 2002.

[69] 庹国柱, 赵乐, 朱俊生, 等. 政策性农业保险巨灾风险管理研究——以北京市为例 [M]. 北京: 中国财政经济出版社, 2010.

[70] 陈盛伟. 中国农业保险制度建设研究 [D]. 山东: 山东农业大学, 2006.

［71］方伶俐.中国农业保险需求与补贴问题研究［D］.湖北：华中农业大学，2008.

［72］胡学军.设立中国农业保险公司的构想［D］.厦门：厦门大学，2002.

［73］黎已铭.我国农业保险发展问题研究［D］.重庆：西南大学，2006.

［74］宁满秀.农业保险与农户生产行为关系研究［D］.南京：南京农业大学，2006.

［75］西爱琴.农业生产经营风险决策与管理对策研究［D］.浙江：浙江大学，2006.

［76］邢鹂.中国种植业生产风险与政策性农业保险研究［D］.南京：南京农业大学，2004.

［77］徐龙军.农业保险对农户兼业决策的影响研究——以烟草保险为例［D］.浙江：浙江理工大学，2014.

［78］赵莹.论我国农业保险的供给体系的构建［D］.成都：西南财经大学，2005.

［79］赵赞，时光，等.种植业保险保费财政补贴的绩效评价——以吉林省为例［C］.2013 China International Conference on Insurance and Risk Management，July 17- 20，2013.

［80］安徽省财政厅.安徽省2012年度农业保险保费补贴绩效评价方案，2012.

［81］柏振忠，李长雨.扶贫开发新阶段政府扶贫资金使用的绩效评价研究——以湖南桑植县实证为例［J］.民族论坛，2013（5）.

［82］柏正杰.政策性农业保险需求的影响因素分析：一个文献综述［J］.西北大学学报：哲学社会科学版，2012（7）.

［83］包青.农业保险的经济学属性分析［J］.时代经贸：理论版，2006（4）.

［84］陈飞.我国发展农业保险的措施研究［J］.集团经济研究，2005（18）.

［85］陈璐.农业保险产品定价的经济学分析及我国实证研究［J］.南开经济研究，2004（4）.

［86］陈钦.浅析美国农业保险发展模式［J］.农村经济与科技，2008（2）.

［87］陈清.农业合作保险——我国农业保险改革发展的优先选择模式［J］.保险研究，2011（12）.

[88] 陈盛伟,张宪省.农业气象干旱指数保险产品设计的理论框架[J].农业技术经济,2014(12).

[89] 陈舒.农业保险应分层次经营[J].中国保险,2004(1).

[90] 陈妍,凌远云,等.农业保险购买意愿影响因素的实证研究[J].农业技术经济,2007(2).

[91] 陈泽育,凌远云.农户对农业保险支付意愿的影响因素分析及支付意愿测算——以湖北省兴山县烟叶保险为例[J].经营管理者,2008(9).

[92] 段胜,刘阳.市场失灵、保费补贴与农业保险发展[J].广西财经学院学报,2012(2).

[93] 范丽萍.国内外政策性农业保险巨灾风险分散机制研究述评[J].世界农业,2013(9).

[94] 冯静生.借鉴国际经验促进我国农业保险发展[J].中国发展观察,2008(2).

[95] 冯文丽.农业保险功效研究[J].浙江金融,2007(5).

[96] 冯文丽.我国农业保险市场失灵与制度供给[J].金融研究,2004(4).

[97] 冯文丽,杨雪美,薄悦.基于DEA-Tobit模型的我国农业保险效率及影响因素分析[J].金融与经济,2015(2).

[98] 费友海.农业保险属性与政府补贴理论探析[J].广东金融学院学报,2006(5).

[99] 高伟.财政补贴农业保险真的是个"无底洞"吗[J].西部论丛,2007(7).

[100] 关伟.论农业保险的政府支持、产品及制度创新[J].管理世界,2005(6).

[101] 郭延安.我国农业保险发展的现状、困境与对策[J].农业经济,2007(8).

[102] 何苗.国外农业保险模式比较及对我国农业保险发展的启示[J].安徽农业科学,2014,42(24).

[103] 胡秋明.论我国农业保险发展的制度创新[J].财经科学,2004(5).

[104] 黄权伟.我国农业保险制度的法制化及其完善——以《农业保险条例》评析为视角[J].南方金融,2013(12).

[105] 黄亚林.农业保险市场失灵的内生因素分析[J].当代经济,

2008 (9).

[106] 黄颖. 基于 AHP-DEA 两步法的我国农业保险财政补贴效率评价 [J]. 上海金融, 2015 (7).

[107] 黄颖. 健全农业保险财政补贴体系：国际经验和中国实践 [J]. 世界农业, 2015 (2).

[108] 黄颖. 农业保险财政补贴制度的国际经验述评及对中国的借鉴 [J]. 信阳师范学院学报：哲学社会科学版, 2014 (9).

[109] 黄英君, 史智才. 农业巨灾保险机制研究述评 [J]. 经济学动态, 2012 (3).

[110] 贾万军, 王硕. 安华政策性农业保险市场失灵成因分析及启示 [J]. 安徽农业科学, 2014, 42 (11).

[111] 蒋瑜超, 周娜, 周华, 等. 基于平衡计分卡理论的农业科技专项资金绩效评价方法初探 [J]. 江苏农业科学, 2013, 41 (9).

[112] 蓝凤华. 浙江农业保险试点模式简介 [J]. 上海保险, 2008 (8).

[113] 李德喜. 农民在农业生产中的行为选择与保险需求研究 [J]. 黑龙江对外经贸, 2006 (1).

[114] 李宏伟. 政策性农业保险发展的国际经验及启示 [J]. 世界农业, 2011 (6).

[115] 李军. 农业保险的性质、立法原则及发展思路 [J]. 中国农村经济, 1996 (1).

[116] 李军. 推进政策性农业保险的模式选择和对策研究 [J]. 宁波通讯, 2006 (3).

[117] 李艳. 我国农业保险的社会福利与效率的平衡：政府参与型模式研究 [J]. 生产力研究, 2006 (12).

[118] 黎巳铭. 农业保险性质与农业风险的可保性分析 [J]. 保险研究, 2005 (11).

[119] 李勇杰. 发展农业相互保险制度 [J]. 上海保险, 2004 (12).

[120] 梁敏. 我国应建立有中国特色的政策性农业保险模式 [J]. 保险研究, 2005 (12).

[121] 刘芙, 吕东韬. 我国农业保险立法模式构想 [J]. 农业经济, 2003 (8).

[122] 刘宽. 我国农业保险的现状、问题及对策 [J]. 中国农村经济, 1999 (10).

[123] 刘蓉. 我国农业保险现状的统计分析 [J]. 统计研究, 2004 (11).

[124] 刘小红. 我国《农业保险法》的立法构想 [J]. 西南政法大学学报, 2012 (6).

[125] 刘晓梅, 王文君, 西萌. 我国低保资金绩效评估之思考 [J]. 宏观经济研究, 2014 (3).

[126] 龙文军. 日本农业保险经验 [J]. 中国保险, 2006 (9).

[127] 卢爱珍, 费玉娥. 政策性农业保险制度供给设计的现状及改进——基于新疆的实践 [J]. 经济与管理战略研究, 2014 (3).

[128] 卢江, 罗冬梅, 等. 从农民增收的角度评价河北省财政支农资金绩效 [J]. 经济研究导刊, 2008 (7).

[129] 马改艳, 徐学荣. 我国农业指数保险试点存在的问题及对策 [J]. 经济纵横, 2015 (2).

[130] 孟春. 公共财政支持农业保险发展：途径、标准与规模 [J]. 财政与发展, 2006 (11).

[131] 聂荣, 闫宇光, 王新兰. 政策性农业保险福利绩效研究——基于辽宁省微观数据的证据 [J]. 农业技术经济, 2013 (4).

[132] 宁满秀. 农业保险制度的环境经济效应——一个基于农户生产行为的分析框架 [J]. 农业技术经济, 2007 (3).

[133] 宁满秀, 邢鹂, 钟甫宁. 影响农户购买农业保险决策因素的实证分析——以新疆玛纳斯河流域为例 [J]. 农业经济问题, 2005 (6).

[134] 农业部农垦局课题组. 我国农业保险财政政策问题研究——从阳光农业相互保险公司的实践看我国农业保险财政政策体系建设的重点 [J]. 中国农垦, 2008 (3).

[135] 彭可茂, 席利卿, 彭开丽. 农户水稻保险支付意愿影响因素的实证研究——基于广东 34 地 1 772 户农户的经验数据 [J]. 保险研究, 2012 (4).

[136] 彭磊. 基于平衡计分卡下的财政扶贫资金绩效审计评价指标体系的构建研究 [J]. 中国证券期货, 2012 (7).

[137] 蒲成毅. 农业风险管理与保险技术的创新 [J]. 江西财经大学学报, 2006 (6).

[138] 漆晓宇. 惠农"两补"专项资金绩效评价探索——基于 AHP 指标权重体系构建 [J]. 行政事业资产与财务, 2013 (7).

[139] 任巧巧. 我国应尽快建立农业保险体系 [J]. 保险研究, 2002 (4).

[140] 桑海燕. 论我国农业保险的现状及完善 [J]. 济南金融, 2004 (5).

[141] 沈蕾. 我国农业保险理论和实证研究的文献综述 [J]. 江西金融职工大学学报, 2006 (3).

[142] 施红. 政府介入对政策性农业保险的运作效率影响的分析 [J]. 农业经济问题, 2008 (12).

[143] 舒高勇. 借鉴欧洲农业保险发展经验探索中国特色农业保险发展模式 [J]. 保险职业学院学报, 2006 (4).

[144] 孙蓉, 黄英君. 我国农业保险的发展: 回顾、现状与展望 [J]. 生态经济, 2007 (2).

[145] 孙蓉, 朱梁. 世界各国农业保险发展模式的比较及启示 [J]. 财经科学, 2004 (5).

[146] 孙文军. 中国农业保险模式的比较与选择 [J]. 理论与改革, 2000 (1).

[147] 孙和霞. 专项资金绩效评价的案例分析——以尼勒克县安置汶川、甘肃地震受灾群众恢复重建项目为例 [J]. 财政监督, 2012 (7).

[148] 孙香玉, 钟甫宁. 对农业保险补贴的福利经济学分析 [J]. 农业经济问题, 2008 (2).

[149] 孙香玉, 钟甫宁. 农业保险补贴效率的影响因素分析——以新疆、黑龙江和江苏省农户的支付意愿数据为例 [J]. 广东金融学院学报, 2009 (7).

[150] 谭先权, 王龙明, 何静. 农业保险保费绩效评价的案例分析——以南漳县2013年补贴资金项目为例 [J]. 行政事业资产与财务, 2014 (4).

[151] 唐汇龙, 许闲. 欧盟农业保险制度及其借鉴意义 [J]. 上海保险, 2005 (1).

[152] 庹国柱. 当前政策性农业保险试验中的困难和问题 [J]. 保险研究, 2006 (9).

[153] 庹国柱, 李军, 王国军. 美、加、日农业保险立法的比较与借鉴 [J]. 法学杂志, 2000 (6).

[154] 庹国柱, 朱俊生. 试论政策性农业保险的财政税收政策 [J]. 经济与管理研究, 2007 (5).

[155] 万开亮, 龙文军. 农业保险主体风险管理行为分析 [J]. 江西财经大学学报, 2008 (3).

[156] 万寅婧, 潘铁山, 季成富, 等. 江苏省环保专项资金绩效评价指标体系思考 [J]. 污染防治技术, 2014 (4).

[157] 王和, 皮立波. 论发展我国政策性农业保险的策略 [J]. 保险研究,

2004 (2).

[158] 王敏俊. 我国农业保险的政策性分析与路径选择: 一个新构想 [J]. 农业经济问题, 2007 (7).

[159] 王敏俊. 影响小规模农户参加政策性农业保险的因素分析——基于浙江省613户小规模农户的调查数据 [J]. 中国农村经济, 2009 (3).

[160] 王莹, 沈建新, 王怀明. 农业科技财政专项资金绩效评价的实证研究——以江苏省农业科技自主创新资金为例 [J]. 江苏农业科学, 2014, 42 (4).

[161] 王振军. 玉米旱灾气象指数保险的费率厘定研究——以甘肃省西峰区为例 [J]. 保险研究, 2013 (10).

[162] 仵凤清, 唐朝生. 财政科技资金绩效评价模型的构建及实证研究 [J]. 中国科技论坛, 2009 (11).

[163] 吴俊丽. 国外农业保险对中国发展农业保险的启示 [J]. 北京农业职业学院学报, 2003 (1).

[164] 吴祥佑. 我国农业保险市场失灵的特殊性及对策 [J]. 重庆工商大学学报, 2005 (1).

[165] 吴扬. 国外农业保险发展的经验与启示 [J]. 国际贸易问题, 2006 (9).

[166] 西爱琴, 邹宗森, 朱广印. 农业保险对农户生产决策的影响: 一个文献综述 [J]. 华中农业大学学报 (社会科学版), 2015 (5).

[167] 夏益国, 孙群, 盛新新. 以财政补贴校正农业保险市场失灵 [J]. 经济纵横, 2015 (5).

[168] 肖卫东, 张宝辉, 等. 公共财政补贴农业保险: 国际经验与中国实践 [J]. 中国农村经济, 2013 (7).

[169] 肖颖杰, 张士云. 农户购买农业保险影响因素的实证分析——基于安徽省合肥市种粮农户数据 [J]. 陕西农业科学, 2015, 61 (01).

[170] 谢家智. 农业保险区域化发展问题研究 [J]. 南方农村, 2003 (6).

[171] 谢家智, 蒲林昌. 政府诱导型农业保险发展模式研究 [J]. 保险研究, 2003 (11).

[172] 谢家智. 我国农业保险发展的问题及对策 [J]. 农业经济问题, 1999 (5).

[173] 谢家智, 鲜明. 国外农业保险发展对我国的启示 [J]. 农村经济, 2003 (7).

[174] 辛兵海, 马丽斌. 财政支农资金绩效的面板模型分析 [J]. 农村经

济，2009（11）．

[175] 邢鹂．农业保险产品的现状和创新［J］．农业展望，2007（6）．

[176] 邢鹂，黄昆．政策性农业保险保费补贴对政府财政支出和农民收入的模拟分析［J］．农业技术经济，2007（3）．

[177] 熊军红，蒲成毅．农民收入与农业保险需求关系的实证分析［J］．保险研究，2005（12）．

[178] 熊伟．农业保险市场失灵及其克服途径的理论分析［J］．世界经济情况，2007（6）．

[179] 许桂红，陈珂．农业保险发展模式研究［J］．农业经济，2003（2）．

[180] 姚海明，梁坚．江苏省农业保险三模式调查分析［J］．农业经济，2008（2）．

[181] 易泳泺，王季薇，等．草原牧区雪灾天气指数保险设计——以内蒙古东部地区为例［J］．保险研究，2015（5）．

[182] 于敏．财政扶贫资金绩效考评方法及其优化［J］．重庆社会科学，2010（2）．

[183] 于洋，王尔大．多保障水平下农户的农业保险支付意愿——基于辽宁省盘山县水稻保险的实证分析［J］．中国农村观察，2011（5）．

[184] 于一多．我国农业保险市场失灵及政策建议［J］．上海保险，2010（12）．

[185] 张彬．发展我国农业保险制度的对策探讨［J］．黑龙江金融，2007（6）．

[186] 张虎，孔荣．农户农业保险支付意愿影响因素研究——以福建省龙岩市413户烟农的调查为例［J］．西北农林科技大学学报：社会科学版，2014（5）．

[187] 张慧茹．中国农业保险研究观点综述［J］．经济纵横，2005（5）．

[188] 张旭光，柴智慧，赵元凤．典型国家和地区的农业保险发展模式概述［J］．世界农业，2013（1）．

[189] 张燕，潘胜莲．我国农业保险的现实困境及趋向选择——以区域化发展为视角［J］．金融与经济，2010（1）．

[190] 张艳花．政策性农业保险发展：实践及启示［J］．中国金融，2007（15）．

[191] 张玉军．WTO框架下我国的农业保险补贴探析［J］．现代农业，2007（6）．

[192] 张宇婷．关于农业保险的研究综述［J］．市场周刊·理论研究，

2006 (10).

[193] 张跃华, 顾海英, 等. 农业保险需求不足效用层面的一个解释及实证研究 [J]. 数量经济技术经济研究, 2005 (4).

[194] 张跃华, 何文炯, 施红. 市场失灵、政策性农业保险与本土化模式 [J]. 农业经济问题, 2007 (06).

[195] 张跃华. 农村保险、农业保险与农民需求意愿——山西省、江西省、上海市706户农户问卷调查 [J]. 中国保险, 2007 (4).

[196] 张跃华. 农业保险、市场失灵及县域保险的经济学分析 [J]. 山东农业大学学报：社会科学版, 2006 (2).

[197] 张跃华, 杨菲菲. 牲畜保险、需求与参与率研究——基于浙江省生猪养殖户微观数据的实证研究 [J]. 财贸经济, 2012 (2).

[198] 赵书新, 王稳. 信息不对称条件下农业保险补贴的效率与策略分析 [J]. 保险研究, 2012 (6).

[199] 赵莹. 准公共物品定义下的农业保险供给 [J]. 财经科学, 2004 (4).

[200] 赵元凤, 李赛男. 内蒙古农业保险绩效评价研究——基于基层工作人员角度 [J]. 经济研究导刊, 2014 (6).

[201] 郑军, 刘丽. 农业巨灾保险机制的研究述评 [J]. 重庆工商大学学报：社会科学版, 2014 (8).

[202] 郑军, 朱甜甜. 经济效率和社会效率：农业保险财政补贴综合评价 [J]. 金融经济学研究, 2014 (5).

[203] 郑立平. 论农业活动中的农户行为选择与保险需求 [J]. 林业劳动安全, 2007 (2).

[204] 郑伟. 农业保险的国际经验与中国思路 [J]. 中国金融, 2012 (8).

[205] 中国保险监督管理委员会浙江监管局课题组. 浙江省农业保险发展模式选择与比较 [J]. 浙江金融, 2014 (5).

[206] 中国赴美农业保险考察团. 美国农业保险考察报告 [J]. 中国农村经济, 2002 (1).

[207] 周晓敏. 综述国内外农业保险研究现状 [J]. 甘肃农业, 2006 (12).

[208] 钟甫宁, 宁满秀, 等. 农业保险与农用化学品施用关系研究——对新疆玛纳斯河流域农户的经验分析 [J]. 经济学（季刊）, 2006 (10).

[209] 宗国富, 周文杰. 农业保险对农户生产行为影响研究 [J]. 保险研究, 2014 (4).

# 附　录

## 附录一　农户购买农业保险情况及参保意愿调查问卷

问卷编号：_____　调查日期：_____　访问者姓名：_____
调查地点：_____省_____市_____县_____镇_____村
受访者姓名：_____　受访者联系电话：_____

1. 户主或家庭决策者的基本情况：

|  | 性别(编码) | 年龄 | 受教育程度(编码) | 职业(编码) | 务农时间(年) |
| --- | --- | --- | --- | --- | --- |
| 受访者 |  |  |  |  |  |
| 编码信息 | ①男②女 |  | ①没上过学②小学③初中④高中或中专⑤大学及以上 | ①不工作②在自家农场劳动③只有需要时才在自家农场劳动④完全不从事农业劳动，有非农工作⑤其他_____ |  |

2. 农户2007年种植与养殖情况：

家庭耕地规模（2007年）：_____亩

| 农作物种类 | 种植面积(亩) | 产量(公斤) | 出售量(公斤) | 出售价格(元/公斤) |
| --- | --- | --- | --- | --- |
| 小麦 |  |  |  |  |
| 玉米 |  |  |  |  |
| 水稻 |  |  |  |  |
| 大豆 |  |  |  |  |
| 棉花 |  |  |  |  |

| 农作物种类 | 种植面积(亩) | 产量(公斤) | 出售量(公斤) | 出售价格(元/公斤) |
|---|---|---|---|---|
| 油料作物：_____ | | | | |
| 蔬菜：_____ | | | | |
| 果树：_____ | | | | |
| 其他：_____ | | | | |
| 其他：_____ | | | | |

| 畜禽种类 | 养殖数量(头或只) | 出售数量(头或只) | 出售价格(元/公斤) |
|---|---|---|---|
| 猪 | | | |
| 牛 | | | |
| 羊 | | | |
| 鸡 | | | |
| 鸭 | | | |
| 鹅 | | | |
| 水产品： | | | |
| 其他： | | | |
| 其他： | | | |

3. 农户2007年收支情况：

| 2007年家庭总收入 | | 2007年家庭总支出 | |
|---|---|---|---|
| 其中： | | | |
| 种植业总收入 | | 种植业费用总支出 | |
| 养殖业总收入 | | 养殖业费用总支出 | |
| 除农业以外其他家庭自主经营收入 | | 其中： | |
| | | 种植业保险费支出 | |
| 打工收入 | | 养殖业保险费支出 | |
| 国家各项补贴收入 | | | |
| 救济金 | | 家庭经营费用支出 | |
| 其他亲友汇款 | | 税费支出 | |
| 其他收入 | | 其他支出 | |

附录 191

4. 土地质量情况：

你家农田的土地质量如何？

□ 质量较高　　□ 质量一般　　□ 质量较差　　□ 不清楚

5. 发生自然灾害情况：

（1）最近五年内该地区发生自然灾害情况：

|  | 灾害类型 | 主要受到损害的农作物与畜禽 | 造成的损失估计额(元) | 是否得到政府救灾补贴 | 补贴金额（元） |
|---|---|---|---|---|---|
| 2004 年 | | | | | |
| 2005 年 | | | | | |
| 2006 年 | | | | | |
| 2007 年 | | | | | |
| 2008 年 | | | | | |
| 编码信息 | ①旱灾②雨灾③洪水④风灾⑤冰（霜）冻灾⑥雪灾⑦雹灾⑧热害⑨植物病虫害⑩草害⑪鼠害⑫动物疫病⑬其他 | ①小麦②玉米③水稻④大豆⑤棉花⑥油料作物_____⑦蔬菜_____⑧果树_____⑨猪⑩牛⑪羊⑫鸡⑬鸭⑭鹅⑮水产品_____⑯其他 | | ①是②否 | |

（2）在你所经历过的最严重的一次自然灾害之后，所造成的经济损失对你家的生产和生活造成的影响有多大？

□ 影响很大，难以维持农业再生产和生活

□ 影响较大，但基本能恢复农业再生产和生活

□ 对农业再生产和生活只有很小的影响

□ 对农业再生产和生活根本没有影响

（3）你认为政府的救灾补贴对你家遭受的损失有多大的补偿作用？

□ 很有用　□ 有一定的作用　□ 只有很微小的作用　□ 一点用都没有

6. 农户对风险的认知与防范情况：

（1）对你家的生产和生活造成较大影响（最担心）的风险都有哪些？（可多选）

□ 疾病医疗　　□ 子女就学　　□ 子女婚嫁　　□ 突发事故

□ 自然灾害　　□ 市场价格波动　　□ 其他风险_____

(2) 你认为你家种植农作物目前面临的最大风险（编码）是_____

你认为你家养殖畜禽目前面临的最大风险（编码）是_____

①旱灾　②雨灾　③洪水　④风灾　⑤冰（霜）冻灾　⑥雪灾　⑦雹灾
⑧热害　⑨植物病虫害　⑩草害　⑪鼠害　⑫动物疫病
⑬农产品价格变动　⑭生产资料涨价　⑮贸易条件恶化
⑯生产技术的改进与应用风险　⑰国家相关政策的变动
⑱其他_____

(3) 您平时防范和应对自然风险的主要途径包括哪些？（可多选）
□ 同时种植或饲养多种农产品
□ 在从事农业（包括种植业和养殖业）生产的同时还在其他产业劳动或经营
□ 提前存钱，在灾害发生时动用平时的储蓄
□ 依靠亲戚朋友、同村人无偿资助来渡过难关
□ 向亲友或同村人借款
□ 向银行或信用社贷款
□ 变卖部分固定资产，如大型农具、房屋、牲畜、家电等
□ 依靠政府救济渡过难关
□ 购买商业保险，依靠保险公司的赔偿
□ 其他方式_____

7. 农户对农业保险的认知情况：
(1) 你对农业保险的了解程度如何？
□ 从没有听说过　　□ 仅仅听说过，不了解　□ 有一定的了解
□ 很熟悉，但没有参加　□ 不仅很了解，还参加了
(2) 你了解农业保险的渠道有哪些？（可多选）
□ 电视和广播　　　　　□ 村里组织进行的宣传
□ 听朋友和熟人谈到过　□ 从报纸和书刊中读到过
□ 其他途径_____
(3) 你认为农业保险对分摊农业生产损失重要吗？
□ 十分重要　□ 比较重要　□ 不怎么重要　□ 根本不重要

**8. 农户购买农业保险及参保意愿情况：**

（1）你家是否曾经购买过农业保险？

□ 是　　□ 否（直接转到问题（6））

（2）2007年是否加入了农业保险？

□ 是（请填写以下表格）　　□ 否

| 参保的农作物 | 参保面积（亩） | 参保前种植面积（亩） | 参保后种植面积（亩） | 保险费（元/亩） | 保险金额（元/亩） | 最容易发生的自然风险（编码） |
|---|---|---|---|---|---|---|
| 小麦 | | | | | | |
| 玉米 | | | | | | |
| 水稻 | | | | | | |
| 大豆 | | | | | | |
| 棉花 | | | | | | |
| 油料作物：____ | | | | | | |
| 蔬菜：_____ | | | | | | |
| 果树：_____ | | | | | | |
| 其他：_____ | | | | | | |
| 其他：_____ | | | | | | |
| 编码信息 | ①旱灾②雨灾③洪水④风灾⑤冰（霜）冻灾⑥雪灾⑦雹灾⑧热害⑨病虫害⑩草害⑪鼠害⑫其他_____ ||||||

| 参保的畜禽 | 参保数量（头或只） | 参保前养殖数量 | 参保后养殖数量 | 保险费（元/头或只） | 保险金额（元/头或只） | 最容易发生的自然风险（编码） |
|---|---|---|---|---|---|---|
| 猪 | | | | | | |
| 牛 | | | | | | |
| 羊 | | | | | | |
| 鸡 | | | | | | |
| 鸭 | | | | | | |
| 鹅 | | | | | | |
| 水产品：____ | | | | | | |
| 其他：_____ | | | | | | |
| 其他：_____ | | | | | | |
| 编码信息 | ①旱灾②雨灾③洪水④风灾⑤冰（霜）冻灾⑥雪灾⑦雹灾⑧热害⑨动物疫病⑩其他_____ ||||||

（3）2008 年是否加入了农业保险？

☐ 是　　☐ 否

（4）您是自愿参加农业保险的吗？

☐ 是　　☐ 否

（5）对于您购买农业保险的农作物/畜禽，若参保后种植面积/养殖数量比参保前种植面积/养殖数量有所变化，你认为加入农业保险是否是导致其变化的主要原因？

☐ 是主要原因　　☐ 是部分原因　　☐ 与加入农业保险有很小的关联
☐ 根本与加入农业保险无关

（6）你认为目前可参保农作物的保险金额和保障水平能否满足你的需要？

☐ 保险金额和保障水平太低，不能满足需要
☐ 保险金额和保障水平可以接受，正好能满足需要
☐ 保险金额和保障水平很高，完全能满足需要
☐ 不知道保险金额和保障水平的规定

（7）你认为目前农业保险条款中包含的保险责任（涵盖的灾害风险）能满足你的需要吗？

☐ 能　　☐ 不能　　☐ 不了解保险责任规定

若不能，你认为有哪些应保而未保的风险？请列出＿＿＿＿＿＿＿＿＿＿
＿＿＿＿＿＿＿＿＿

（8）你认为 2007 年交纳的保费数额值不值得？

☐ 值得　　☐ 不值得

（9）按照 2007 年交纳保费的数额，你家能否负担的起？

☐ 没有任何负担　　☐ 刚好负担得起　　☐ 稍微有一点负担　　☐ 负担很重

（10）如果有以下几种保障水平可供选择（保障水平越高交纳的保费越高），你所愿意并能够接受的保障水平是多少？

☐ 30%以下　　☐ 30%　　☐ 40%　　☐ 50%　　☐ 60%　　☐ 70%　　☐ 80%
☐ 90%　　☐ 100%

（11）在现有保险条款下，请估计你家能负担得起的最高保费金额（保险费为多少时你就会参加农业保险）

| 农作物 | 农户可接受的保费金额(元/亩) | 畜禽 | 农户可接受的保费金额(元/头或只) |
|---|---|---|---|
| 小麦 | | 猪 | |
| 玉米 | | 牛 | |
| 水稻 | | 羊 | |
| 大豆 | | 鸡 | |
| 棉花 | | 鸭 | |
| 油料作物：_____ | | 鹅 | |
| 蔬菜：_____ | | 其他：_____ | |
| 果树：_____ | | 其他：_____ | |
| 其他：_____ | | 其他：_____ | |
| 其他：_____ | | 其他：_____ | |

（12）如果你从来没有购买过农业保险，主要原因是什么？（可多选）
□ 遇到风险的可能性较小
□ 种植（养殖）农产品的成本低，损失了也没关系
□ 可以通过其他方式来化解风险
□ 认为农业保险作用不大，没必要投保
□ 保险费太贵，支付不起
□ 不相信农业保险，对保险公司承诺的赔偿没有信心
□ 没人组织，找不到地方投保
□ 没有听说过或对保险不了解
□ 其他原因_____

（13）如果你以前曾经购买过农业保险，而今年没有再买，主要原因是什么？（可多选）
□ 近几年遇到风险的可能性较小
□ 认为农业保险作用不大，没必要再投保
□ 保险费太贵，支付不起
□ 对保险公司的赔偿没有信心或不满意
□ 不再种植（养殖）以前投保的品种了
□ 想继续投保，但现在没有自己想投保的险种
□ 其他原因_____

（14）若你以前没购买过农业保险而今年购买了，是什么原因让你决定今年购买的？（可多选）

□ 以前没听说过，今年才知道农业保险这回事
□ 看以前村里其他人因购买了农业保险而受到灾害损失补偿，我也想购买了
□ 以前支付不起保费，今年能支付起了
□ 以前国家不给保费补贴(或补贴太少)，今年有了(或增加了)保费补贴
□ 今年种植（养殖）的参保品种增加了
□ 其他原因＿＿＿＿＿＿＿＿＿＿＿＿

（15）你以后会不会考虑（或继续）购买农业保险？
　　□ 会　　　□ 不会　　　□ 看情况而定

（16）若你家购买了农业保险，但当年没发生自然灾害，你交了保险费却没有得到赔付，你觉得吃亏吗？
　　□ 不吃亏　　□ 吃亏
那你下一年还会购买农业保险吗？
　　□ 会　　　□ 不会　　　□ 看情况而定

（17）如果你认为农业保险比较重要，请列出你最想投保的三种农作物或畜禽的保险：
　　①＿＿＿＿＿＿＿＿＿＿＿＿　②＿＿＿＿＿＿＿＿＿＿＿＿
　　③＿＿＿＿＿＿＿＿＿＿＿＿
现在保险公司有没有这些险种的投保业务？
　　□ 全部都有　　□ 有一部分没有　　□ 全都没有　　□ 不清楚

（18）如果你想购买农业保险，会跟谁联系投保事务（由谁来组织投保工作）？

□ 保险公司在当地设置的代理机构网点
□ 农村合作经济组织（农业合作社）
□ 当地的农业龙头企业
□ 村或乡镇的基层领导部门
□ 其他农业服务部门（如乡镇农经站等）＿＿＿＿＿＿＿

（19）你能不能顺利地买到所有想购买的农业保险险种？
　　□ 能　　　□ 不能
若不能顺利买到，主要原因是什么？
□ 保险公司没有相关的保险业务
□ 手续烦琐，程序复杂，投保不方便

□ 没人组织，不知道该去哪里投保
□ 其他原因_____
(20) 你知不知道政府会对农户缴纳的农业保险保费进行部分补贴？
□ 知道　　　□ 不知道
(21) 政府对你2007年购买的农业保险险种有没有补贴？
□ 有　　　□ 没有　　　□ 不清楚
(22) 你知道政府补贴的具体金额吗？
□ 知道　　　□ 不知道
你认为目前政府补贴的金额是否合理？
□ 非常合理　　　□ 基本合理　　　□ 不合理
(23) 你认为政府补贴的水平（比例）应该是多少？_____%

**10. 农用生产要素使用情况：**

对于您购买过农业保险的农作物，参保前后农用生产要素使用量的变化情况：

| 农用生产要素 | 参保后比参保前使用量 | 使用量发生变化的原因 |
| --- | --- | --- |
| 化肥 | | |
| 农药 | | |
| 灌溉水 | | |
| 地膜 | | |
| 除草剂 | | |
| 编码信息 | ①增加了②减少了③不变 | ①加入农业保险是主要原因②加入农业保险是部分原因③与加入农业保险有很小的关联④根本与加入农业保险无关 |

**11. 农户贷款情况：**

(1) 最近几年你家是否向银行或信用社等金融机构贷过款？
□ 是　　　□ 否
(2) 2007年你家的贷款金额为：_____元
(3) 在进行贷款时，贷款方工作人员是否关心加入农业保险的情况？
□ 没有询问　　□ 只是象征性询问了一下　　□ 比较重视　　□ 非常重视
(4) 若你在加入农业保险前后都有过贷款，则与加入农业保险以前相比，加入农业保险后进行贷款是否容易一些？

□ 明显容易了一些　　　□ 稍微容易了一些　　　□ 没有变化　　　□ 反而更难了

（5）若你在加入农业保险前后都有过贷款，则与加入农业保险以前相比，加入农业保险后能获得贷款的最大额度是否有所变化？

□ 比加入保险前增加了　　□ 比加入保险前减少了　　□ 没有变化
□ 不清楚

**12. 防灾防损情况：**

（1）自从村里开展农业保险以来，保险公司或有关部门是否在村里采取过防灾防损的措施？

□ 是　　□ 否　　□ 不知道（直接回答问题13）

（2）若有，则都包括哪些防灾防损的措施？（可多选）
□ 向农户提供参保作物的良种、优质化肥等生产要素
□ 对农户进行参保作物的种植培训
□ 向农户传授防灾防损的知识或技术
□ 人工防雹防霜、降雨降雪等
□ 打井抗旱
□ 兴修农田水利设施
□ 注射防治动物疫病的疫苗
□ 喷洒预防病虫害的农药
□ 提前对农户进行灾害的预警
□ 其他措施_____

（3）这些防灾防损的服务是否需要付费？
□ 全部免费　　□ 全部或部分需要付费（请列出需要付费的措施编码）
_____

（4）你对这些服务的满意程度如何？
□ 很满意　　　□ 比较满意　　　□ 不满意

（5）你认为这些防灾防损措施的效果如何？
□ 有很大的作用　□ 有一定的作用　□ 只有很小的作用　□ 根本没用

**13. 出险获赔情况（只有曾经购买过农业保险的农户填写）：**

（1）自从你参加农业保险以来，有没有因灾害受损而得到保险公司的赔款？

□ 有　　　　□ 没有

（2）若有，在得到赔款的过程中顺利吗？

□ 很顺利　　　□ 比较顺利　　　□ 不顺利

（3）从参保品种受到损害到得到保险公司的赔款大概需要多久？

□ 一周之内　　□ 一周到两周　　□ 两周到一个月　　□ 一个月以上

（4）你认为保险公司的赔款及时吗？

□ 很及时　　　□ 比较及时　　　□ 不及时

（5）你认为得到的赔款合理吗？

□ 很合理　　　□ 比较合理　　　□ 不合理

（6）你认为这些赔款对你家恢复生产和挽回损失有多大的作用？

□ 有很大的作用　　□ 有一定的作用　　□ 只有很小的作用　　□ 根本没用

14. 对农业保险的评价：

（1）加入农业保险后，你对农业保险的开展满不满意？

□ 很满意　　　□ 比较满意　　　□ 不满意

（2）你认为农业保险对稳定每年农作物的产量具有多大的作用？

□ 有很大的作用　　□ 有一定的作用　　□ 只有很小的作用　　□ 根本没用

（3）你认为农业保险对稳定每年的家庭收入具有多大的作用？

□ 有很大的作用　　□ 有一定的作用　　□ 只有很小的作用　　□ 根本没用

（4）你认为农业保险对增强农业抵御风险的能力具有多大的作用？

□ 有很大的作用　　□ 有一定的作用　　□ 只有很小的作用　　□ 根本没用

# 附录二 保险公司开展农业保险业务调查问卷

调研地区：＿＿＿＿＿＿＿＿＿＿　　公司名称：＿＿＿＿＿＿＿＿＿＿

调研部门：＿＿＿＿＿＿＿＿＿＿　　联系电话：＿＿＿＿＿＿＿＿＿＿

**1. 农业保险承保情况：**

（1）请贵公司提供以下资料：

①贵公司在全国各个地区开办农业保险业务的大致情况介绍。

②在调研地区开办农业保险的险种，各险种的保费、保险金额、保险责任范围、保障水平与免赔规定等保险条款的情况。

③贵公司在调研地区开办农业保险以来，种养两业农业保险的经营情况，包括历年农作物种植面积与承保面积、畜禽存栏数与承保数量、投保率、保费收入、赔款、赔付率等。

（2）在当地（调研地区）开办农业保险业务之前是否进行过农户对农业保险需求的专门调研？怎样进行的？

（3）当地（调研地区）农户对农业保险的态度如何？
□ 大多数农户态度热情，积极参保　　□ 只有部分农户积极参保
□ 大多数农户持观望态度　　　　　　□ 大多数农户都不能接受

（4）贵公司在当地（调研地区）的主要承保对象是哪些群体？有无具体规定？
□ 所有从事种养业的农户　　□ 种养大户　　□ 从事种养业的中小农户
□ 农业龙头企业　　□ 农业合作经济组织　　□ 其他＿＿＿＿＿＿

（5）贵公司有无激励农户购买农业保险的措施（如对无赔款或低赔款农户给予奖励等）？这些措施的效果如何？请举例说明。

（6）贵公司在保费的收取工作方面是否顺利？存在哪些问题？
□ 非常顺利　　□ 基本顺利　　□ 不顺利

保费的收取通过哪些渠道进行？请说明。
□ 由公司代理机构直接向农户收取　　□ 通过当地金融机构收取
□ 通过当地政府相关部门收取　　　　□ 通过当地的农业服务部门收取
□ 通过当地龙头企业收取　　　　　　□ 通过当地农业合作经济组织收取
□ 其他_____

2. 防灾防损工作情况：
（1）贵公司在承保地区采取了哪些防灾防损的措施？请说明。（可多选）
□ 向农户提供参保作物的良种、优质化肥等生产要素
□ 对农户进行参保作物的种植培训　　□ 向农户传授防灾防损的知识或技术
□ 人工防雹防霜、降雨降雪等　　　　□ 打井抗旱
□ 兴修农田水利设施　　　　　　　　□ 注射防治动物疫病的疫苗
□ 喷洒预防病虫害的农药　　　　　　□ 提前对农户进行灾害的预警
□ 其他措施_____

（2）防灾防损的费用约占保险费的多大比例？

（3）您认为这些防灾防损措施的效果如何？对增强农业抗风险能力、减少风险发生概率的作用有多大？

（4）贵公司与当地的涉农部门在农业保险业务上都有哪些合作？

3. 经营管理情况：
（1）您认为贵公司的农业保险业务人员充足吗？
□ 十分充足　　□ 基本充足　　□ 不充足

这些人员的整体业务素质如何？
□ 业务素质很高　　□ 业务素质较高　　□ 业务素质一般
□ 业务素质较差

能否满足贵公司开办农业保险业务的需要？
□ 完全能满足　　□ 基本能满足　　□ 不能满足

在人员业务素质上还存在哪些需要提高或加强的方面?

(2) 贵公司在承保地区有多少农业保险营业网点?机构网点设置情况如何?贵公司农业保险的营销渠道有哪些?

(3) 您认为贵公司在开展农业保险业务中遇到的最大障碍是什么?(可多选)
□ 参保率过低,无法有效分散风险 ①
□ 农业保险的高风险性导致赔付率过高,业务亏损 ②
□ 经营农业保险存在技术障碍(保费厘定难、确定保险责任难、定损理赔难) ③
□ 缺乏政府的政策支持 ④
□ 缺乏巨灾风险分散机制 ⑤
□ 农户的道德风险和逆向选择问题 ⑥
□ 其他_____ ⑦
请写出您认为最重要的三项并详细说明:第一_____ 第二_____ 第三_____

(4) 您认为若要实现农业保险业务的可持续性发展,最迫切需要解决哪些问题?(可多选)
□ 提高参保率 ①　　　　□ 政府加大政策支持 ②
□ 完善巨灾风险分散机制 ③　□ 克服经营农业保险的技术障碍 ④
□ 其他_____ ⑤
请写出您认为最重要的三项并详细说明:第一_____ 第二_____ 第三_____

(5) 贵公司在降低农户道德风险和逆向选择方面都采取了什么措施?
□ 规定免赔额　　□ 与农村经济合作组织联办共保　　□ 加大监督力度
□ 对无赔款或低赔款农户给予奖励　　□ 其他_____

您认为这些措施的效果如何?请举例说明。

(6) 从开办农业保险业务以来,是否遇到过巨灾损失?发生农业保险业务亏损的年份有多少？

(7) 发生亏损的数额怎样处理？超赔责任全部由公司承担吗？

(8) 您认为"以险养险"的经营方式合理吗？这种经营方式对农业保险的长远发展有怎样的影响？

4. 定损理赔情况：
(1) 在以往的定损过程中，您认为遇到的最大问题是什么？

(2) 在理赔的过程中，农户配合吗？
□ 非常配合　　□ 比较配合　　□ 不配合

(3) 一般情况下，从接到损失报案、定损到最终的赔款发放，大概需要多长时间？

(4) 在查勘、定损与理赔的过程中，除保险公司工作人员外，还有哪些人员或部门参与？

(5) 赔款的发放采用什么形式？（直接发放给农户或通过其他代理机构发放等）

5. 政府支持情况：
(1) 地方政府对贵公司在当地开展农业保险业务是否支持？

(2) 当地政府对农业保险的开展有无法律规定？
□ 无　　□ 有（请列出）　　□ 不清楚

(3) 当地政府对农业保险的开展有无税收优惠？若有，都包括哪些？

(4) 贵公司按保费的多大比例提取农业保险经营管理费用？

(5) 开展农业保险业务的经营管理费用有无国家补贴？若有，补贴情况如何？

（6）您认为国家应提供多大比例的经营管理费用补贴，才能保证贵公司开展农业保险业务的积极性与可持续性？

（7）国家的保费补贴政策情况：包括各险种的补贴标准、资金支付方式、资金来源（中央、省、市、县财政的分担比例）等。

（8）国家对贵公司农业保险再保险的支持情况。

（9）地方政府对贵公司在当地开展农业保险业务的其他支持措施。

（10）您对目前国家对贵公司开办农业保险业务的支持政策是否满意？
□ 十分满意　　□ 比较满意　　□ 不满意

（11）您认为国家还需要在哪些方面加大对保险公司开展农业保险业务的政策支持？

**6. 风险积累资金与再保险机制：**

（1）贵公司有无农业保险风险积累基金？目前数额有多少？

（2）基金来源全部是农业保险保费结余的历年积累吗？是否按保费收入的一定比例进行提取？

（3）基金的管理权限与保留权限全部属于公司吗？

（4）您认为这些基金对将来遭遇巨灾风险进行补偿的作用有多大？

（5）贵公司的农业保险再保险制度是怎样的？请说明，包括用于购买再保险的资金数额、自留额与分保额比例、再保险的种类等。

7. 开办意愿与展业计划：

（1）从目前开展农业保险业务的情况来看，贵公司最倾向于开展哪些险种的保险？最不愿开展哪些险种的保险？您认为目前最应该开展哪些险种的保险？

（2）您认为在目前的政策环境和经营状态下，要在全国范围内扩大农业保险业务是否可行？依据贵公司的经营经验，您认为选择哪些地区、哪些险种来扩大业务是可行的？在扩大农业保险业务的过程中会出现哪些问题？应该采取怎样的措施来解决？

（3）请简单说明贵公司对农业保险业务的未来展业计划。

# 后 记

2006年，我有幸进入了中国农业大学经济管理学院，跟随肖海峰教授开始了我的博士求学生涯。在攻读博士学位期间，我对国家政策性农业保险问题产生了浓厚的兴趣，并将"完善我国政策性农业保险经营机制研究"作为自己的博士学位论文选题和研究方向。经历了三年的学习、积累和研究过程，论文最终在导师的悉心指导下得以完成。毕业后几经周折来到河北经贸大学，成了一名光荣的人民教师，但我仍然对政策性农业保险领域内的研究前沿及实践发展动态有着较高的敏感性，并产生了一些新的认识和想法。结合博士学习期间的研究成果和近几年对农业保险问题的持续关注和思考，最终整理出这本著作。

在本书完成之际，谨向恩师表示最衷心的感谢和最崇高的敬意！书中前期的研究成果都是在肖老师卓有成效的点拨和无微不至的指导下完成的，从最初的选题、写作到最后修改的各个环节，肖老师都倾注了大量的心血。肖老师渊博的专业知识、缜密的思维方式、严谨的治学态度、精益求精的工作作风、诲人不倦的高尚师德都使我受益匪浅；同时，肖老师宽广的胸怀和朴实无华、平易近人的人格魅力，都深深地感动着我。无论做人、做事还是做学问，肖老师给我的教诲足以让我受益终生。这些都将成为我宝贵的精神财富，激励和指导着我在人生的道路上不断前进。

本书中涉及的实地调研工作是在2008年9月期间完成的，虽然经过近几年的发展，农业保险在实践中的状况得到了初步改善，但调研结果中提及的一些根本性问题仍未解决，当前仍然具备研究和探讨的价值。参与调研工作的有张成玉、冯晓赟、张婧、张宁、李星和张涵等，非常感谢他们不辞劳苦奔赴两省来协助我。在实地调研过程中，还得到了原中国保监会政策研究处樊新鸿处长、吉林省保监局张迎利处长、吉林安华农业保险股份有限公司庞玉祥总经理及所在县市保险公司诸多工作人员的全力支持与帮助，他们在调研期间给予了我们热情悉心的安排与照顾，为本书一手资料的收集打下了坚实的基础，在此一并表示诚挚的谢意！

本书由河北经贸大学会计学院河北省重点学科会计学学科建设基金提供资助，在此要对学校为我们这些青年教师营造的浓厚学术氛围和提供的优良研究条件深表感谢！

最后，深深地感谢我亲爱的父母和家人，多年以来，他们给予了我无微不至的关怀与无尽的关爱，让我得以健康成长，努力向前。千言万语也无法表达我对亲人们的感激之情，唯有继续努力，用心回报！

李 婷

2015 年 11 月